세상
희망
편

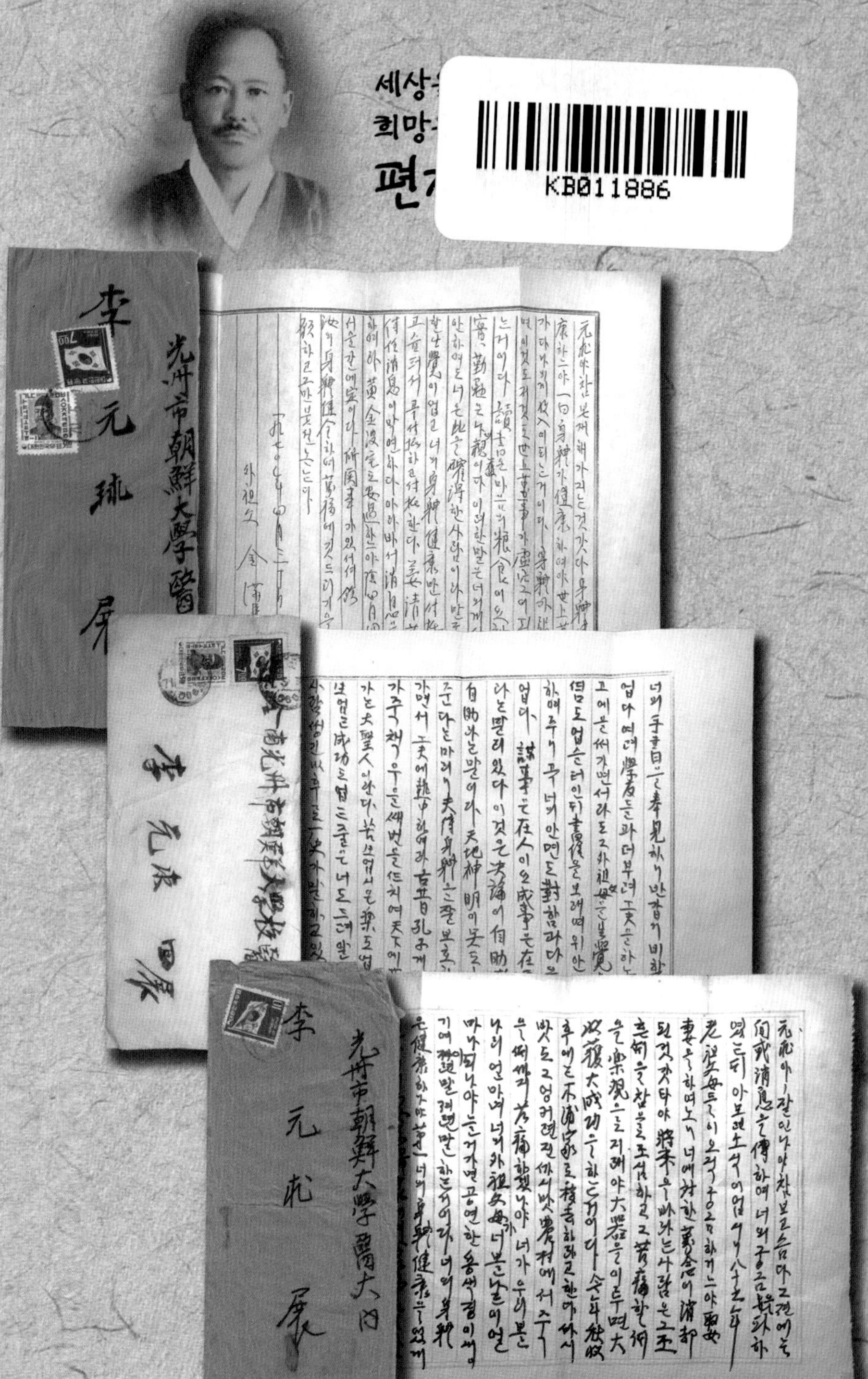

집안의 기둥인 아들 상혁이가
어버이날 보내 준 손편지

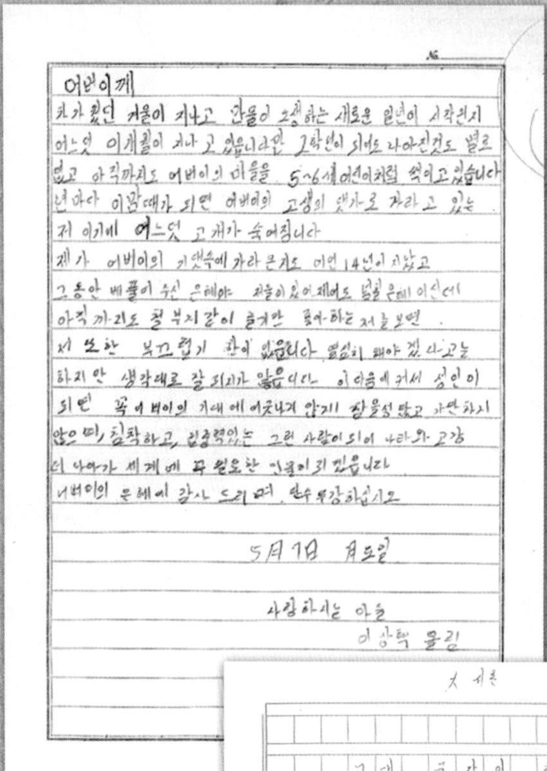

№

어버이께
추웠던 겨울이 지나고 만물이 소생하는 새로운 일년이 시작된지
어느덧 이개월이 지나고 있습니다만 2학년이 되어도 나아진것도 별로
없고 아직까지도 어버이의 마음을 5~6세 어린이처럼 썩이고 있습니다
년마다 이맘때가 되면 어버이의 고생의 댓가로 자라고 있는
저 이기에 어느덧 고개가 숙여집니다
제가 어버이의 기댓속에 자라 온지도 어언 14년이 지났고
그 동안 베풀어 주신 은혜에는 저울이 있어 재어도 넘칠 은혜이신데
아직까지도 철부지 같이 놀기만 좋아하는 저를 보면
저 또한 부끄럽기 한이 없습니다 열심히 해야 겠다고는
하지만 생각대로 잘 되지가 않습니다. 이다음에 커서 성인이
되면 꼭 어버이의 기대에 어긋나지 않게 참을성 많고 가만하지
않으며, 침착하고, 집중력있는 그런 사람이 되어 나라와 고장
더 나아가 세계에 꼭 필요한 인물이 되겠습니다
어버이의 은혜에 감사 드리며, 만수무강하십시오

5月 7日 月요일

사랑하시는 아들
이상혁 올림

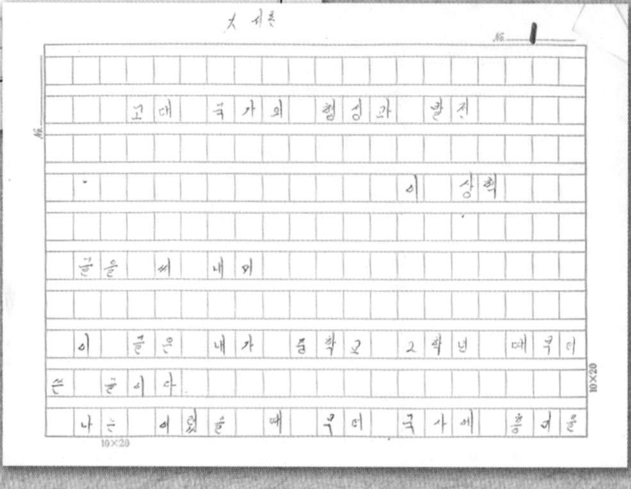

大 서론

№ 1

고대 국가의 형성과 발전

이 상혁

글을 써내며

이 글은 내가 중학교 2학년 때부터 쓴 글이다.
나는 어렸을 때부터 국사에 흥미를

10×20

중학교 졸업 때 쓴 고대사연구 졸업논문

당시 전대사학과 이강래 교수님이 보시고 중학생이 훌륭한 논문을 썼다고 칭찬받은 원고

자신을 바라보며 배우고 생각하며 끝없이 도전하게 만들어 준 할아버지의 편지들

아버님의 단 하나뿐인 인생을
오롯이 자식을 위해 바치신

아버님의 마음편지

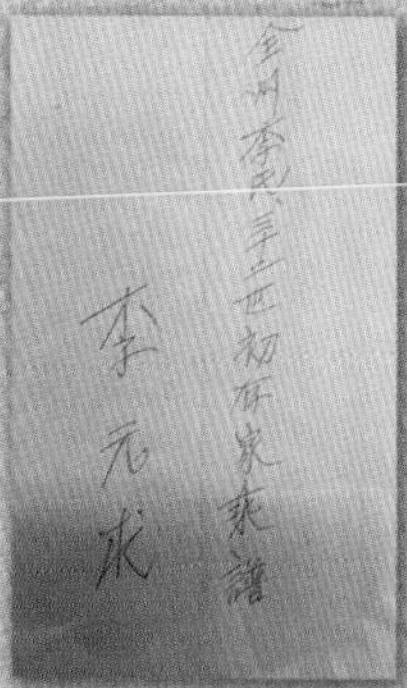

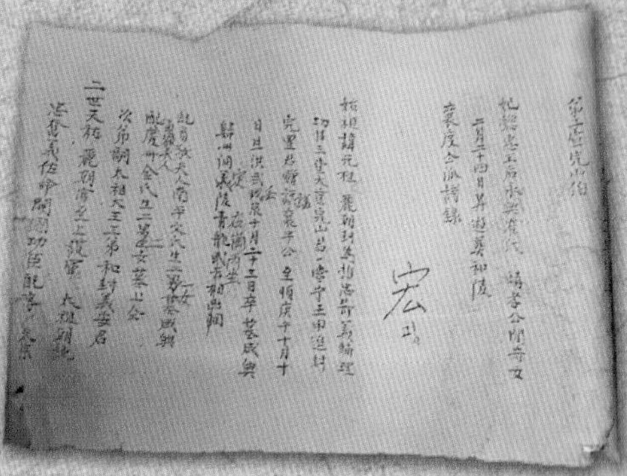

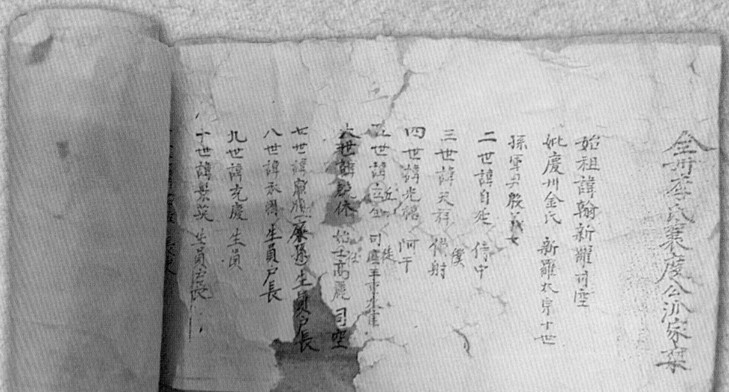

할아버지가 들려주는 인생수다

‘삶의 論語 지혜’

할아버지가 들려주는 인생 수다
'삶의 論語 지혜'

초판 1쇄 | 2019년 12월 25일
지은이 | 이원구
주소 | 광주광역시 서구 상무중앙로7
상무타워 SM미성형외과 062)376-4114

발행인 | 이금석
기획 · 편집 | 박지원
디자인 | 아이템 010-6287-9985
펴낸곳 | 도서출판 무한
등록일 | 1993년 4월 2일
주소 | 서울 마포구 서교동 469-19
전화 | 02)322-6144
팩스 | 02)325-6143
홈페이지 | www.muhan-book.co.kr
e-mail | muhanbook7@naver.com

가격 20,000원
ISBN 978-89-5601-752-5 (03140)

할아버지가 들려주는
인생수다
삶의 論語 지혜

책을 펴내며

이제 나이 70세를 넘기고 보니 걱정 아닌 걱정이 나를 괴롭힐 때가 있다. 남들이 보면 7명이나 되는 손자, 손녀들이 모두 자라서 대학교, 고등학교, 중학교, 초등학교에 잘 다니고 있으니 남부럽지 않다고 생각할 수 있다. 그러나 오늘날처럼 교육양상이 다양한 세상에서 손자, 손녀들을 키우다 보면 어디에 중심을 두고 가정교육을 해야 할지 걱정이 앞선다.

요즘은 참교육이니 전교조 교육이니 보수 교육이니 진보 교육이니 하는 등 사회적으로 교육에 대한 입장이 분분하다.

이러한 때에 물론 부모가 잘 알아서 하겠지만 할아버지로서 어디에 중점을 두고 손자, 손녀들에게 가정교육을 해야 바람직한지 판단이 서지 않을 때가 많다.

하루가 다르게 변화하는 세상에서 내가 가지고 있는 생각을 어린 손자, 손녀들에게 심어준들 그들의 인생에 도움이 될까? 이렇게 생활해야 한다고 말해주면 사회에 잘 적응할 수 있을까? 아니면 먼 훗날에 인생을 후회하지는 않을까? 이런저런 생각에 할아버지로서 가정교육에 대한 좌표를 설정하지 못하고 망설인 적이 많았다.

그렇지만 내 나름대로 긴 세월을 통해서 얻은 경험과 지식을 토대로 우리 손자, 손녀들에게 어떻게 살아가는 것이 바른 길인지 들려주는 것도 의미가 있으리라. 그래서 우리 선현들이 성인으로 추앙해 마지않은 공자의 말씀에다가 나의 생각을 덧붙여 우리 손자, 손녀들에게 들려주어야겠다고 생각하여 이 책을 펴내게 되었다.

아무리 사회가 급변하고 다양해지더라도 인류 보편의 가치는 변하지 않기에, 이 책을 통해서 조금이나마 인생 공부에 도움이 될 것으로 믿는다.

남들이 보면 쓸데없는 데에 신경을 쓰는 할아버지라고 할지도 모르겠다. 그렇지만 나는 내 손자, 손녀들이 언제나 올바른 가치관을 지니고 바른 도리를 실천하여 남들에게 존경받는 삶을 살아가기를 바란다.

한문 구절을 인용한 곳이 많아 어렵게 느껴질지 모르나 찬찬히 읽다 보면 마음에 와닿는 것이 있을 것이니, 나의 당부를 소홀히 여기지 않기를 바란다. 서포 김만중은 홀로 계신 어머니를 위해서 「구운몽」을 지었다고 하는데, 나는 사랑하는 손자, 손녀들을 위해 이 책을 엮었다.

이 책에서 말한 대로 살아야 하는지는 그때그때의 상황에 따라 조금 다를 수 있겠지만 기본적인 틀은 변함이 없으리라 생각된다. 이 책에서 견지하는 바가 우리집안 교육의 중심이 되도록 손자, 손녀들은 힘쓰길 바란다.

이 책이 엮어지기까지 정말 힘든 교정을 맡아주신 이정남 원장, 기근홍 학장, 김광민 선생, 이덕현 선생과 복음문화사 박용일 사장님께 진심으로 감사를 드리며 언제나 나에게 힘과 용기를 주는 아내 박선옥 여사에게도 깊은 감사를 드린다.

2019년 12월

돌뫼산 무공산방에서

운곡 이 원 구(雲谷 李 元 求)

목 차

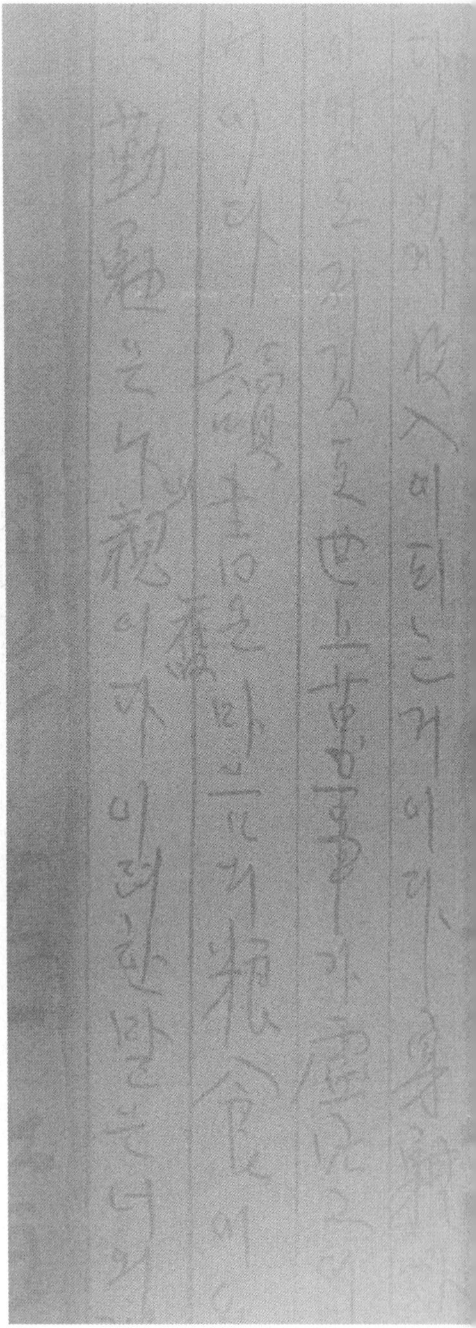

學而第一

배우고 익히는 즐거움

사랑하는 손자 승원아,

네가 태어난 지가 엊그제 같은데 오늘 연고전 가을 축제에 응원 부대로 참가했다는 할머니의 말씀을 듣고 할아버지도 너무 기뻤다.

네가 태어나서 걸음마를 배울 때, 또 초등학교, 중학교 그리고 고등학교까지 다니는 과정이 할아버지의 머릿속에 주마등처럼 이런저런 일들이 스쳐 지나간다.

이제 이렇게 자란 손자가 벌써 대학에 입학하였다. 그것도 남들이 부러워하는 서울의 이름 있는 대학에 들어갔으니 할아버지의 그 기쁨이 오죽하겠느냐.

승원아! 엄마 아빠가 너에게 해줄 수 있는 일은 모두 끝났다. 사실 이제부터 네가 어떻게 사느냐에 따라서 네가 이 세상을 마칠 때까지 후회 없이 보람 있게 살 것인가는 너에게 달려있다.

세상을 살아보니 가장 중요한 것은 건강이지만, 건강보다 더 챙겨야 할 것이 배우는 것, 요즘 이야기하는 공부다.

네가 대학 4년 동안 어떻게 공부를 하여서 사회에 진출하느냐가 너의 평생의 행복을 좌우할 수도 있다.

네가 살아가는 세상은 또 할아버지가 살았던

세계와는 전혀 다를 거야.

그러니, 날마다 달마다 매년 너의 머릿속에서 떠나서는 안 되는 것이 배움이어야 한다.

영어 · 수학만 배우는 게 아니고 올바른 생활 철학을 배워 예습하고 복습하는 것이다.

논어 책을 보면 공자님께서도 처음으로 언급하신 것이 배움이다. 열심히 배우고 반복해서 익히는 사람이 인생의 기쁨과 행복을 누릴 수 있는 사람이라고 했다. 논어 제1장의 첫 페이지에 보면,

'學而時習之 不亦說乎(학이시습지면 불역열호아)' (공자님이 말씀하셨다. 배우고 때로 익히면 또한 기쁘지 아니한가) 라고 쓰여 있다. 배우면 거기서 멈추지 아니하고 몇 번이고 반복해서 자기 것으로 만들도록 노력하여야 한다.

새가 알에서 깨어나 날 수 있을 때까지는 날갯짓을 수천 번 반복해야 한다고 한다. 새가 하늘을 자유롭게 날 수 있듯이 너의 생활도 배우고 다시 반복하며, 시간이 날 때마다 몇 번이고 반복하여 완전히 자기 것으로 만들어야 한다.

그러하면, 그 배움이 즐거움과 행복으로 변할 것이다.

조선 시대 한석봉의 어머니도 習(습)으로 아들 한석봉을 조선 최고의 명필로 만들었고, 김시습도 자기의 이름 세 자 중 두 자(二字)에 時習(시습) 자를 넣을 정도로 배운 것을 반복하여 익혔다고 한다.

학(學)과 습(習)이란 이렇게 긴밀한 관계를 가지고 있다.

승원아, 이제부터 올바른 배움이 너의 반복되는 習(습)이었으면 한다.

젊음을 불태우기 위하여 운동도 좋지만, 단 하루라도 배움을 게을리하면 언젠가는 후회하게 된다.

공자님께서 말씀하신 **學而時習之不亦說乎**의 한 구절을 언제나 머릿속에 꼭 담아 두고 잊지 말아라.

- 學(학) xué ① 배울 학 ② 학자 학 ③ 학문 학 ④ 학교 학 ⑤ 가르칠 학
  사람은 태어나면서부터 엄마의 젖을 먹는 것을 배우고 또 계속해서 습득한다.
  學而時習之 : 무엇이든지 열심히 배우고 또 그것을 반복해야 한다.
- 爲(위) wé ① 할, 될 위(爲政) ② 행위 위(作爲) ③ 만들, 지을 위 ④ 위할 위
  ⑤ 생각할 위 ⑥ 당할 위(피동의 뜻을 나타냄)
  ⑦ 하게할 위(사역의 뜻을 나타냄)
- 而(이) ér ① 말이을 이, 그리하여, 그러나, 그런데 등의 뜻을 나타냄 ② 너 이
  ③ 뿐 이
- 時(시) shí ① 때 시 ② 철 시(춘하추동 : 春夏秋冬) ③ 시 시(十二時)
  ④ 때맞출 시 ⑤ 때에 시
- 習(습) xí ① 익힐 습 ② 거듭할 습
  ※習字(습자)는 새의 두 날개와 白(백)이 결합된 것인데, 白(백)은 百字에서 점이 하나 빠진 거라고 한다. 새가 하늘을 날기 위해서는 100번 이상의 연습을 해야만 날 수 있다고 한다. 우리가 책을 읽을 때 확실한 이해를 하기 위해서는 100회 이상을 읽어야 한다.
  독서백편의자현(讀書百遍意自見)이라는 말이 있다.
- 之(지) zhí ① 갈 지(之東之西) ② 이를 지(다른 데 미침) ③ 이 지
  ④ 어조사 지
  ⑤ ~의(소유나 소재를 나타내는 접속사)
- 不(부, 불) bù bú ① 아니 불 ② 아니할 불 ③ 아닌가 부 ④ 성 부
  ※不은 뒤에 오는 자(字)의 초성이 'ㄷ, ㅈ' 일 때에는 '부' 로 읽음.
  (不當 : 부당, 不正 : 부정)
- 亦(역) yì ① 또 역(亦是), 또한 역
  ※不亦說乎의 亦은 조사로 봄.

不亦은 긍정적 의미의 반문구(反問句)로 봄(또한~ 하지 않겠는가)

- 說(열, 설, 세) shuō ① 기뻐할 열(說樂 : 열락) ② 말씀 설(說明 : 설명)
  ③ 달랠 세(游說 : 유세)

※열(說) 일시적 기쁨을 느낌

- 說(열) 悅(열) 樂(락) : 기쁘고 즐거우나 이것이 오래가면
- 說(悅)과 樂의 차이 : 說과 悅은 나의 실존적 내면에서 우러나는 기쁨의 뜻이요 樂은 인간과 인간의 관계에서 이루어지는 즐거움을 표현한다. 즉, 열(說, 悅)은 즉자적(卽自的)이요 樂(락)은 대자적(對自的)이라고 할 수 있다. (도올의 논어 한글역주)
- 乎(호) hū ① 그런가 호(의문사) ② 감탄사 호 ③ 어조사 호

언제나 자신감에 차 있는 사랑하는 손자, 열심히 공부하는 손자, 이해력과 배려가 깊은 손자인 우리 호중이, 요사이 무척 힘드리라 본다.

지금 네가 생각하면 처음부터 더 열심히 공부하였더라면 재수를 하면서 이렇게 힘들지 않을 것인데, 힘들게 공부한다고 생각할 수도 있다.

그러나, 할아버지는 그렇게 생각하지 않는다. 너만이 간직할 수 있는 흘러간 시간이 있었기에 오늘이 소중할 수도 있다.

요즘 고등학교를 졸업한 학생들이 본인들 말로 재수는 필수라고 이야기하는 학생들도 있다.

함부로 성내지 않는 한결같은 마음

나는 네 인생의 큰 길에서 보면 한 번 정도의 재수는 너의 삶에 큰 약이 될 수도 있다고 생각한다.

오늘의 이러한 고생이 앞으로 호중이의 앞날에 큰 도움이 되리라 본다. 할아버지가 가끔 호중이를 옆에서 지켜보면 동생들에 대하여 관대하게 이해하여 주고 배려하여 줌에 늘 감사하게 생각한다.

언제나 옳은 일을 행하면서도 할아버지와 할머니, 부모님들이 너의 착한 행동과 생활을 잘 이해하지 못하고 알아주지 못해도 평온한 마음으로 한결같이 생활하여 주어 너무 감사할 따름이다.

늘 고등학생답지 않을 정도로 마음이 넓은 너에게 이러한 구절이 어울릴지는 모르겠지만

'子曰 人不知而不慍 不亦君子乎(자왈 인부지이불온이면 불역군자호아)' (공자께서 말씀하셨다. 남이 알아주지 않아도 성내지 아니하니 또한 군자가 아니겠는가.)라는 어구가 논어 학이(學而)편에 나오더라.

네가 착한 일을 하는데도 아무도 너를 알아주지 않고 칭찬하여 주지 않아도 성내거나 노여워하지 않으니, 옛날 말로 하면 너는 어리지만 군자(君子) 같은 사람이다.

사람에게 제일 중요한 게 착한 심성(心性)인데, 우리 호중이는 심성이 착해서 할아버지는 항상 기쁘다.

호중아, 이제 수능시험이 얼마 남지 않았다.

언제나 매사에 최선을 다하고 그 결과에 승복한다는 '盡人事待天命(진인사대천명)' 이라는 말이 있다.

네가 할 수 있는 최선을 다하여라.

그리고 그 결과에 승복하자.

호중, 화이팅!

- 人(인) rén ① 사람 인 ② 사람마다 인 ③ 남 인(他人)
  ④ 성(性) 인(남 : 人) (자기 : 己)
- 知(지) zhī ① 알 지 ② 알릴 지 ③ 앎 지 ④ 사귐 지 ⑤ 대접 지
- 慍(온) yùn ① 성낼 온 ② 화 온(분노) ③ 여기서는 노여워하는 마음
- 君子(군자) : 덕망(德望)을 갖춘 사람

내일을 설계할 수 있는 손자 승원아,

이제 너는 대학생이 되었으니 어찌 보면 반 사회인이다. 사회생활을 원만하게 하는 것도 좋은 생활의 한 단면이다. 언제나 자기주장만 옳다고 해도 안 되고 남의 말에 귀를 기울여야 한다.

늘 마음속으로 부모에게 효도해야 한다는 생각을 가져야 하며, 옛날처럼 형제 · 자매가 많지 않으니 서로 사랑하고 배려하는 마음을 가져야 한다. 더욱이 윗사람을 대할 때는 공손하고 신뢰하는 마음을 가져야 한다.

효도와 공경은 인의 근본

그렇게 해야만 윗사람으로부터 믿음성 있는 사람으로 인정받게 된다. 또한 그래야만 원만한 사회인이 될 수 있다.

요즘 젊은이들의 생활태도가 옛사람들과는 너무 다른데, 이것이 세상의 흐름이겠지 하겠지만 사람의 근본은 세월이 흘러도 큰 변화가 없다. 수천 년이 흘렀지만, 성인들의 말씀이 오늘의 삶의 지표가 되는 것이 무엇이겠느냐.

그냥 그럭저럭 흘러가는 물에 배를 띄워서는 안 된다. 하루하루를 다지면서 살아가야 한다.

논어에 이런 글귀가 나온다.

'有子曰 君子 務本 本立而道生 孝弟也者 其爲仁之本與(유자왈 군자는 무본이니 본립이도생하나니 효제야자는 기위인지본여하니라)' (

유자께서 말씀하셨다. 군자는 근본을 힘써야 하니, 근본이 확립되면 도가 생긴다. 효도와 공경은 곧 인을 행하는 근본이리라.)

이제부터 너는 사람이 할 수 있는 기본에 최선을 다해야 하는데, 근본이란 무엇을 말하겠느냐? 네가 한 번 먼저 생각하여 보아라. 사람이 사람됨으로 언행이 똑 바라야 한다. 이런저런 것이 잘 행해지면 그 사람은 근본이 서있는 사람이다. 이런 글귀를 명심해서 생활하도록 하여라.

- 務(무) wù ① 힘쓸 무 ② 일 무
  ※ 업신여길 모(侮)와 통용 (무본 : 근본을 세우는 데 힘씀)
- 本(본) běn ① 밑 본 ② 근원 본 ③ 근본 본 ④ 농사 본 ⑤ 바탕 본
- 立(립) lì ① 설 립(정지함) ② 세울 립 ③ 곧 립(즉시로) ※ 자리 위(位)와 통용
- 道(도) dào ① 길 도 ※ 준수해야 할 언행(인륜의 길) ② 도 도(예악, 학문 등)
  ③ 순할 도(자연에 따름) ④ 구역이름 도 ⑤ 말미암을 도 ⑥ 다스릴 도
  ⑦ 인도할 도 ⑧ 부터 도
- 生(생) shēng ① 날 생 ② 낳을 생 ③ 살 생 ④ 살릴 생 ⑤ 산채로 생
  ⑥ 저절로 생(나면서부터) ⑦ 목숨 생 ⑧ 나올 생 ⑨ 만들 생
- 孝(효) xiào ① 효도 효(부모를 잘 섬김) ② 거상입 을 효 ③ 효자 효
  孝悌(효제) 부모와 형을 잘 섬김(孝弟=孝悌)
- 弟(제) dì ① 아우 제 ② 순할 제 ③ 공경할 제 ④ 다만 제
- 也(야) yě ① 어조사 야 ② 이를 야(~이라 이르는)
- 者(자) zhě ① 놈 자(사람 자) ② 것(일) 자 ③ 곳 자(장소) ④ 어조사 자
  ⑤ 이(此) 자
- 其(기) qí ① 터 기(토대, 터전) ② 근본 기 ③ 업 기(사업) ④ 기인할 기
- 仁(인) rén ① 어질 인 ② 어진사람 인 ③ 자네 인 ④ 사람마음 인 ⑤ 참을 인
  ⑥ 사랑할 인 ⑦ 불쌍히여길 인
- 與(여) yu ① 더불어 여, 함께 여 ② 몇 여 ③ 더불어할 여 ④ 줄 여 ⑤ 참여할 여
  ⑥ 그럴까 여
  ※줄 여 yu ※참여할 여 y

바라만 보아도 듬직한 마리아야,

할아버지는 오늘 밤도 잠을 청하지 못한다. 우리 마리아 생각때문이다. 유독 우리 마리아만 채찍질하는 할아버지의 마음이 편치가 않구나.

'이유가 없다. 무조건 일등을 하여라. 일등만이 살 길이다.' 라고 늘 우리 마리아만 못살게 구는 할아버지도 스스로 야속하단다. 그것 때문에 잠을 청하지 못하는지도 모르겠다. 일등이 세상을 지배하는 것도 아닌데 왜 자꾸 너에게 일등만 하라고 하는지 모르겠다.

어진 사람은 표시 내지 않는다

우리 서윤이는 외국에서 중학교를 다녔고 고등학교는 우리나라에서 다니기 때문에 급우들과 사귄다든지 다른 사람을 대하는 방법이 조금 어색할 수도 있다.

더욱이 영국이란 나라는 다른 서구의 나라보다 더 보수적이기 때문에 우리나라에서 친구나 윗사람을 사귀는 데 어떠한 사람을 사귈 것인가 고민이 되기도 할 것이다. 이제 고등학생이 되었으니 어떤 친구를 사귈 것인지는 네가 판단해야 한다.

살다 보면 인생살이는 누구를 만나느냐에 따라서 그 사람의 출세가 아니 인생이 달라지는 경우가 허다하다. 더욱이 너는 여자이기 때문에 사람을 사귀는 데 신중에 신중을 기해야 한다.

사람을 대면하였을 때 이 사람이 신뢰성이 있는지 없는지도 빨리 파악해야 한다. 아무나 사귀면 안 된다고 본다.

그렇다고 사람을 가려서 사귈 필요는 없지만 멀리해야 할 사람과 가깝게 해야 할 사람을 네가 스스로 판단할 수 있어야 한다. 그리고 때론 부모님의 말씀도 참고하여야 한다.

논어 책의 한 구절에 이런 문구가 나오더라.

'子曰 巧言令色 鮮矣仁(자왈 교언영색이 선의인이니라)' (공자께서 말씀하셨다. 반지르한 말과 잘난 체하는 사람치고 어진 사람은 없다.)

이 글귀는 네가 친구를 사귈 때 지표로 삼아도 되지 않을까 생각한다.

옷만 반지르르하게 입고 청산유수처럼 말하는 사람은 친구하기에 좋은 사람이 아니라고 공자님께서 말씀하셨으니, 우리 마리아는 공자 님의 말씀을 잘 기억하여 대인 관계를 유지해야 할 것이다.

할아버지가 살아가면서 터득했지만, 철들기 전에 사귀었던 친구가 친구다운 친구이고 철들어서 사귄 친구는 (어른이 되어) 서로의 이해관계가 연결되는 경우가 많더라. 다 그런 거는 아니지만.

- 子(자) zǐ ① 아들 자 ② 새끼 자 ③ 알(동물의) 자 ④ 열매 자 ⑤ 남자를 높여부름 자(공자, 맹자, 노자 : 성은 공, 맹, 노이고 子는 선생님의 뜻)
- 曰(왈) yuē ① 가로되 왈(말하기를) ② 이를 왈
- 巧(교) qiaǒ ① 공교할 교 ② 예쁠 교 ③ 약삭빠를 교 ④ 재주 교 ⑤ 교묘하게 교
- 言(언) yán ① 말 언 ② 말씀 언 ③ 말할 언 ④ 나 언(자기) ⑤ 어조사 언

巧言 : 남에게 아첨하기 위해서 꾸며대는 말

- 令(령) lìng ① 하여금 령(~하여금) ② 부릴 령 ③ 가령 령 ④ 방울소리 령
  ⑤ 착할 령 ⑥ 아름다울 령
- 色(색) sè, shǎi ① 빛 색 ② 낯 색(용모) ③ 색 색(여색) ④ 낯변할 색
  令色(영색) 남에게 잘보이기 위해서 과장하는 모습
- 鮮(선) xiān ① 고울 선 ② 새 선(새로움) ③ 생선 선 ④ 좋을 선, 아름다울 선
  ⑤ 적을 선(xian)
- 矣(의) yǐ : 어조사의 (句 구)의 끝에 쓰이는 과거를 나타내는 조사
  倒句法(도구법)에 쓰이는 조사

이제 의젓한 명문대학에 다니는 사랑하는 손자 승원아,

오늘 저녁은 화순 집 창문에 보름달이 밝게 비친다. 저 멀리 지석강가에 있는 소나무 위에 걸려있는 달이 너무 밝다. 이 달을 보고 있노라니 할아버지의 어린 시절부터 오늘까지가 주마등처럼 흘러간다.

'내가 대학에 처음 입학하였을 때의 기분이 지금 내 손자 승원이가 느끼는 기분과 어떻게 다를까',

스스로에게 물어 보아라

'우리 손자는 지금 무슨 생각을 하고 있을까?', '본인의 장래에 대하여 설계하고 있을까?' 등등의 온갖 생각이 아른거린다.

언제나 아침에 일어나면 오늘은 무엇을 해야 하고 그날 할 일이면 꼭 하도록 마음속으로 다짐하면서 하루하루를 보내라.

옛날 공자의 제자였던 증자는 날마다 스스로를 반성하면서 이 세 가지를 체크했다고 한다.

남을 돕는 일이 있었다면 정말 최선을 다해서 도와주었는지를 생각해보고, 친구를 사귈 때 내 마음의 진심을 다 열어서 친구에게 접근했는지, 또 선생님에게서 배운 학문을 내 것으로 만들어야겠다고 생각하면서 계속해서 노력하였는지를 스스로 반성하면서 생활하였다고 한다.

지금 70이 넘은 할아버지도 아침에 일어나서 오늘 내가 해야 할 일과 어제 했던 일의 잘잘못을 반성해보는 시간을 갖는다. 이렇게 해도 미흡한 것들이 많다.

논어 책에 보면, 이런 글귀가 나온다.

'曾子曰 吾日三省吾身 爲人謀而不忠乎 與朋友交而不信乎 傳不習乎(증자왈 오일삼성오신하노니 위인모이불충호아 여붕우교이불신호아 전불습호아이니라)'

증자께서 말씀하셨다. 나는 하루에도 이 세 가지를 몇 번씩 반성한다.

① 남을 돕는 데 진심으로 최선을 다했는가?

② 친구를 사귈 때 진실한 마음으로 사귀었는가?

③ 오늘 배운 것을 복습하였는지를 반성한다.

할아버지가 써 놓은 글을 몇 번이고 읽고 스스로 반성하기를 바란다.

너는 충분히 이 정도 이야기는 이해할 수 있는 내 손자라고 생각한다.

할아버지가 인용하는 글귀가 체계적이 아닐 수도 있다. 그때그때 생각나는 대로 적어두는 것이니 덧붙여 이해하도록 하여라.

꼭 이대로 살아가라는 것은 아니다.

- 曾子(증자) : 공자의 제자. 이름은 삼(參), 자는 자여(子輿).
  공자보다 나이가 46세나 어림.
- 吾(오) wú ① 나 오 ② 우리 오(자기집, 당) ③ 글읽는소리 오
- 省(성) xǐng ① 살필 성 ② 깨달을 성 ③ 명심할 성 ④ 대궐 성
- 省(생) shěng ① 덜 생 ② 허물 생 ③ 재앙 생

● 身(신) shēn ① 몸 신, 지기 몸 ② 몸소 신 ③ 줄기 신 ④ 애밸 신
● 謀(모) móu ① 꾀할 모 ② 물을 모(상의함) ③ 속일 모(계략으로 속임) ④ 도모하다 ⑤ 꾀 모(일을 꾀함)
● 忠(충) zhōng ① 충성할 충 ② 정성스러울 충 ③ 공평할 충 ④ 공변하다 ⑤ 공평하게하다
● 朋(붕) péng ① 벗 붕(동문수학하는 사람) ② 떼 붕 ③ 쌍 붕
● 友(우) yǒu ① 벗 우 ② 벗할 우 ③ 우애있을 우 ※朋友 : 친구, 벗
● 信(신) xìn ① 믿을 신(믿음성이 있음) ② 믿음 신 ③ 알 신 ④ 따를 신
● 傳(전) chuán ① 전할 전 ② 전하여질 전(이어짐) ③ 주막 전 ④ 옮길 전 ⑤ 책 전

오늘도 내일을 위해서 달리는 사랑하는 손자 호중아,

밤늦게까지 학원에서 공부하고 돌아왔느냐! 엄마가 날마다 저녁 늦게 데리러 가는데 너도 고생이지만 엄마는 보람이면서 고생이 될 수도 있다.

그러나 오늘의 이러한 일들이 네가 앞으로 살아가는 데 비타민이 되었으면 한다. 세월이 흐른 후에야 어머니의 이런 고생들이 미안하고 감사하게 생각날 수가 있으니 말이다.

옛날이나 지금에도 변하지 않는 근본은

호중아, 할아버지는 네가 바라보는 세상에 대한 너그러운 이해가 할아버지의 마음을 편하게 하여줄 때가 많다.

최근 새로운 정부가 들어서서 적폐니, 부정이니 앞 정권에 대한 문제점, 박근혜 정부와 최순실 관계 등 여러 가지 시대 상황을 보는 눈이 할아버지보다 높게 느껴졌다.

세상을 바라보는 너의 철학관이 젊은 나이답지 않게 폭이 넓어서 너무 기쁘다.

역사를 거슬러 올라가 보면 삼국을 통일한 무열왕도 영웅 취급하여 주지 않으며, 백제의 의자왕이나 경순왕은 그들의 잘못으로 한 나라가 망했다고 하지만 역사는 기록만 할 뿐이다.

신라를 도와 삼국을 통일하게 한 당나라에 대

하여 우리는 지금 어떠한 평가를 하느냐. 이것저것 너의 현명한 판단을 보면 너의 폭넓은 이해력에 할아버지는 감명받았다.

대부분의 사람들은 속은 보지 못하고 겉만 보고서 그 물건의 값을 정하는 경우가 허다하다.

논어의 한 구절을 보면, **'子曰 道千乘之國 敬事而信 節用而愛人 使民以時(자왈 도천승지국호대 경사이신하며 절용이애인하며 사민이시니라)'** (공자께서 말씀하셨다. 큰 나라를 다스리는 데는 매사에 신중하고 약속을 지키며 예산을 절약하며 백성을 사랑하며 일을 시킬 때는 한가할 때 시켜야 한다.) 하셨다.

옛날 공자께서 말씀하시기를 큰 나라를 다스리는 황제나 제후들은 모든 일에 있어서 공경스럽게 해야 하며, 신뢰로 다스려야 하고, 허튼 낭비는 해서는 안 되며, 백성에게 일을 시킬 때는 가능하면 농번기를 피해서 해야 한다고 하였다.

대부분 윗사람이 공정하지 않으면 아랫사람이 태만하고, 윗사람이 신뢰성이 없으면 아랫사람들이 의심한다.

아랫사람들이 태만하고 의심이 많아지면 일이 잘 풀리지 않는다.(국정의 틀이 잡히지 않는다.) 이처럼 옛날이나 오늘이나 근본은 하나인 것이다.

어떻든 지도자가 되려면 언제나 솔선수범하고 공정하고 정직하고 부지런하고 열심히 해야 만이 리더가 될 수 있다.

아마 국정을 책임진 사람들이 이렇게 했더라면 오늘날처럼 시끄럽지는 아니하였을지도 모르겠다.

- 道(도) dào : 여기서는 다스리다라는 뜻 道 = 治와 같다.
- 乘(승) chéng ① 탈 승 ② 태울 승 ③ 오를 승 ④ 이길 승 ⑤ 꾀할 승
  ⑥ 업신여길 승
  ⑦ 수레 승(sheng) 여기서 승은 말 네필이 끄는 병거임.
  즉, 天子는 만승, 제후는 천승, 대부는 백승
  天乘之國(천승지국) 제후가 다스리는 나라의 크기
- 敬(경) jìng ① 공경할 경 ② 삼갈 경(敬事 = 政事)
- 事(사) shì ① 일 사 ② 섬길 사 ③ 부릴 사(사역) ④ 일삼을 사
  敬事(경사) : 나라일을 중요하게 생각하여 공경하게 처리함
- 節(절) jíe ① 마디 절 ② 절개 절 ③ 병부 절 ④ 알맞게할 절 ⑤ 관습절
- 用(용) yòng ① 쓸 용 ② 쓰일 용 ③ 씀씀이 용 ④ 재물 용(비용, 경비)
- 信(신) xìn ① 믿을 신 ② 편지, 소식 신 ③ 진실, 성실 신
  ④ 백성으로부터 신임을 얻음
- 愛(애) aì ① 사랑, 사랑할 애 ② 즐길 애
  ※愛人(애인) : 임금은 온 백성을 두루 사랑한다.
- 使(사) shǐ ① ~하여금 사 ② 시킬 사, 부릴 사 ③ 사신, 심부름꾼 사 ④ 가령 사
- 民(민) mín ① 백성 민 ※使民以時(사민이시) : 백성으로 하여금 일을 시킬때는
- 以(이) yǐ ① 써 이, ~로써, ~을 가지고 ②부터(以來 이래)
  ③ 까닭 이(所以 소이) ④ 생각할 이(以爲 이위)
- 時(시) shí ① 때, 철 시(時節 시절) ② 그때, 당시 시 ③ 기회 시

도리를 아는 사람이 되라

시간의 소중함을 누구보다 잘 아는 사랑하는 손자 승원아,

네가 대학에 들어가 성인이 되니 할아버지가 너와 더 많은 대화를 하게 된다.

너는 할아버지의 큰손자여서 네 아래 6명의 남동생과 여동생이 있다.

네가 어떻게 행동하고 말하느냐에 따라서 동생들이 너를 따라 언과 행(言과 行)을 하기 때문에 조금은 언행에 주의를 하여야 한다.

그리고 배려와 관대함이 몸에 배야 한다. 너의 출발이 순조로우면 6명의 동생들이 다 순조롭다.

그래서 할아버지는 네가 명문대학에 입학한 것이 기쁘다.

지금 비교해보면 공자님 말씀이 맞는지 틀렸는지 아니면 경우마다 다른지 모르지만, 논어 한 구절을 보면,

'子曰 弟子入則孝 出則弟 謹而信 汎愛衆 而親仁 行有餘力 則以學文(자왈 제자입즉효하고 출즉제하며 근이신하며 범애중호대 이친인이니 행유여력이어든 즉이학문이니라)' (공자께서 말씀하셨다. 젊은이들은 집에 들어오면 효도하고, 밖에 나가면 공손해야 하고, 언행을 삼가하고, 널리 모든 사람을 사랑하되 어진 사람과

친하게 지내야 하며, 이 모든 것을 행하고도 시간의 여유가 있으면 공부를 해야 한다.) 하셨다.

젊은 사람들은 집에 들어와서는 효도하고 밖에 나가서는 다정다감하게 행동하며, 말을 함부로 하지 않으며, 널리 모든 사람을 사랑하라. 그리고 어진 사람과 가까이하여야 하고, 이러한 것을 행하고도 여력이 있으면 열심히 공부하여야 한다고 했다.

이처럼 옛날 사람들은 공부보다도 첫째 사람됨(즉, 사람의 도리를 다하는 사람)을 더 중요시했다.

얼마 전, '의사' 나 '검 · 판사' 등 세상 사람들이 '내 아들 딸들이 이런 직업을 가졌으면' 하는 사람들의 파렴치한 행동이 뉴스에 톱을 장식한 적이 있다.

이들은 바른 언행은 배우지 못하고 영어나 수학만 잘하여 고시에 합격하여 옛날 고사에 나오는 양주나 묵적 같은 사람이 된 것이다.

사람으로서 근본이 되지 않은 사람이 높은 자리나 권력을 갖게 되면, 그 영리한 머리를 다른 방향으로 쓰게 된다.

물론 이러한 것은 우리나라 교육제도의 문제도 있지만 말이다.

김영란법도 좋지만 앞으로 공자님 말씀에 따라 도덕과 사회 교육으로 무장하면 이러한 좋지 못한 결과는 흔치 않으리라 본다.

아마 먼 훗날 우리의 후손들은 이 법을 보면서 그때의 사회상이 얼마나 혼탁했으면 세상에 이것을 법으로 정했는가 하며 그 시대의 사회상을 연구할 수도 있을 것이다.

- 弟(제) dì ① 아우 제 ② 제자 제 ③ 공손할 제(弟子 = 子弟 : 어린 사람을 말함)
- 入(입) rù ① 들 입.(入則孝는 집에 있을 때는 부모에게 효도하고)
- 則(즉) zé ① 곧 즉, ~하면 곧 ※ 법칙 칙(規則 규칙)
- 出(출) chū ① 날, 낳을 출 ② 나갈, 떠날 출 ③ 뛰어날 출
- 謹(근) gǐn ① 삼갈 근, 조심할 근 ② 신중할 근

  ※謹而愼(근이신) : 말과 행동이 일치하며 믿음성이 있음.
- 汎(범) fàn ① 뜰, 띄울 범 ② 넓을 범

  ※汎愛衆(범애중) : 세상의 모든 사람을 차별하지 않고 사랑함.
- 衆(중) zhòng ① 무리 중 ② 많을 중(衆生 중생)
- 親(친) qīn ① 친할, 가까울 친 ② 어버이 친 ③ 몸소, 친히 친 ④ 겨레, 일가 친

  ※親仁(친인) : 어진 사람을 가까이 함.
- 行(행) xíng ① 다닐, 걸을 행 ② 행할 행 ③ 길 행 ④ 갈 행 ⑤ 항렬 항
- 有(유) yǒu ① 있을 유 ② 가질 유 ③ 혹 유, 어떤 유(有人 유인)

  ④ 또 유(十有五年) you
- 餘(여) yú ① 남을, 나머지 여 ② 다른, 딴 여(餘他 여타)
- 文(문) wén ① 글월, 문장 문 ② 글자 문 ③ 문서, 기록 문 ④ 무늬, 채색 문

언제나 할아버지 마음을 가장 잘 이해하는 사랑하는 손자 태헌에게,

오늘은 전주 이씨 시조 이한 할아버지부터 태헌이까지 45대에 이르는 가족보(家族譜)를 완결하였다.

어찌 보면 필요 없는 일인 것 같지만, 우리 태헌이에게 조상의 역사에 대해서 더 잘 가르치고 싶다. 너무 어린 나이에 이런 현실에 맞지 않는 지식들을 가르치는 것이 이 아이를 위하여 옳은 것인지 아닌지 알 수 없을 때가 있다.

잘못을 알면 바로 고치려 노력해라

오늘날 너무 많은 변화를 하면서 역사의식이 바뀌기 때문이다. 그래도 나는 내 손자에게 이러한 것을 심어주고 싶다.

지금은 어려서 이해하기 어려워도 훗날 커서 보면 충분히 이해하리라.

언제나 할아버지는 태헌이와 함께하면 기쁘다. 매주 토요일이면 막내 손자이며 장손인 태헌이와 함께 하는 것이 그 주말의 가장 즐거운 큰 행사다.

태헌아 너는 어떻게 생각해? 언젠가 태헌이에게 '할아버지가 늙으면 누가 할아버지를 돌보지?' 라고 물으니, 손자가 하는 말 '할아버지, 당연히 제가 모시지요.' 그렇게 대답을 하니 너무 기뻤다. 초등학교 3학년인데 이런 대답이 너무 나를 가슴 뭉클하게 했다.

그렇게 대답하고 조금 지나서 손자 녀석 하는 말이 대단했다.

'할아버지, 할아버지가 나이 들면 원칙은 아빠가 할아버지 모셔야 하는 게 아니에요?' 라고, 그래서 할아버지가 이렇게 대답했지.

'할아버지와 할머니는 우리가 함께하고 싶은 사람과 함께 살 거야.' 라고 했더니, 장손 하는 말이 '그러면 저와 함께 살아야겠네요.' 라고 대답을 해서 참 기특했다.

태헌아 어리지만 이렇게 예의범절이 똑바르고 바르게 자라는 너에게, 커서 지금은 이해 못할 수 있는 편지를 이 똑똑한 손자에게 격언처럼 들려주고 싶어서다.

아무리 똑똑하고 잘난 사람도 실수할 때가 있다.

언어와 행동 그리고 습관에 대하여 잘못이 있다고 하면 즉시 이것을 바로 잡으려고 노력해야 한다. 그렇지 않아서 좋지 않은 언어, 행동이 자기도 모르게 버릇이 되어버리면, 사회생활하는 데 큰 지장이 된다.

논어 책 한 구절에 보면, **'子曰 過則勿憚改(자왈 과즉물탄개니라)'** (공자께서 말씀하셨다. 잘못을 했으면 고치는 것을 주저하면 안 된다.)라고 했다. 이처럼 자기의 잘못을 알면 바로 고치려고 노력하는 사람만이 성공할 수 있다.

- 過(과) guō ① 지날, 지나칠 과 ② 허물, 실수 과(자기의 허물, 과오) ③ 건널, 지낼 과
- 勿(물) wù ① 말 물(금지의 뜻을 나타냄) ② 없을, 아닐 물(勿論)
- 憚(탄) dàn ① 꺼릴 탄 ② 두려워할 탄
- 改(개) gǎi ① 고칠 개 ② 바꿀 개

※勿憚改(물탄개) : 고치기를 주저하지 말라.

우리 집안의 트레이드 마크.

사랑하는 손녀 서은아,

오늘은 할머니와 할아버지 그리고 할아버지의 친구 내외와 함께 운동을 하고 병원에 돌아와서 우리 귀염둥이 착실과장에게 편지를 보낸다.

할아버지는 친구를 사귀는 데 무척 힘들다는 것을 알고 있다. 지금까지 할아버지는 진실한 친구라고 할 수 있는 사람이 있는지 판단이 잘 안 되는구나.

그렇게 진실한 친구를 갖기가 어려운 것인지, 그냥 친구하면 되는 것인지, 할아버지도 알지 못할 때가 있다.

그 사람 가까이 있는 사람을 보라

할아버지의 희망, 생활의 교과서, 모범생의 대명사, 할아버지처럼 꾸준히 쉬지 않고 노력하는 노력파, 나의 가장 믿음직스러운 손녀 딸 서은.

공부하는 것은 지금처럼만 하면 나무랄 데 없이 잘하고 있기 때문에 할아버지는 무척 기쁘다.

아직은 어리니 공부에 매달리고 친구가 소중한지 그렇지 않은지 잘 모를 수 있다.

세상을 살다 보면 지금 네가 열심히 하고 있는 공부가 첫 번째 너의 인생을 좌우하고, 두 번째는 누구를 만나서 친구로 지내느냐가 가장 중요할 수도 있다.

옛날 중국의 초한(楚漢) 시대에 한신 장군은 유

방(劉邦)을 만나서 천하의 장수가 되지만 범증은 항우를 만나서 초라한 신세가 된다. 똑같은 조건에서 누구를 만나느냐에 따라서 인생이 달라진다.

이렇게 세상을 살다 보면 가깝게 사귀는 누군가를 만나게 되는데, 만나는 사람의 결정은 본인이 하게 된다.

상대방을 여러모로 관찰하고 비교해서 가까운 친구로 사귀어야 한다.

다시 말해서 사람됨을 판단할 수 있어야 한다.

논어 책에 보면, **'子曰 無友不如己者(자왈 무우불여기자오)'** (공자께서 말씀하셨다. 자기보다 못한사람과 사귀지 말아야 한다.) 라는 말이 있다.

자기보다 지식이나 품성이 뒤떨어진 사람을 벗으로 사귀지 말라고 했다. 벗은 내가 그 사람에게 본받을 만한 것이 있어야지, 무엇인가 본받을 것이 없는 친구를 사귀는 것은 친구를 사귀지 않는 것만 못하다.

무턱대고 뛰어 놀면서 친구하자고 하면 안 된다.

남들이 계산적이라고 하겠지만 벗을 사귀는 것은 너무 중요한 일이기에 심사숙고해야 한다.

늘 하는 이야기지만 가까이 있는 친구를 보면 그 사람이 어떤 사람인가를 알 수 있다.

- 無(무) wú ① 없을 무 ② 아닐 무 wu
- 友(우) yǒu ① 벗, 벗할 우 ② 우애있을 우
- 如(여) rú ① 같을 여 ② 어찌 여(如何 여하) ③ 갈 여 ④ 만일 여 ⑤ 어조사 여
- 己(기) jǐ ① 몸, 자기 기
- 者(자) zhě ① 놈 자 ② 사람 자, 것 자

사람의 품격은 첫인상에 결정된다

명랑하고 밝은 표정이 몸에 밴 사랑하는 손자 혁아,

할아버지는 네가 반 친구들을 데려와 화순 집에 1박 할 때 해준 말이 있다.

너희들이 서로 친구라고 칭하며 와서 재미있게 놀고 있는데, 친구는 서로 간에 배울 것이 있어야 하느니라.

그리고 내년에 또 1박 하면서 놀려면 1등을 한다는 각오로 공부하여야 한다고 다짐을 받았는데, 어린 아이들에게 공부 이야기만 주입하고 나니 무언가 할아버지 마음이 찜찜하다.

그래도 학생은 열심히 공부해야 한다.

우리 혁이는 중학생이지만, 언제나 중후하고 무게 있고 모든 것을 중학생 수준에 걸맞지 않게 많이 알고 있다.

내로라하는 과학영재반 틈에 끼어 열심히 노력하는 모습을 보면 장하다.

일요일인데도 아침부터 저녁 늦게까지 학원이며 도서관이며, 누가 하라고 하지 않아도 스스로 알아서 열심히 하니 할아버지 마음이 얼마나 든든하겠느냐.

어린 너에게서 할아버지는 중후한 것을 느낄 수 있다. 많이 알면서도 가볍게 행동하면 보기가 좋지 않다.

어리지만 어른처럼 너는 그렇지 않다. 앞으로

도 네가 지금처럼만 생활하여 나간다고 한다면 너의 앞길에 영광이 있으리라 본다.

논어 공자님 말씀 중에 이런 글이 씌어 있다.

'子曰 君子不重則不威 學則不固(자왈 군자불중즉불위니 학즉불고니라)' (공자께서 말씀하셨다. 군자는 중후하게 처신하지 않으면 위엄을 지니지 못한다. 중후하지 못한 사람이 배우는 것은 견고하지 못하다.)

사람은 첫 대면할 때 중후한 멋이 풍겨야 한다. 처음에 가볍게 보이면 상대는 그 사람을 무시하고 상대하기를 꺼려 한다.

우선 그 사람의 깊은 지식은 시간이 지나 깊이 사귄 다음에 나타나는 것이니 외적으로 중후하고 내적으로 실력을 갖추는 것이 출세의 정도로 가는 길이 아니겠느냐. 언제 어디서나 사람은 가볍게 보여서는 안 된다.

든든한 손자 혁이가 대견스럽고 자랑스럽다.

할아버지는 정신적인 너의 스승이 되고 싶을 때도 많이 있다.

더 건강하고 열심히 하여라.

- 重(중) chóng ① 무거울, 두터울 중 ② 중히여길 중 ③ 무게 중
  ④ 거듭할, 겹칠 중(zhong)
- 威(위) wēi ① 위엄 위 ② 힘, 세력 위
- 固(고) gù ① 굳을, 단단할 고 ② 진실로 고 ③ 완고할, 우길 고 ④ 본디 고
  不重則不威(부중즉불위) 말과 행동이 가벼우면 사람이 가볍게 보인다.
  不固(불고) : 가볍다. 흐트러져 보인다. 경솔하게 보인다.

뿌리의 소중함을 이해하는 사랑하는 손자 태헌에게,

사람이란 희망이 있고 바람이 있고 기다림이 있어야 행복하다. 이제 할아버지 나이가 70이 넘었으니 무엇이 바람이고 행복이겠느냐.

재물을 모으는 것도 아니요, 또 다른 것도 아니다. 나의 장손자와 이런저런 대화를 하는 것보다 기쁨이 없다.

아들은 내 마음대로 못 만들어도 손자는 내 마음대로 만들려 노력하는 것이 할아버지들의 마음인가도 모른다.

누구에게나 부모님은 계신다

손자 태헌이와 함께 매주 토요일마다 차 안에서 토론을 하는 것이 할아버지의 즐거움이다.

'태헌아, 오늘 아침은 뭘 먹었느냐, 아빠와 함께 밥 먹었어?' '그래, 이 할아버지와 할머니가 늙어가는데 시간이 많이 지나면 말이야, 할머니 할아버지가 돌아가시고 나면, 제사를 모셔야 하는데 누가 제사를 모시게 되지?' 하고 물으면 스프링이 튕겨 나오듯이 '할아버지 제가 모셔야지요.' 한다.

죽은 다음에 내가 제사상을 받으면 무슨 재미가 있는지 손자의 그 말에 기분이 너무 좋다.

침윤지참(**沈潤之讒**) 이라고 했던가, 계속해서 심어주면 아마도 머리에 박혀지지 않겠는가. 늙은 할아버지의 쓸데없는 말처럼 생각되지만 나는 이렇게 새겨주고 싶다.

논어에 보면, **'曾子曰 愼終追遠 民德 歸厚矣(증자왈 신종추원이면 민덕이 귀후의리라)'** (증자께서 말씀하셨다. 조상과 제사에 예의와 정성을 다하면 백성들의 덕이 후할 것이다.)라는 말이 있다.

이는 부모님이 돌아가셨을 때와 선조의 제사를 지낼 때는 애통함과 경건함을 극진히 하여야 예법이라 하였는데, 옛날에는 부모님이 돌아가셔서 3년 동안 상복을 입고 움막을 짓고 살면서 조석으로 무덤에 절을 했다.

지금 이렇게 하라고 하면 아무도 하지 않을 것이며 아마 이상한 사람 취급을 받을 것이다. 그러나, 옛날에는 이렇게 하는 것이 부모에 대한 은혜를 갚는 예절이었다. 요새는 부모님이 돌아가셨다고 해서 상가에 가보면, 가끔 상주가 즐거워하는 표정으로 웃고 담소하는 경우가 있다.

정말 그래서는 안 되는데. 언젠가 후배의 선친이 젊은 나이에 돌아가셨는데 상가에 가보니 후배가 다른 사람들과 이야기하면서 웃고 담화하기에 불러 잘못을 지적해준 적이 있다.

태헌아, 할아버지가 이야기처럼 들려주는 이 편지 내용을 귀담아 듣고 음미하여 보아라.

- 愼(신) shèn ① 삼갈 신 ② 조심할 신
  ※ 愼終(신종) : 부모의 장사(葬事)를 잘 지내는 것
- 終(종) zhōng ① 마칠, 끝날 종 ② 죽을 종(臨終 임종) ③ 끝, 마지막 종 ④ 마침내 종
- 追(추) zhuī ① 따를, 좇을 추(追從 추종) ② 쫓을, 내쫓을 추(追放 추방)
- 遠(원) yuǎn ① 멀 원 ② 깊을, 심오할 원(深遠 심원) ③ 멀리할 원
  ※民德(민덕) : 백성이 갖는 덕성 ※歸厚矣(귀후의) : 두터워짐

사랑하는 손자 승원아,

'할아버지는 누구를 존경하세요?',

'누구를 Role model로 모시고 싶어요?' 하고 손자들이 나에게 물어볼 수 있다.

남들은 나에게 이상한 사람이라고 하지만 남들이 이해하지 못하는 사람을 나는 존경하고 Role model로 생각하고 있다.

내가 존경하는 역사의 인물은 이승만 대통령, 박정희 대통령, 조선대학교 총장을 지내신 박철웅 총장님을 존경한다고 너에게 이야기할 수 있다. 그럼 남들은 나보고 이상하다고 하더라.

나만이 존경하는 그 사람을 배우려 노력해라

승원아, 이제 네가 대학에 들어가서 사회생활을 하면 클럽활동도 하고 학과 활동도 하게 된다.

남자들은 사회생활을 하면서 자기의 Role model(宗)라는 사람을 정하는 경우가 있다.

나의 Role model은 김대중 대통령이다. '나의 Role model은 김영삼이야 아니 나는 노무현 대통령이야, 나는 Role model이 누가 뭐라해도 박정희 대통령이야' 라고 하게 된다. 아니면 '우리 과 주임교수님이야' 라든가.

자신의 Role model을 정하게 되는데 이러한 결정을 하게 될 때는 그 Role model이 신뢰를 가지고 약속을 지키는가, 그 약속을 정말 잘 이

행할 수 있는 사람인가, 공손한 사람인가를 보고 본인 마음에 결정이 이루어지면 확실한 자신의 Role model로 정한다.

이렇게 자신이 정한 Role model이 결정되면 생을 마칠 때까지 자신의 Role model을 지지해야 한다.

논어 학이편에 보면 이런 구절이 나온다.

'有子曰 信近於義 言可復也 恭近於禮 遠恥辱也 因不失其親 亦可宗也(유자왈 신근어의면 언가복야며 공근어례면 원치욕야며 인불실기친이면 역가종야니라)' (유자께서 말씀하셨다. 약속이 의리에 가까우면 실천할 수 있고 공손함이 예에 가까우면 치욕을 멀리하고, 의지할 사람이 친할 만한 사람이면 끝가지 갈 수 있다.)

유자가 말하기를 약속이 의리에 가까우면 그 약속한 말을 실행할 수 있으며, 공손함이 예에 가까우면 치욕을 멀리할 수 있으며, 그런 연후에 마땅히 자기의 주인을 정할 때는 가까이 해야 할 사람을 가까이 하면 또한 그 사람을 끝까지 주인으로 삼을 것이다고 하였다.

그러나 요즈음은 자신의 Role model을 죽이고 자신이 일어서려는 정치인들을 많이 보았기 때문에 Role model에 대한 개념이 잘 서지 않을 수 있다.

옛날에는 어떠한 형벌이 떨어지더라도 Role model을 따라서 웃고 울고 죽어갔다.

이처럼 Boss의 결정을 잘못하게 되면 결국 모든 것이 나에게 화가 미치게 된다. 이 때문에 인생의 황폐가 올 수도 있으니 Boss를 모시는 데는 신중에 신중을 기해야 한다.

젊은 시절에 자신의 우상인 Role model을 갖는다는 것, 또 그 Role

model이 자신을 알아줄 수 있다면 더욱 보람 있는 사회생활이 되지 않을까.

- 近(근) jìn ① 가까울 근 ② 요즘 근 ③ 가까이할 근(近墨者黑 근묵자흑)
- 於(어) wū ① 어조사 어, ~에, ~에서, 보다
  ② 탄식할 오 ※감탄하는 소리(於呼 어호)
- 義(의) yì ① 옳을, 바를 의 ② 해넣을 의(義足 의족) ③ 뜻 의 ④ 도리에 맞음
- 可(가) kě ① 옳을, 가할 가(可否 가부) ② 허락할 가(認可 인가) ③ 가히 가
- 復(복) fù ① 회복할 복, 돌이킬 복(復舊 복구) ② 고할, 대답할 복(復唱 복창)
  ③ 갚을 복(復讐 복수) ④ 되풀이할 복(復習 복습)
- 復(부) fù ① 다시, 거듭 부(復興 부흥)
- 也(야) yě ① 어조사 야
  ※문장의 끝에 붙여 인정, 부름, 감탄, 의문의 뜻을 나타냄
  ② 또한 야
- 恭(공) gōng ① 공손할, 공경할 공 ② 삼갈 공
- 禮(예, 례) lǐ ① 예도 예(례) ② 절, 인사 례 ③ 예물 례
- 恥(치) chǐ ① 부끄러워할 치 ② 부끄럼 치
- 辱(욕) rǔ ① 욕될, 욕보일 욕 ② 욕되게할 욕
- 困(곤) kùn ① 곤할, 지칠 곤(疲困 피곤) ② 어려울 곤(困境 곤경)
- 失(실) shī ① 잃을, 놓칠 실 ② 잘못할 실(失策 실책)
- 宗(종) zōng ① 마루, 으뜸, 근본 종 ② 사당 종 ③ 일족, 동성 족
  ④ 갈래, 유파 종
  恭近於禮(공근어례) : 공손함이 예의에 벗어나지 않음
  可宗(가종) : 모실만 함, 존경할만 함.

매사에 최선을 다하고 끈기 있게 노력해라

내 손자 환아,

사람이란 자기 나름대로의 특별한 재주가 있다고 본다. 공부를 잘하는 것도 재주이고, 말을 잘하는 것도 재주이고, 저마다 타고난 끼가 있으니 말이다. 손자 7명 중에서 경제에 밝은 아이가 너다. 어려서부터 무엇이 너에게 이익이 되는지에 대하여는 약삭빠를 정도로 빠르다.

눈치도 빠르다. 할아버지가 피곤한 기색이 있으면 세숫대야에 따뜻한 물을 가져와 할아버지 족욕을 시켜주는 눈치 빠른 손자 조환.

다 나름대로의 끼가 있어 좋은데 우리 환이는 재물을 모으는 데 끼가 있다.

앞으로 큰 부자로 살 거라 생각되는 내 손자 환아, 지금 할아버지가 하는 말들을, 너는 영리한 아이이니 이해하리라고 본다.

지금 이해하지 못하더라도 더 커서 이해하게 될 것이니, 지금 할아버지가 너에게 보내는 편지글을 꼭 읽고 이 부분을 명심하여야 한다.

옛날에 공자님 제자 중에 자공이라는 제자가 있었는데, 처음에는 가난했으나 나중에 부자가 되어서 스스로 자기 자신을 지키려고 노력했던 사람이다.

어느 날, 자공이 공자님에게 이렇게 질문했다. '가난하면서도 아첨하지 아니하고 잘 살면서도 교만함이 없으면 되는 것이지요, 선생님?' 하고 물었다. 공자님 하시는 말씀이 '그래, 네 말이 옳다.' 하시면서 '가난하면서도 즐거워하고, 잘 살면서도 예(禮)를 잘 지키는 사람이면 오죽 더 좋겠느냐' 하였다.

가난하고 부자로 사는 것이 문제가 아니라, 사람이 사람답게 사는 것이 제일 중요한 것이다.

가난하게 사는 것보다는 부자로 사는 것이 좋다. 그러나 가난하고 부자로 사는 것이 나의 뜻대로 쉽게 이루어지는 것이 아니다.

매사에 최선을 다하고 끈기 있는 노력이 필요하다.

논어 책에 보면 이러한 글귀가 있다. 음미하면서 읽어보아라.

'子貢 曰 貧而無諂 富而無驕 何如 子曰 可也 未若貧而樂 富而好禮者也(자공이 왈 빈이무첨하며 부이무교면 하여하니잇고 자왈 가야나 미약빈이락하며 부이호례자야니라)' (자공이 여쭈었다. 가난하되 아첨하지 아니하고 부유하되 교만하지 아니하면 어떠합니까? 공자께서 대답하셨다. 좋으나 가난해도 즐기며 부유해도 예를 좋아하는 것만 못하니라.)

- 貧(빈) pín ① 가난할 빈 ② 모자랄 빈(貧血 빈혈)
- 諂(첨) chǎn ① 아첨할 첨 ② 아양부릴 첨
- 富(부) fù ① 부유할 부 ② 젊을 부
- 驕(교) jiāo ① 교만할 교 ② 잘난체할 교(驕奢 교사)
- 何(하) hé ① 어찌 하
- 如(여) rú ① 같을 여 ② 어찌 여(如何 여하) ③ 갈 여 ④ 만일 여(或如 혹여) ⑤ 어조사 여
- 未(미) wèi ① 아닐 미 ※아직 ~하지 아니함 ② 양 미
- 若(약) ruò ① 같을 약(若此 약차) ② 너 약 ③ 만약 약 ④ 땅이름 야(般若 반야)

- 自(자) zì ① 스스로, 몸소 자 ② 자기 자 ③ 저절로 자
  ④ 부터 자(自初至終 자초지종)
- 守(수) shǒu ① 지킬 수, 막을 수 ② 벼슬이름 수(守令 수령)
- 矣(의) yǐ ① 어조사 의
  ② 단정, 한정, 의문, 반어, 영탄 등의 뜻을 나타냄(萬事休矣 만사휴의)
- 能(능) néng ① 능할, 능히할 능 ② 능력 능 neng
- 超(초) chāo ① 뛰어넘을, 넘을 초 ② 뛰어날 초
- 乎(호) hū ① 어조사 호(의문 영탄, 반어, 호격, 강조 등의 뜻을 나타냄)
  ② ~에, ~보다 의 뜻

何如(하여) : 어떻습니까

未若(미약) : ~보다는 못하다.

爲政第二

귀염둥이 멋쟁이 손녀 서은에게,

할아버지가 이 세 글자(三字)를 선물하고 싶다.

너의 책상 위에 걸어 놓아라. 그것이 바로 사무사(思無邪)이다.

언제나 깨끗하고 맑은 심성으로 세상을 살아가라는 할아버지의 마음이다.

옛날 중국의 고전 시경에 좋은 글귀들이 아주 많이 적혀져 있는데 이 300편 이상이 되는 말을 하나로 요약한다고 하면 사무사(思無邪)이다.

언제나 깨끗하고 맑은 심성으로 살아라

물론 지금처럼 경쟁의 사회, 혼돈의 세상에서 나만이 정직하고 착하고 참되게 살라고 하면 어려움 없이 살아갈 수 있을 것인가 하는 생각을 할 수 있다.

물론 그럴수도 있지만 착한 마음을 가지고 살아가면 늘 좋은 결과를 얻게 된다.

논어 위정 편에 보면, **'子曰 詩三百 一言以蔽之 曰思無邪(자왈 시삼백에 일언이폐지하니 왈 사무사니라)'** (공자께서 말씀하셨다. 시경 300편을 한마디로 요약하면 나쁜 생각을 하지 말라는 것이다.)라고 씌어 있다. **'思無邪=誠'** 이라고 생각하여라.

'經禮三百 曲禮三千 亦可以一言以蔽之 曰 毋

不敬(경례삼백과 곡례삼천에 역가이일언이폐지하니 왈 무불경이라)' 는 중국 고전에 경례 삼백과 곡례 삼천 가지도 한마디로 표현하면 공경하며 살아야 한다는 말이다.

세상을 살아가는 좌우명은 '사무사 무불경(**思無邪 毋不敬**)' 이 여섯 글자(六字)이니라.

착하고 성실하게 맑은 마음으로 생활하면 행복한 생활을 할 수 있다.

사람은 생활하면서 어떤 생각을 갖고 살아가느냐에 따라서 그 생활 방법이 달라지는 것이다.

늘 착하고 성실한 나의 손녀 서은이에게 할아버지가 주는 마음의 선물이 세 글자를 깊이 간직하기 바란다.

- 曰(왈) yuē ① 가로 왈 ※가로되, 말하기를 등의 뜻을 나타냄(曰可曰否 왈가왈부)
- 蔽(폐) bì ① 가릴 폐 ② 덮을 폐(蔽塞 폐색) ③ 단정지을 폐
- 思(사) sī ① 생각 사 ② 그리워할 사(思慕 사모) ③ 슬퍼할, 근심할 사 ④ 생각할 사(思考 사고)
- 邪(사) xié ① 간사할, 옳지않을 사 ② 어조사 야 ※의문이나 부정의 뜻을 나타냄
- 經(경) jīng ① 경서 경 ② 날실, 세로 경(經緯 경위) ③ 지날, 지낼 경 ④ 길, 법, 도리 경 ⑤ 다스릴 경
- 誠(성) chéng ① 정성, 정성스러울 성 ② 진실로, 참으로 성
- 曲(곡) qū ① 굽을, 굽힐 곡 ② 자세할 곡(曲盡 곡진) ③ 가락, 악곡 곡 ④ 재주 곡(曲藝 곡예)
- 亦(역) yì ① 또, 또한 역(亦是 역시)
- 毋(무) wǔ ① 금지의 뜻(毋論 무론) ② 없을 무 ③ 아닐 무
- 敬(경) jìng ① 공경할 경 ② 삼갈 경

사랑하는 일곱 손자, 손녀들아 세상 돌아가는 것을 한 번씩 보아라.

아직은 어려서 이해 못하는 손자도 있고 이해하는 손자도 있을 것이다. 이해되지 않는 글도 백 번 읽으면 의미가 터득된다.

백성을 다스리는 데는 법과 형벌로써 하면 백성은 형벌만 면하려고 한다. 그리고 부끄러워하는 마음이 사라진다.

그러나 덕과 예로써 교화하면 부끄러워하고 감화 받아서 착한 일을 하게 될 것이다.

부끄러움을 아는 사람이 되자

잘못한 일이 있으면 엄마와 자식이 함께 반성하는 시간을 가지면서 서로 잘못을 반성하면 다시는 해서는 안 되겠구나 하지만, 부모님으로부터 꾸지람이나 매를 맞는다고 하면 근본적인 해결책이 되지 않을 수 있다.

요사이 문제가 되는 김영란법은 모든 인간의 정을 법의 테두리 안에 넣어버려 은혜의 감사마저도 잘 표현할 수 없게 되어 있다.

부모님의 은혜, 스승의 은혜 또 내가 도움을 받은 많은 사람의 은혜는 돈이 많고 적음으로 해결해서는 안 되는 것 아니겠느냐.

그러나 지금은 모든 것이 김영란법의 테두리를 벗어나면 안 되니 말이다.

따뜻한 온정이 흐르는 세상이란 어떤 세상이겠느냐. 내 손자, 손녀들은 서로의 교제에 있어서 정이 흐르듯 하여야 한다.

논어 위정 편의 한 구절을 보면, **'子曰 道之以政 齊之以刑 民免而無恥 道之以德 齊之以禮 有恥且格(자왈 도지이정하고 제지이형이면 민면이 무치니라 도지이덕하고 제지이례면 유치차격이니라)'** (공자께서 말씀하셨다. 법과 형벌로써 다스리면 백성은 형벌을 면하려고 하지만 부끄러운 줄 모른다. 덕과 예로써 다스리면 부끄러운 줄도 알고 또한 바로 잡아진다.) 라고 하였다.

이렇듯이 백성을 다스리는 데는 법과 형벌로써만 해서는 안 된다고 했다. 어찌 백성을 다스리는 데만 그러하겠느냐. 부모가 자식을 다스리는 데도 가능하면 꾸지람보다는 이해할 수 있는 말로 설득하는 것이 좋다고 생각한다.

할아버지는 너희들이 커서 어른이 되어 이 글귀를 여러 번 읽고 생활에 보탬이 되었으면 한다.

- 齊(제) qí ① 가지런할 제 ② 다, 똑같이 제 ③ 제나라 제 ④ 다스릴 제
- 格(격) gé ① 격식 ② 인품 ③ 자리 지위
- 刑(형) xíng ① 형벌 형 ② 벌줄 형 ③ 법 형
- 免(면) miǎn ① 면할, 벗을 면(免稅 면세) ② 허가할 면(免許 면허) ③ 내칠 면(罷免 파면)
- 道(도) dào ① 인도할 도 ② 가르치다 ③ 다스리다 ④ 의존하다

※ 政治를 하는 방법에는 두가지가 있다. 덕(德)으로 하는 정치와 형벌(刑罰)로 하는 정치

사랑하는 손자 혁아,

중학생 중에 너처럼 열심히 공부하는 사람은 드물 것 같다.

그렇게 꾸준히 쉬지 않고 공부해야만 성공할 수 있다.

물론 성공하기 위해서만 공부하는 것은 아니다. 공부를 하다 보면 성공의 길이 보이고 나타나는 것이다.

꾸준히 차근차근 하나를 완성하고 전체를 만들어라

논어 위정편에 보면, **'程子曰 盈科而後進 成章而後達(정자왈 영과이후진하고 성장이후달이라)'** (정자께서 말씀하셨다. 한 과정을 마친 뒤에 다음 과정으로 나아가고 한 장을 완성한 뒤에 전체를 달성한다. Step by Step) 는 이야기가 있다.

우리의 학교도 초등학교, 중학교, 고등학교, 대학교 이렇게 순서적으로 가는 것이 좋다. 공부를 조금 잘한다고 해서 초등학교에서 중학교를 건너뛰고 고등학교로 간다든가 하는 것은 아주 바람직하지 않다.

공부는 조금 잘할지 몰라도 그 나이마다 꼭 경험해야 하는 여러 가지 많은 일들이 있다.

이러한 것을 언어나 수학을 잘한다고 해서 월반하거나 앞으로 나가는 것은 네 일상생활 과정에서 도움이 되지 않을 수 있다.

즉, Step by step이라고나 할까?

천천히 차근차근 쌓아나가야만 단단한 건물을 세울 수 있다.

그래야 허물어지지 않는다.

그래서 공자님께서도 '**盈科而後進**(영과이후진)' 이라고 말씀하신 것이다.

- 盈(영) yíng ① 찰, 가득할 영 ② 충분할 영
- 科(과) kē ① 과정, 조목 과 ② 법률, 법령 과 ③ 과거 과 ④ 부과할 과(罪科 죄과)
- 後(후) hòu ① 뒤, 나중 후 ② 자손 후(無後 무후) ③ 뒤로할, 뒤에설 후
- 進(진) jìn ① 나아갈 진 ② 오를 진(進級 진급) ③ 추천할 진
  ④ 올릴, 바칠 진(進上 진상)
- 成(성) chéng ① 이룰, 이루어질 성
- 章(장) zhāng ① 글 장(文章 문장) ② 법, 법식 장
  ③ 장 장(시문, 악곡 따위의 한 단락) ④ 기, 표지 장 ⑤ 도장 장
- 達(달) dá ① 통달할, 통할 당(達人 달인) ② 이를 달(到達 도달)
  ③ 출세할 달(榮達 영달)

부모님의 생사와 제사는 예로서 대하라

일곱 손자, 손녀들은 할아버지의 효(孝)에 대한 이 글을 잘 읽어보아라.

요즈음 효(孝)라는 말이 우리 사회에서 사라진 지 오래되었다.

그러나 조선시대만 하더라도 효 때문에 살고 효 때문에 죽기도 하였다.

왜 우리 사회에서 인간의 가장 중요한 핵심이 될 수 있는 효(孝) 문제가 이렇게까지 낭떠러지에 떨어졌는지 모르겠다.

TV나 신문기사에 나오는 부모 자식 간에 일어나는 차마 눈 뜨고 볼 수 없는 사건들을 볼 때마다 우울한 심정은 끝이 없다.

이러한 책임을 누구에게 돌리기에는 너무 늦은 것이 아닌가 한다. 그래서 교육이 중요한데, 우린 여기에서 실패한 것이 아닌가도 생각을 해본다.

누구의 잘잘못을 따지기 전에 우리 스스로 우리들의 자손들을 어떻게 교육시켰는지 뒤돌아보아야 한다.

공자의 제자들이 공자님께 효에 대하여 질문하니 공자님께서는 묻는 사람의 효에 대한 개념을 파악하시고 각자 그 사람의 형편에 맞게 대답하셨다.

공자의 제자 맹의자가 공자님께 효란 어떤 것

입니까? 하고 물으니 '도리에 어긋나게 행하지 않는 것이 효이니라' 하셨다.

'孟懿子問 孝 子曰 無違(맹의자문효한대 자왈 무위니라)' (맹의자가 효도에 관해서 묻자 공자께서 말씀하시기를 어기지 않는 것이다.)

즉, 맹의자에게 말씀하신 것은 일반사람들에게 말씀하신 거나 마찬가지다.

공자님께서는 맹의자가 생각하기를 부모님 말씀만 잘 들으면 효라고 생각하고 있는 것 같아 이렇게 말씀하여 주셨다.

그 속에 숨은 뜻은 살아계실 때 경으로 모시고 장례지내고 제사 지내는 것을 잘 하여야 한다는 뜻을 가르치신 것이다.

즉, 부모님의 생사와 제사는 예로서 해야 된다고 하신 것이다.

- 孟懿子(맹의자) : 공자의 제자, 춘추시대 노나라 사람으로 대부를 지냄
- 孟(맹) mèng ① 맏 맹(孟仲叔季 맹중숙계) ② 첫 맹 ③ 사람이름 맹 ④ 맹랑할 맹
- 懿(의) yì ① 아름다울 의 ② 훌륭할 의
- 孝(효) xiào ① 효도 효(孝道 효도) ② 부모상입을 효
- 違(위) wéi ① 어길 위 ② 잘못, 과실 위(非違 비위) ③ 다를, 틀릴 위

일곱 손자, 손녀들은 할아버지의 효(孝)에 대한 이 글을 잘 읽어보아라.

공자의 제자인 맹무백이라는 사람이 공자에게 물었다. '선생님, 효도는 어떻게 하는 것입니까?' 하고 물으니, 공자님께서 대답하시길 '너의 부모는 오직 자식이 아플까만 걱정하신다.' 라고 말씀하셨다.

'孟武伯 問孝 子曰 父母 唯其疾之憂(맹무백이 문효한대 자왈 부모는 유기질지우시니라)'
(맹무백이 효도에 관해서 묻자 공자는 다음과 같이 대답하였다. 자식이 아픈 것을 부모는 항상 걱정한다.)

내 몸을 부모님의 몸과 같이 살펴라

'그럼, 효도하기 위해서는 어떻게 하면 되겠어요?', '내 몸이 건강하지 못하면 그 자체가 부모에게 걱정을 끼치게 되니 내 몸을 해쳐서는 안 되겠구나라고 생각해야 되겠지.' 라고 하셨다.

어찌 보면, 내 몸은 부모님의 마음을 편하게 할 수도 있고, 불편하게 할 수도 있다. 그러니 함부로 내 몸을 욕보여서는 안 되겠다고 생각해야 한다. 술을 과음하거나 담배를 피우고 과로하는 등등...

요즘 사람들은 자기의 몸과 부모님과의 상관

관계를 생각하는 사람은 별로 없다. 본인이 자식을 낳고 그 자식 걱정을 해 보아야만 알 수 있는 일이다.

공자님께서 맹무백에게는 그 사람이 근심할 만한 일이 많아서 그렇게 말씀하셨다.

할아버지는 어릴 적부터 가장 경계하였던 것이 있다.

그리고 그러한 것을 보면 절대 그렇게 해서는 안 된다고 생각을 했다.

어떤 경우도 식탁(밥상) 앞에서 짜증을 부려서는 복이 달아난다. 음식을 두고 투정 부리는 사람은 정말 가치 없는 사람이다.

요즘은 배불리 먹으니 음식을 앞에 두고 투정하는 아이들도 있지만, 옛날에는 투정할 생각조차 할 수 없었다.

잘 읽어라. 음식 앞에 놓고 어떤 경우라도 짜증 내지 말아라.

특히 부모 앞에서 이렇게 하면 불효 중에 불효다.

- 武(무) wǔ ① 호반, 군사 무 ② 병기, 무기 무 ③ 굳셀 무(武勇 무용)
- 孟武伯(맹무백) : 맹의자의 아들, 공자의 제자 중 한 사람
- 父(부) fù ① 아비, 아버지 부 ② 웃어른 부 ③ 남자미칭 보(尙父 상보)
- 母(모) mǔ ① 어미, 어머니 모 ② 근원, 근본 모(母體 모체) ③ 암컷 모
- 唯(유) wéi ① 오직 유(唯一 유일) ② 대답할 유(唯唯 유유)
- 疾(질) jí ① 병, 질병 질 ② 미워할, 꺼릴 질 ③ 빠를 질(疾走 질주)
- 憂(우) yōu ① 근심, 걱정할 우 ② 상제될 우 ※정우(丁憂) : 부모의 상사를 당함

효에 대해서 공자의 제자들이 공자에게 질문한 부분에 대하여는 일곱 손자, 손녀들이 함께 읽어주었으면 좋겠다.

'子游問孝 子曰 今之孝者 是謂能養 至於犬馬 皆能有養 不敬 何以別乎(자유문효한대 자왈 금지효자는 시위능양이니 지어견마하야도 개능유양이니 불경이면 하이별호리오)' (자유가 효에 관하여 묻자 공자께서 말씀하셨다. 오늘날의 효도라고 하는 것은 이른바 공양을 잘하는 것이다. 그런데 개와 말도 때가 되면 밥을 주니 부모에게 공경이 없으면 무엇으로써 이것과 구별하겠느냐.)

부모는 봉양하며 공경해야 된다

공자의 제자 자유가 효에 대하여 또 질문하니, 공자께서 이렇게 하는 것이 효라고 대답하지 않으시고 당시의 세태를 이야기하셨다.

부모님을 봉양만 잘하면 효도했다고 하는데 개나 말도 집에서 기르면 봉양을 한다. 그럼 부모와는 어떻게 달라야 하는가!

부모에게는 봉양하면서 공경하여야 진실한 효이다. 그러나, 오늘날은 부모님의 봉양도 똑똑히 하려고 하지 않는다.

집에 있는 개는 잘 키우기 위해서 특식도 하고 옷도 좋은 것을 해서 입히고 아프면 빨리 병원에 데리고 간다. 그러나, 부모님이 불편하시면 '어디가 아픈데요? 왜 아프세요?' 라고 하면서 재빨리 병원을 찾지 않는 사람들이 많다.

가축이 불편하면 집안이 난리가 나지만, 부모님이 불편하시면 식구들이 짜증만 내는 경우가 종종 있다.

요즈음 유행하는 노인들의 속담이 '나는 우리 집에서 개 · 고양이 다음 서열이야.' 라고 한다.

내가 어떻게 해서 이 세상에 태어났으며, 어떻게 해서 지금처럼 학교에 잘 다닐 수 있는가 생각해보렴.

자유는 봉양을 잘하나 때때로 부모님에 대한 공경심이 부족했기 때문에 그렇게 말씀하였다.

우리는 우리 주위에 부모님에 대하여 어떻게 효도하고 있는가를 가끔은 한번 생각해 보아야 한다.

옛날에는 효(孝)가 종교적이 되었으나, 요즈음은 도덕교과서가 없어져서 그러한지 효의 개념이 달라 대부분 집에서 기르는 가축의 다음 서열이 부모라고 하는 사람들이 꽤 있다.

- 遊(유) yóu ① 놀, 즐길 유 ② 여행할 유 ③ 떠돌 유
- 游(유) yóu ① 헤엄칠 유
- 子游(자유) : 공자의 제자
- 謂(위) wèi ① 이를 위 ② 고할 위 ③ 일컬을 위
- 是(시) shì ① 이 시(是日 시일) ② 옳을 시(是認 시인)
- 養(양) yǎng ① 기를, 칠 양 ② 다스릴 양 ③ 받을 양
- 至(지) zhì ① 이를, 다다를 지 ② 지극할 지 ③ 하지, 동지 지
- 犬(견) quǎn ① 개 견(犬猿之間 견원지간)

일곱 손자, 손녀들은 할아버지의 효(孝)에 대한 이 글을 잘 읽어보아라,

또 자하가 공자님께 효에 대하여 물었다. 자하도 공자가 아끼는 제자이다.

'선생님, 효도란 어떻게 하면 됩니까?' 하고 물었다.

'子夏問孝 子曰 色難 有事 弟子服其勞 有酒食 先生饌 曾是以爲孝乎(자하문효한대 자왈 색난이니 유사어든 제자복기로하고 유주사어든 선생찬이 증시이위효호아)' (자하가 효에 관해서 물었는데 공자는 다음과 같이 대답했다. 부모앞에서 얼굴 표정 짓는것이 참으로 어려운것이다. 자식이 수고로운 일을 대신하고 맛있는 것을 대접하는 것이 효도를 했다고 할 것인가)

부모는 자식의 얼굴만 보아도 안다

부모님을 뵐 때는 얼굴빛을 온화하게 하여야 하며, 힘든 일이 있거든 내가 솔선해서 일을 처리해야 하고 술과 밥이 있거든 웃어른들에게 먼저 대접해 드려야 된다고 했다.

언젠가 태헌이가 형과 함께 할머니가 차려주는 점심을 먹었는데 형은 무엇이 마음에 안 들었는지 식사를 맛있어하지 않았다. 그런데 우리 태헌이는 맛있게 밥 한 그릇을 비우고 나서 집에 가서 엄마에게 이렇게 말을 했데요.

'엄마, 형은 할머니가 몸이 불편하신데도 우리들 식사를 준비해 주시는데 형은 밥을 다 먹지 않았어. 나는 밥을 다 먹어야 할머니가 기뻐하실 것 같아 밥을 다 먹었더니 너무 배가 불러' 이렇게 어린 태헌이가 말을 했다고 해서,

'그래, 너는 효가 무엇인가를 어린 나이에 터득하였으니 할아버지의 마음이 기쁘다. 내 손자가 자하보다 낫다.' 라고 말한 적이 있다.

자하는 강직하고 의로우나 온화한 얼굴빛이 부족하였다.

공자님께서는 각 제자들의 효에 대한 문제점만 들어서 지적하여 주신 것이다.

- 子夏(자하) : 공자의 제자
- 夏(하) xià ① 여름 하 ② 하나라 하(중국의 고대 우임금이 세운 나라)
- 問(문) wèn ① 물을, 물음 문 ② 방문할, 찾을 문(問病 문병)
- 色(색) shè ① 빛 색 ② 낯빛색(氣色 기색) ③ 여색 색(色情 색정)
- 難(난) nán ① 어려울 난 ② 난리, 재앙 난 ③ 나무랄 난(非難 비난)
- 事(사) shì ① 일 사 ※사정(事情) : 용무, 업무, 사건 등의 뜻을 나타냄
  ② 섬길 사(事大 사대)
- 服(복) fú ① 옷, 옷입을 복 ② 일할 복(服務 복무) ③ 좇을, 따를 복 ④ 복입을 복
  ⑤ 약먹을 복
- 勞(노, 로) láo ① 수고할, 힘든일 노(勞苦 노고) ② 지칠 로 ③ 위로할 로
- 酒(주) jiǔ ① 술 주 ② 술자리 주
- 食(식) shī ① 밥, 음식 식 ② 먹을 식 ③ 녹, 녹봉 식 ④ 먹일 사 ⑤ 기를 사
  ⑥ 밥 사
- 生(생) shēng ① 날 낳을, 생길 생 ② 살, 삶 생 ③ 낯설, 서투를 생(生疎 생소)
  ④ 백성 생 ⑤ 날것 생
- 曾(증) céng, 명사 zeng ① 일찍, 이전에 증(未曾有 미증유) ② 거듭 증
- 饌(찬) zhuàn ① 반찬 찬(饌盒 찬합) ② 음식 찬

옛것을 좋아하고 사랑할 줄 아는 손자 혁에게,

너는 온고이지신이란 말을 들어본 적이 있느냐?

물론 할아버지는 중학교 때 이 글을 읽어보지 못했고, 고등학교에 와서 시험에 자주 나오니 알게 되었다.

점잖은 너에게는 참 어울리는 말이다.

공자님께서 **'子曰 溫故而知新 可以爲師矣(자왈 온고이지신이면 가이위사의니라)'** (공자께서 말씀하시기를 옛것을 익혀서 새로운 것을 알면 스승이 될 수 있다) 했다.

늘 어제와 오늘 그리고 내일을 생각하며, 어제를 알아 오늘을 배우고 내일을 설계해라

공자님의 큰 뜻을 이해하는 데는 시간이 걸리겠지만, 오늘의 문제, 내일의 문제들을 풀어야 할 때 과거의 문제는 어떤 점이 있었는지를 공부해 보라는 것이다.

현재는 과거를 거울로 삼아서 미래의 보장을 얻어낼 수 있는 것이다.

지금 우리는 3차 산업에서 4차 산업으로 넘어가려고 한다.

이때 4차 산업이 성공하기 위해서는 2차나 3차 산업과의 관계를 공부해야만 새로운 4차 산업의 답이 나오는 것이다.

가정에서도 할아버지를 알고 아버지를 알고 그리고 나면 앞으로의 나도 알 수 있다.

100%는 아니지만 좋은 점이든 나쁜 점이든 네가 갖고 있는 것 중에 할아버지의 유전자도 아버지의 유전자도 있으니 말이다.

공자님의 온고이지신을 깊이 생각하여 보아라.

그러면 너의 공부도 철학도 모두가 앞이 보일 것이다.

늘 어제와 오늘 그리고 내일을 생각하며, 어제를 알아 오늘을 배우고 내일을 설계하는 것이 삶의 지혜이다.

- (온) wēn ① 따뜻할 온 ② 부드러울 온(溫順 온순) ③ 익힐 온(溫故知新 온고지신)
- 故(고) gù ① 연고, 까닭 고(無故 무고) ② 옛, 오래될 고(故事 고사)
  ③ 죽을 고(故人 고인) ④ 짐짓 고(故意 고의)
  ⑤ 사고, 일 고(變故 변고)
- 知(지) zhī ① 알 지(知己 지기) ② 주관할 지(知事 지사)
  ③ 아는사이 지(親知 친지)
- 師(사) shī ① 스승 사(師弟 사제) ② 군사, 군대 사(出師 출사)
  ③ 전문가 사(技師 기사)

큰 그릇이 되어야 모든 걸 담을 수 있다

마음씨가 넓고 이해력이 빠른 사랑하는 손자 환아,
공자님의 말씀을 기록한 논어라는 책에 보면, **'子曰 君子不器(자왈 군자는 불기니라)'** (공자께서 말씀하셨다. 군자는 용도가 한정된 그릇이 되면 안 된다) 라는 말이 있다. 공자님께서 군자란 한 가지만 잘해서는 군자가 될 수 없다고 했다. 아마 환이가 '어떤 사람을 군자라고 해요?' 하면 환이 너 같은 사람이다.

공부도 잘하고 음악도 잘하고 임기응변도 좋고 어린 나이지만 지력이 뛰어난 사람이다. 그래서 나는 우리 조환이가 요새 말한다면 군자라 할 수 있을 것 같다. 학생이 공부도 잘해야 하지만 사회생활도 남에게 칭찬받을 수 있게 잘해야 한다.

환이가 이 세상에서 엄마를 제일 사랑하고 좋아한다는 말은 엄마에게 해서 엄마 기분 좋게 하고 담임선생님에게는 이제 가장 환이가 좋아하는 사람이 자기 담임선생님이라 말하고, 중국어 선생님에게는 이제까지 집에 오시는 과외선생님 중에서 가장 마음에 드는 분이라고 했다기에 참 다양한 것을 담는 그릇이구나 생각했다. 옛날 어르신들이 하시는 말씀이 '너희들은 그릇이 커야 하느니라.' 하셨다. 밥그릇이나 국그릇이 아닌 큰 그릇이 되어라. 어찌 보면 순간순간의 변화에 대하여 잘 대처하고 자기에게 이로움으로 그릇을 만들어라.

이것도 담고 저것도 담을 수 있는 그릇이 되어야 한다.

● 器(기) qì ① 그릇 기 ② 재능, 국량 기(器量 기량) ③ 기관 기(臟器 장기)

승원아, 논어 책에 보면, 이런 문구가 있다.

'子曰 見義不爲 無勇也(자왈 견의불위 무용야니라)' (공자께서 말씀하시기를 의로운 일을 보고 행동하지 않는 것은 용기가 없는 것이다.)

물론 할아버지는 이걸 보고 너에게 '이렇게 행동하여라.' 라고 말하기는 힘들다. 그러나 옛날 사람들은 자기 목숨을 내놓고도 의로움을 주장하다 죽어가는 선비들이 많이 있었다.

의로운 행동도 잘못되면 객기가 될 수 있다 잘 판단해 행동하라

여기에서 의(義)에 대하여 어떤 기준을 가지고 볼 것인가와 의로운 일이라고 해서 꼭 용기를 가져야 할 필요가 있을까도 생각해 볼 수 있다. 가끔 의로운 일에 용기를 부리다 객기가 되어 패가망신하는 경우가 많다. 그땐 내가 하는 행동이 정말 용기 있는 행동인가, 아니면 잘못하면 객기가 되는 행동인지를 잘 관찰해야 한다. 어느 날은 의(義)가 되지만 또 어느 때는 그것이 불의(不義)가 될 수 있기 때문에 정치적인 문제와 연관될 수 있는 의(義)는 그것이 옳은지 그른지 잘 판단 못하는 경우가 허다하다.

그러니 이 글귀는 유용한 글귀이기는 하나 막상 의를 용기로 발산시키라고는 말하고 싶지 않다. 깊이 심사숙고 하여라.

- 見(견) jiàn ① 볼, 볼일 견 ② 의견, 생각 견(卓見 탁견) ③ 뵐 견 ④ 나타날, 드러날 현 ⑤ 지금 현
- 勇(용) yǒng ① 날랠, 날쌜 용
- 義(의) yì ① 옳을 의 ② 뜻 의 ③ 의로맺을 의

환아,

공자님이 자기 제자 유(由)에게 알고 모르는 것에 대한 대답을 잘 설명하여 주신 부분이 바로 이 부분이다.

'子曰 由 誨女知之乎 知之爲知之 不知爲不知 是知也(자왈 유아 회여지지호인저 지지위지지오 불지위불지 시지야니라)' (공자께서 자로에게 말씀하셨다. 너에게 아는것을 가르쳐 주겠다. 아는 것을 안다하고 모르는 것을 모른다고 하는 것이 진정한 앎이다.)

남에게 실수하는 말을 않으며 행실에 스스로 잘못됨이 없어야 한다

대부분의 사람들이 자기주장을 잘 굽히지 않으려 하는 경향이 많다.

어떤 문제가 나왔을 때 확실히 잘 알지 못하면서 한 번 안다고 대답했기 때문에 그 문제가 자기가 말한 부분이 정답인 것처럼 합리화시킨다.

그러나 그렇게 해서는 안 된다고 공자님께서 말씀하셨다.

어떤 문제가 되었든 아는 것은 '알고 있다'고 하고 모르는 것은 '잘 모르겠으니 앞으로 배워서 잘 알 수 있도록 하겠습니다.' 하면 된다.

이것이 아는 것을 안다고 하는 대답이지 잘 알지도 못하는 것을 아는 것처럼 설명하는 것은 옳지 않다.

공자님께서는 이렇게 말씀하셨지만 우리 환이는 아직은 초등학생이니 아는 것은 아는 대로 모르는 것도 너의 생각대로 발표를 잘하여야 한다.

그러나 어른이 되면 그때 가서 아는 것은 알고 모르는 것은 잘 모른다고 대답하면 된다.

● 誨(회) huì ① 가르칠 회(誨諭 회유) ② 일깨울 회
● 女(녀, 여) nǚ ① 여자 녀, 여자 여 ② 딸, 처녀 녀 ③ 시집보낼 여 ④ 짝지을 녀 ⑤ 계집 녀
● 由(유) yóu ① 말미암을 유(由來 유래) ② 까닭 유(緣由 연유) ③ 어조사 유(~부터, ~에서)

※由는 공자의 제자 이름이다 성은 중(仲)이요 자(字)는 자로(子路)이다.

네가 좋아하는 일을 해라

승원아,

네가 대학에 들어갔으니 이제 졸업하면 취직을 해야 하는데 공부를 하는 목적이 요즈음은 취직을 하기 위한 것처럼 되었다. 대학이 취직시험 공부하는 곳으로 변해 버리면 국가 발전은 퇴보할 것이다.

옛날에도 배워서 취직하는 것이 어려웠던지 이렇게 공자님께 여쭈었다.

'子張 學干祿 子曰 多聞闕疑 愼言其餘則寡尤 多見闕殆 愼行其餘則寡悔 言寡尤 行寡悔 祿在其中矣(자장이 학간록한대 자왈 다문궐의오 신언기여즉과우며 다견궐태요 신행기여즉과회니 언과우하며 행과회면 록재기중의니라)' (자장이 벼슬하는 것을 배우려 하자 공자께서 말씀하셨다. 많이 듣고 의심스러운 것은 뒤로 하고 나머지를 조심스럽게 말하면 허물이 적을 것이며, 많이보고 위태로운 것은 뒤로 하고 그 나머지를 조심스럽게 행동하면 후회가 적을 것이니, 말에 허물이 적고 행동에 후회가 적으면 벼슬은 그 가운데 있다.)

공자님께서는 공무원이 되어서는 남에게 실수하는 말을 하지 않으며, 행실에 있어서도 스스로 잘못됨이 없어야 한다고 하셨다.

그러나, 요즈음 공무원이 되는 것이나 어떤 직업을 갖는 것은 무척 힘들다. 옛날에는 적성에 맞는 직업을 택해야 한다고 했는데, 요즈음은 실력에 맞는 직업을 택하게 된다.

그러다 보니 대부분 대학을 졸업하고도 취직을 못하는 경우가 허다하고, 이것이 사회문제가 되어 정부에서도 해결해야 할 큰 골칫거리가 되었다.

승원아, 어떤 직장, 직업을 가질 것인가는 깊이 생각하여야 한다. 지금 가벼운 생각으로 선택을 잘못하면 나이 들어 후회할 수도 있다.

네가 좋아하는 일을 좋아하는 곳에서 할 수 있으려면 어떻게 해야 하겠느냐? 직급에 맞는 일자리는 너무 많다. 그러나 자기 처지는 생각하지 않고 좋은 직장만 찾고 있으니 일자리가 부족할 수밖에 없지 않겠느냐.

열심히 노력하지 않았으면 좋지 않은 직장에서 월급 적게 받고 근무할 수밖에 없을 것이다.`

공부도 하지 않고 노력도 하지 않고서 평등해야 한다고 주장하는 것은 잘못이다.

- 子張(자장) : 공자의 제자
- 干(간) gān ① 방패 간 ※간과(干戈) : 방패와 창 ② 범할 간 ③ 구할 간 ④ 마를 간 ⑤ 간여할 간 ⑥ 얼마 간
- 祿(록) lù ① 녹, 급료 록 ② 복 록
- 寡(과) quǎ ① 적을 과(寡默 과묵) ② 홀어머니 과
- 闕(궐) qùe ① 대궐 궐 ② 빠질, 빠뜨릴 궐
- 尤(우) yóu ① 더욱, 특히 우(尤妙 우묘) ② 허물, 탓 우(不怨天不尤人 불원천불우인)
- 悔(회) huǐ ① 뉘우칠 회(悔改 회개) ② 한할 회
- 在(재) zài ① 있을 재(在家 재가) ② 살, 처할 재(所在 소재)

'或 謂孔子曰 子 奚不爲政(혹이 위공자왈 자는 해불위정이시니잇고)'

어떤 사람이 갑자기 '공자님, 선생님은 어찌 정치를 하지 않으십니까?' 하고 물었다.

정치에 대해서는 선생님이신 공자에게 '그렇게 정치를 잘 아시는데 왜 정치를 하지 않으셨지요?' 그런 말투로 물어보는 것이다.

공자님께서도 대답이 난처했다. 모든 것을 다 아는 공자님을 왜 왕이나 황제들은 이 분을 바로 채용하지 않았을까요?

일곱 손자, 손녀들은 공자님의 효(孝)에 대한 정치철학을 들어 보아라

세상에 모르는 것이 없는데 각국의 왕이나 제후들이 공자님을 써주지 않는 이유를 알고 물으니 공자님의 약점을 찌르는 것이다.

그래서 공자님께서는 이렇게 대답했다.

'子曰 書云孝乎 惟孝 友于兄弟 施於有政 是亦爲政 奚其爲爲政(자왈 서운효호인저 유효하며 우우형제하야 시어유정이라하니 시역위정이니 해기위위정이리오)' (공자께서 말씀하셨다. 서경에 효도에 관해서 말하기를 다음과 같이 하였다. 효도하고 형제간 우애하는 것이 정치를 한다고 하였으니 꼭 국정에 참여하는 것만 정치한다고 하겠느냐.)

'집안에서 형제끼리 우애하며, 부모님을 효도로써 모시고 가정을 이끌어가는 것이 정치가 아니고 무엇이겠는가. 여기서부터 출발이 잘 되면 나라 정치도 잘 되는 것이네.' 했다.

임기응변으로 그럴듯하게 넘기긴 했으나 사실 공자님께서는 어느 왕도 큰 벼슬을 주지 않아서 이 나라 저 나라로 정치를 펴보시려고 돌아다녔다.

사실, 공자님은 당시의 제후들이 채용하여 주지를 않았다.

이 나라 저 나라 다니면서 내가 이 나라를 크게 발전시키겠다고 했으나 어느 임금도 써주지 않았다.

정치란 너무 많이 알고 옳은 것만 주장하면 임금 입장에서는 너무 답답할 뿐이다.

- 書(서) shū ① 글 서 ② 책, 문서 서 ③ 쓸 서 ④ 글씨 서 ⑤ 편지 서
- 或(혹) huò ① 혹 혹(或是 혹시) ② 누구, 어떤 혹(或者 혹자)
- 奚(해) xī ① 어찌, 무엇 해(의문이나 반어의 뜻을 나타냄) ② 종 해(奚奴 해노)
- 惟(유) wéi ① 생각할 유(思惟 사유) ② 오직, 홀로 유(惟一 유일)
- 于(우) yú ① 어조사 우(~까지, ~에, ~에서) ② 시집갈 우
- 施(시) shī ① 베풀 시 ② 행할 시(施行 시행)
- 友(우) yǒu ① 우애할 우

승원이도 호중이도 이제 성인이 되니 정치에 대하여 관심이 많더라.

정치는 우리가 지금 겪고 있는 정(政)보다 한 발자국 앞으로 나가는 것이라고 말할 수 있다. 정치를 덕으로 한다고 할 때 덕의 뜻은 우리가 일반적으로 말하는 그런 덕이 아니고 인생을 살아오면서 터득한 삶의 지혜라고 할 수 있다.

다시 말해서 덕(德)이란, 경험에 의해서 터득한 것이라고 말할 수 있다. 그러나 우리가 지금 현실적으로 느끼고 말하는 정치는 정치의 생활화이다.

정치를 덕으로 다스릴 것인가 형벌로 하느냐는 지도자의 몫이다

승원아, 호중아. 조선 500년의 정치를 한번 생각해보아라. 죽음과 배신과 집안의 패망으로 이어지는 경우가 허다하다. 정치는 구경은 하여도 거기에 끼어드는 것은 할아버지가 가장 권하지 않는 부분이다.

정치는 원래 국민을 편안하고 배부르게 하기 위해서 해야 하는데 너희들이 역대 대통령 중에서 어느 대통령이 그렇게 했는지도 생각해보아라. 누군가 '정치는 요즘 어떤 사람이 하는 줄 아느냐' 하면서 비아냥거리는 투로 이렇게 말하더라.

'정치 지망생은 첫째 직업이 없어야 하고, 둘째 돈이 없어야 한다. 그래야 남의 돈을 가지고 직업을 얻기 위해서 열심히 뛰는 경우가 있기 때문이다.' 라고 하더라.

꼭 그런 건 아니지만 그러나 공자님께서 말씀하신 정치는 우리가 말하는 현실 정치와는 거리가 있는 이상과 꿈의 정치일 수도 있다. 북극성처럼 지도자가 견고하게 버티고 있으면 모두가 그를 따라 바르게 살려고 노력하여 평화로운 삶의 사회가 이루어질 수 있다.

'정치란 덕으로 다스려야 하며 북극성이 별들의 중심이 되듯이 지도자는 북극성처럼 중심에 서서 덕으로써 다스리면 평화의 세상이 온다' 라고 하셨다. 논어 위정 편에 보면 이런 말씀이 있다.

'子曰 爲政以德 譬如北辰 居其所 而衆星 共之(자왈 위정이덕이 비여북진이 거기소어든 이중성이 공지니라)' (공자께서 말씀하셨다. 덕으로 정치를 하는 것을 비유해서 말하면 북극성이 제자리를 지키고 있을 때 모든 별들이 향하는 것과 같다.)

이처럼 위정자는 북극성처럼 견고해야 하며 주위의 뭇 별들은 그를 따라 돌면 된다. 덕이 흐르는 정치란 이런 것이 아니겠느냐.

정치 : 덕으로 하느냐, 형벌로 하느냐 하는 것은 지도자의 몫이다. 그래서 남아프리카공화국의 만델라 대통령이 유명하단다. 논어를 배우지 않았어도 만델라는 덕으로 정치를 하였고, 그 결과 노벨평화상까지 받았다.

- 爲(위) wéi ① 할, 될 위(爲政 위정) ② 행위 위 ③ 만들, 지을 위 ④ 생각할 위
  ⑤ 위할 위(爲國忠節 위국충절) ⑥ 당할 위(피동의 뜻)
  ⑦ 하게할 위(사역의 뜻)
- 政(정) zhèng ① 정사 정 ② 다스릴 정 ※ 여기서 政은 正의 의미가 있음

- 以(이) yǐ ① 써 이 ※ ~로써, ~을 가지고 ② 부터(以來 이래) ③ 까닭 이
④ 생각할 이
- 德(덕) dé ① 덕 덕 ② 어진이 덕 ③ 복, 행복 덕
- 譬(비) pì ① 비유할 비 ② 깨달을 비
- 北(북, 배) běi ① 북녘 북 ② 달아날 배(敗北 패배) bei
- 辰(진, 신) chén ① 별 진 ② 지지 진(십이지의 총칭, 日辰 일진)
③ 별 신(星辰 성신)
- 居(거) jū ① 살 거 ② 있을 거(居喪 거상) ③ 어조사 거 ※ 의문의 뜻을 나타냄
④ 머무를 거
- 其(기) qí ① 그 기(其他 기타) ② 어조사 기 ※ 어조(語調)를 고르는 말
- 所(소) sǔo ① 바, 것 소(所感 소감) ② 곳, 처 소(所在 소재)
- 而(이) ér ① 말이을 이(그리하여, 그러나, 그런데 등의 뜻을 나타냄) ② 너 이
③ 뿐 이(而已 이이)
- 星(성) xīng ① 별 성(星座 성좌) ② 세월 성(星霜 성상)
- 共(공) gòng ① 함께 같이 공(共同 공동) ② 같게할, 한가지로할 공 ③ 향할 공
- 之(지) zhi ① 갈 지(之東之西 지동지서) ② 의 지 ※ ~의 뜻을 나타냄 소유력
③ 이 지 ※ 앞에 나온 물건, 사람, 장소 등을 지시함

八佾第三

사랑하는 손자 호중, 승원아,

내일이면 이제 우리의 명절인 추석이 돌아온다. 설날과 추석은 우리 민족의 고유의 명절이다.

고향의 부모님을 찾아가고 조상의 묘에 성묘도 하고 서로 헤어졌던 형제들이 오랜만에 모이는 날이다. 예나 지금이나 명절은 즐거운 날이다.

그러나, 그 명절을 명절답게 지내는 것이 더 중요하다. 조상에게 제사 지내고 살아계시는 어른들은 공경으로 모셔야 한다.

공경과 진실성 있는 마음으로 예를 행하라

이러한 명절에 조상에게 제사를 지내는 데 우리가 명심하여야 할 것이 있다. 허례허식에 얽매여서는 안 되는 것이다.

논어 팔일 편의 한 구절을 보면, **'子曰 禮與其奢也 寧儉 喪 與其易也 寧戚(자왈 예여기사야론 녕검이요 상이 여기이야론 녕척이니라)'** 이라고 했다.(공자께서 말씀하셨다. 예는 사치하는 것보다 차라리 검소할 것이요, 초상은 겉모습만 화려한 것보다는 차라리 슬퍼하는 것이 낫다.) 예는 자기의 현실에 맞게 치러야 한다.

다시 말하면, 형편에 맞게 치르되 공경과 진

실성 있는 마음이 함께 해야 한다. 너무 호화롭게 모시면서 경건한 마음을 갖지 아니해서도 안되며, 또 너무 초라하게 모셔서 보기에 흉해도 안 된다.

예(禮)로써 조상을 모시는 것은 지나쳐서도 안 되며 모자라서도 안 된다는 것이다.

요즘 사람들은 명절도 그렇고 조상이나 어른을 모시는 데 소홀히 하는 경향이 더러 있다. 어릴 때부터 어떤 환경에서 자라왔느냐가 무척 중요하다.

나와 가족, 그리고 조상을 위하는 것은 우리 집안의 큰 전통으로 생각하고 마음에 깊이 새기도록 하여라.

- 貴(귀) gùi ① 귀할, 귀하게여길 귀 ② 높일 귀(尊貴 존귀)
- 得(득) dé ① 얻을 득 ② 깨달을 득(得道 득도) ③ 만족할 득 ④ 이익 득
- 中(중) zhōng ① 가운데 중 ② 안, 속 중(胸中 흉중) ③ 사이 중 ④ 맞을 중(과녁에 들어맞음)
- 與(여) yǔ, yù ① 더불어 여 ② 함께할 여 ③ 참여할 여(yu)
- 戚(척) qi ① 친척 척 ② 금심할 척 ③ 재촉할 척

승원아!

요사이 대학공부가 어떠하느냐?

네가 고등학교 다닐 때 대학만 들어가면 이제 살 것 같다고 생각했겠지만, 막상 대학에 들어가고 나니 해야 할 일들이 많을 것이다.

대학이 어떤 곳인가도 생각해야 한다. 옛날 대학과 요즈음 대학은 그 목적이 조금씩 달라져 가고 있는지도 모른다. 그렇지만 긴 인생을 살아가는 데 중요한 것이 무엇인가를 잘 생각해 보아라.

대학생활이 네 인생의 기본으로 쌓여있어야 할 것이다. 언제나 인생에 있어서 근본은 착함과 성실함이 밑에 깔려야 한다.

어떤 일이든 순서가 있다

옛날 같으면 그것을 충(忠)과 효(孝)라고 했는데, 지금은 그것이 아닐 것이다. 우리의 선조들은 충에 목숨을 걸고 효에 목숨을 걸고 살아왔다고 해도 과언이 아니다.

물론 지금 너희들이 생각하면 이해하지 못하는 부분이 있을 수도 있지만 그때는 그게 생활이었다.

논어 책 팔일 편에 보면, **'子曰 繪事後素(자왈 회사후소니라)'** (공자께서 말씀하셨다. 바탕을 갖춘 다음에 그림을 그려야 한다.)라고 하였다.

캔버스를 준비한 다음에 거기에 색칠을 한다고 했다.

어떠한 일이든지 순서가 있다. 그 순서를 지키지 않고 일을 하게 되면 그 결과가 좋게 나타나지 않을 수 있다.

네가 할 수 있는 본업에 충실하고 나서 그다음 다른 일을 할 수 있다. 공부를 열심히 하지 않으면서 '무엇을 한다, 무엇이 되겠다.' 하는 것은 좋은 결과를 낼 수 없다.

대학에서의 기본은 네가 인생을 살아가는 데 가장 밑바탕이 될 수 있는 것들을 배워 너의 몸과 마음이 되게 하여야 한다.

그러기 위해서는 많은 책도 읽고 많은 경험도 쌓아야 한다.

세상사는 하나하나 순서대로 채워가는 것이다. 조급하게 생각할 게 없다.

근본이 튼튼하지 않으면 흔들리거나 허물어지기 쉽다.

어릴 때부터 어떤 마음으로 생활하였느냐가 평생 너의 생활을 지배할 수 있기 때문이다.

- 繪(회) huì ① 그림 회 ② 그릴 회
- 素(소) sù ① 흴 소(white) ② 생초 소 ③ 질박할 소(素朴 소박) ④ 바탕 소 ⑤ 평소 소 ⑥ 채식 소

손자 호중아,

이제 며칠 있으면 수능도 끝나고 대학에 들어가는 것만 남았다.

배운다는 것, 가르친다는 것이 얼마나 어려운 것인지 알아야 한다. 선생님도 모든 것을 다 아는 것은 아니다.

학생에게 공부를 가르치면서 여러 면에서 성장하게 되고 제자는 선생님으로부터 공부를 배우면서 성장해 나가는 것이다.

즉, 가르치면서 성장하고 배우면서도 성장하는 것이다.

최선을 다하고 겸허이 결과를 기다려라

논어 책에 있는, **'子曰 起予者 商也(자왈 기여자는 상야로다)'** (나를 일으키는 사람은 상(商)이다.)의 뜻은 **教學相長**(교학상장)의 의미와 같다.

이렇듯이 선생님과 학생은 가르치며 배우면서 서로 돕는 사이인지도 모른다.

호중아, 세상에서 가장 큰 은혜를 베픈 것은 부모이고, 지식으로 무장해서 세상을 살아갈 수 있게 가르쳐준 분이 선생님이시다.

그래서 옛날부터 부모님의 은혜와 스승의 은혜는 하늘과 같다 했다.

열심히 건강을 챙기면서 마지막 속도를 내어

라. 화이팅!

아마 네가 최선을 다했다고 하면 좋은 결과가 있을 것이다.

인생은 어떻게 무엇을 하면서 사느냐가 중요하다.

100년이라는 세월을 어떻게 보내는 것이 후회 없는 삶이었는가는 할아버지처럼 나이 들어가면 본인의 삶에 대하여 평가하고 자랑스럽게 생각하거나 후회하는 일들이 있게 될 것이다.

이제부터 착하고 성실하게 삶을 가꾸어 내일을 위한 값진 설계를 하여라.

- 起(기) qǐ ① 일어날 기 ② 비롯할 기 ③ 일으킬 기
- 予(여) yú ① 나 여(予一人 여일인) ② 줄 여 ③ 허락할 여
- 則(즉, 칙) zé ① 곧 즉(~하면 곧) (然則 연즉) ② 법, 법칙 칙(規則 규칙)
- 相(상) xiāng ① 서로 상 ② 볼, 점칠 상 ③ 도울 상(補償 보상)
  ④ 모양 상(樣相 양상) ⑤ 재상 상(首相 수상)
- 長(장) cháng ① 길, 멀, 오랠, 클 장 ② 길이, 키 장 ③ 어른 장(zhang)
  ④ 맏, 우두머리 장 ⑤ 나을 장(長點 장점) ⑥ 자랄 장(生長 생장)

사랑하는 손녀 마리아야,

'할아버지는 왜 필요 없는 한문책들을 그렇게 많이 모으셔요? 별 쓸모없는 것이라고 생각되는데요!' 라고 물었지.

그렇다. 우리 마리아가 보기에는 읽기도 힘들고 보기도 힘들고 이해하기도 힘든데 그런 돈 있으면 땅이나 사 모으면 부자 될 건데 왜 할아버지는 고서적만 모으시냐고 질책하는 듯한 질문을 한 적이 있다.

어찌 보면 우리 마리아 연령대 청소년들에게는 그 생각이 옳다고 본다. 아직은 더 깊이 사고할 만한 나이가 아니기 때문이다.

역사의 기록이 없는 나라는 발전이 없다

우리는 역사라는 것을 배운다. 이것은 지나간 일들의 기록이다. 이것이 책이다. 책이 없으면 우리의 조상들이 어떻게 살았으며 어떻게 생활했는지 알 수 없다. 지나간 먼 일들도 책을 통해서 알 수 있다.

이러한 책은 문(文)이라 하고, 그 시대의 어질고 현명한 사람을 헌(獻)이라 한다. 예를 들면, 주나라의 주공 같은 사람이다. 문이 논어 책이라 하면 헌(獻)은 주공이다.

논어 책에 팔일 편의 한 구절에 보면, **'子曰 夏禮 吾能言之 杞不足徵也 殷禮 吾能言之 宋不足徵也 文獻 不足故也(자왈 하례를 오능언지나**

기불족징야며 은례를 오능언지나 송불족징야는 문헌이 불족고야니)' (공자께서 말씀하셨다. 하나라의 예를 내가 말할 수는 있으나 후손인 기나라에 가보면 증거가 없고, 은나라의 예를 내가 말로 할 수 있으나 후손인 송나라에 가면 증거가 없으니, 이것은 문헌이 부족하기 때문이다. 문헌이 충분하다면 내가 충분히 증명했을 것이다.)라고 씌어 있다.

우리는 이 문헌(文獻)을 통해서 수백 년 수천 년 전의 역사를 알아볼 수 있다.

논어 책을 통해서 보면, 옛날 나라들의 예(禮)를 알 수 있는 경우는 문과 헌이 주나라처럼 갖추어져 있으면 알 수 있으나, 하나라나 은나라처럼 문과 헌이 잘 갖추어져 있지 않으면 그 당시의 문물을 알기 어렵다.

우리의 긴 역사도 문(文)과 헌(獻)을 통해서 오늘을 비춰보면서 살아가는 것이다. 그래서 우리의 고전 책이 돈보다 땅보다 중요하기 때문에 적은 양이나마 열심히 모으고 있다.

가까이만 보더라도 우리 옛 삼국시대부터 조선왕조에 이르기까지 수많은 왕과 대신들이 있었지만 기록을 남긴 왕과 대신은 역사에 회자되지만, 그렇지 않은 사람들은 흔적조차 찾기 어려운 것을 보지 않느냐.

이것이 바로 할아버지가 문헌을 모으는 목적이다.

- 獻(헌) xìan ① 드릴, 바칠 헌(獻金 헌금) ② 어진사람 헌(文獻 문헌)
- 杞(기) qǐ ① 나라이름 기 ② 구기자 기 ③ 버들 기
- 足(족) zú ① 발 족 ② 넉넉할 족
- 徵(징) zhēng, zhǐ ① 부를 징(徵兵 징병) ② 거둘 징 ③ 조짐 징 ④ 음계, 가락 치 ⑤ 증거 징
- 宋(송) sòng ① 송나라 송

언젠가 태헌이와 함께 할아버지 차 안에서 제사에 대하여 논한 적이 있다.

우리 태헌이는 아직 초등학교 3학년이지만 이런 문제들에 대하여 할아버지와 많은 토론을 하기 때문에 이해력이 빠르고 동갑내기 친구들에 비하여 성숙해 있다.

언젠가 '태헌아, 할아버지 할머니 돌아가시고 나면 제사는 누가 모셔야 하느냐?' 했더니, '

당연히 제가 모시지요.' 했다.

녀석이 대견하기도 하다. 초등학교 3학년 아이가 벌써 그러한 대답을 하니 말이다.

제사의 예

논어 책 팔일 편에 보면, 이런 구절이 나온다.

'祭如在 祭神如神在(제여재하시며 제신여신재러시다)' (공자님은 제사를 모실 때 부모님이 살아계신 것처럼 하고, 신에게 제사를 지낼 때는 마치 신이 있는 것처럼 정성을 다하였다.)

집에서 제사를 지낼 때는 조상이 앞에 계신 것처럼 생각하면서 제를 올려야 하고, 신(神)에게 제사를 올릴 때는 마치 신이 계신 것처럼 생각하면서 올려야 한다.

태헌아, 자기 선조의 제사를 지내는 것은 효가 중심이 되는 것이고, 신을 제사함은 공경함을 위주로 해야 한다.

그러나, 요즈음은 그렇게 하는 사람이 얼마나 있겠느냐.

제사 음식도 남에게 다 맡겨서 하고, 심지어 참석하지도 않고 남에게 시켜 제사를 지내게 하는 경우도 있으니, 지금 제사 문제를 논할 의미가 있겠느냐.

내 어린 손자에게 말이다.

그래도 나는 나대로 손자 교육은 시키고 싶다.

'침윤지참(**浸潤之譖**)' 이라고 했던가. 어릴 적부터 여러 가지 예(禮)에 대하여 중얼거려주면 처음에는 듣기 싫지만 오랜 세월이 지나면 '그래, 옛날에 우리 할아버지가 이렇게 말씀해주셨어.' 하면서 따라 할 수도 있다.

이렇게 해서 효와 예가 조금은 몸에 배어야 한다는 생각을 한다.

아마 그러면 세상에 나와있는 김영란법 같은 법은 없어질 수도 있다. 아마 단군 이래 가장 우스운 법이 아닌가도 생각이 들 때가 있다.

내가 알기에는 이런 법이 단군 이래 처음 등장하는 것이며, 아마 후대에 많은 논란거리가 될 것이다.

- 祭(제) jì ① 제사, 제사지낼 제 ② 행사 제(祝祭 축제)
- 神(신) shēn ① 귀신 신 ② 마음 신(精神 정신) ③ 신비로울 신(神通 신통)
- (참) zèn ① 참소할 참 ② 무고할 참
- 譖(참) chán ① 참소할 참 ② 모함할 참

인륜으로 용서할 수 없는 죄는 짓지 마라

호중아,

논어의 한 구절인데 '하늘에 죄를 지으면 빌 곳이 없다' 라고 씌어 있다.

그런데 여기서 天(하늘)이라는 의미는 理(리)를 말한다고 하는데, 유교적 관점에서 해석하면 그렇게 생각할 수도 있지만, 내가 생각하기에는 天(하늘)은 말 그대로 하늘이다.

대부분의 잘잘못은 자기의 입장에서 생각하기 때문에 상대의 입장에서 보면 생각이 다를 수도 있다.

예를 들면, 이토 히로부미를 죽인 안중근 의사는 우리 입장에서는 열사고 의사고 충신이지만 일본의 입장에서 보면 다르다.

그러나 부모에게 불효하거나 스승에게 잘못하는 것은 이 세상 누구에게나 죄다. 이것은 상대가 없다. 부모나 스승에게 잘못하면 빌 곳이 없다는 뜻도 된다.

해석의 차이는 있지만 말이다.

그럼 어떤 죄를 지어야 하늘이 용서하지 않겠느냐는 것이다. 인륜으로 용서할 수 없는 죄를 지으면 하늘이 용서할 수 없는 것이라고 생각한다.

제일 큰 것이 부모에 불효하는 것이다. 이것은 수천 년을 통해서 내려오면서 가장 큰 죄가 되었으나 요즈음 효자 소리만 나와도 알레르기가 날 정도로 효가 무시되어 있으니 하늘이 어떻게 알아서 하려는지 모르겠다.

누구인가 요즘은 한자(漢字)의 효(孝)자를 효(考) 이렇게 쓴다고 하더라. 아들이 등 돌린 것이 효라는 뜻이겠지.

두 번째는 스승에게 지은 죄, 은혜 입은 자에게 지은 죄 등 반인륜적인 죄는 하늘이 용서하지 않을 것이라고 생각한다.

한번 깊이 생각해 보아라. 할아버지가 무엇이라고 굳이 말하지 않겠다.

할아버지의 편지 내용을 네가 수긍할지 모르지만,

논어에 보면 **'子曰 不然 獲罪於天 無所禱也(자왈 불연하다 획죄어천이면 무소도야니라)'** (공자께서 말씀하셨다. 그렇지 않다. 하늘에 죄를 지으면 빌곳이 없다.)라는 구절이 있다.

즉, 하늘에 죄를 지으면 빌 곳이 없다는 뜻이다. 오늘의 하늘과 옛날의 하늘은 다를 수도 있다고 생각하면 안 된다.

'할아버지 말씀을 따르면 요즘에는 살기 무척 힘들어요.' 라고 하겠지. 남들은 그렇지 않은데 왜 내 손자들만 이렇게 살라고 하는지 할아버지도 약간의 고민은 있지만, 먼 훗날 돌아보면 그래도 이게 마음이 편하다.

- 獲(획) huò ① 얻을 획 ② 계집종 획 ※장획(臧獲) : 사내종과 계집종
- 罪(죄) zuì ① 허물 죄(罪悚 죄송) ② 형벌, 벌줄 죄
- 天(천) tiān ① 하늘 천(天罰 천벌) ② 자연 천 ③ 임금 천(天子 천자)
- 禱(도) dǎo ① 빌 도 ② 소망할 도

환이는 어리지만 모르는 것이 없다.

자신만만해서 좋다. 어릴 때는 그렇게 당당해야 한다.

언젠가 할아버지가 아는 것이 무엇이냐고 물으면서 '아는 것은 안다고 하고 모르는 것은 모른다고 한다고 하는 것이 즉, 아는 것이다.' 라고 가르친 적이 있다.

그러나 사회생활을 하면서 자기의 지식을 내세워 언제나 자신이 최고인 양하는 것은 절대로 좋지 않다.

겸손, 세상을 사는 진리

옛날 공자님께서 주공의 제사 지내는 사당에 들어가서 여러 사람들에게 제사 지내는 방법에 대하여 여쭈어 보았다.

공자님께서 제사 지내는 법을 모르고 묻는 것이 아니다.

그래도 상대방이 어떻게 생각하고 있는가를 알아 보고, 또 상대의 기분도 맞추어 주기 위해서이다. 이처럼 상대 배려하면서 자기의 알고 있는 실력을 자연스럽게 나타내는 것도 한 방법이다. 공자님의 행동에 대한 해석에 이런 글귀가 있다.

'尹氏曰 禮者 敬而已矣 雖知亦問 謹之至也(윤씨왈 예자는 경이이의니 수지역문은 근지지

야라)' (윤씨가 말하였다. 예라는 것은 공경할 따름이니 비록 알더라도 또 한 물어보는 것은 삼가함의 지극함이다.)

비록 알고 있다 하더라도 한 번 더 물어보는 것이 예(禮)이니라 하셨다. '매사에 겸손해라'는 말씀이신 것이다.

세상을 살아가는 데 겸손만큼 값진 것은 없다. 그러나 요새 젊은이들에게 겸손에 대하여 이야기하면 무슨 얼어빠진 겸손이냐고 하는 젊은이들도 있다.

그러나 우리 환이는 어른에게 공손하고 인사도 잘하고 할아버지의 말도 잘 들으니 할아버지는 기쁘다.

어릴 때의 너의 바른생활 태도가 얼마나 너에게 도움이 되는지는 먼 훗날 알게 될 것이다.

지금은 할아버지가 잔소리한다고 무척 싫어하는 표정이고 또 사실 네가 듣기 싫어하지 않느냐.

옛날 속담에 좋은 약은 입에 쓰고 좋지 않은 약은 달다 했다.

꼭 그게 맞는 말은 아니지만 빗대어하는 말 같다.

할아버지는 환이를 사랑한다.

- 雖(수) suī ① 비록 수(雖然 수연) 비록 ~이라 할지라도
- 亦(역) yì ① 또, 또한 역
- 問(문) wèn ① 물을, 물음 문 ② 방문할, 찾을 문

혁아,

우리의 고유 명절인 추석에 대하여 어떻게 생각하니?

있는 게 좋아, 없는 게 좋아?

이번 추석은 열흘간이나 쉬는데, 너는 어떻게 생각하니?

수백 년 수천 년을 이어온 전통 관례가 요사이는 많이 변화되어 가고 있다.

관혼상제가 모두 현대식으로 변해가고 있는 것이다.

과거 없는 현재는 없다

부모가 돌아가셨을 때 제사 모시는 법, 결혼의 예식 등등 간소화를 슬로건으로 걸고 모든 예식이 변해간다.

수천 년 내려온 우리의 전통이 하루아침에 사라져 가는 것 같다.

옛날 논어 책 팔일 편에 보면, 공자님께서 **'子曰 賜也 爾愛其羊 我愛其禮(자왈 사야아 이애기양가 아애기례하노라)'** (공자께서 말씀하셨다. 자공아 너는 그 양 한 마리 값이 아까우냐 나는 그 예가 아까우니라.)라고 하셨다.

제자 사(賜)에게 '살아있는 양 한 마리가 아깝느냐, 수 백 년 내려온 고유의 전통을 이어가지 못하고 사라져 버리는 것이 좋다고 생각하느냐' 고 물었다.

물론 양 한 마리도 중요하지만 오늘이 있다는 것은 과거가 있었기 때문이다.

좋은 전통과 관습을 불편하다는 이유로 별 의미 없다는 이유로 다 없애 버린다고 하면 우린 몇백 년 전의 역사를 들여다 볼 수가 없는 것이다. 그리하여 공자님께서 이렇게 말씀하신 것이다.

살아있는 양 한 마리를 희생해서라도 우리의 고유 전통 제사 예식은 지킬 수만 있다고 하면 한 마리의 양이 희생이 된 것이 아니고 우리의 오랜 전통으로 내려온 관습에 연결을 가져올 수 있다는 것이다.

- 賜(사) cì ① 공자의 제자 이름 ② 줄 사 ③ 하사할 사
- 爾(이) ěr ① 너이 ※이여(爾汝) : 너, 너희들 ② 그 이 ③ 어조사 이
- 羊(양) yáng ① 양 양
- 我(아) wǒ ① 나, 자기 아(我執 아집) ② 우리 아(我軍 아군)

손자 승원아,

그래도 네가 제일 먼저 대학에 들어가고 사회생활의 맛을 보기 때문에 너에게 할아버지는 많은 편지를 보낼 수밖에 없구나.

물론 다른 손자들도 읽어보고 이해할 수 있으리라 본다.

대학에서 친구를 사귀다 보면 여러 분위기의 친구들을 대할 수 있다.

때론 '저 친구는 괜찮아?

어떤 사람이야, 상대할 만한 사람이야?' 라고 물어보기도 한다.

인간의 도리는 예다

그 사람의 신뢰도를 점검하는 것이다.

공자님께서도 이렇게 말씀하셨다.

'子曰 居上不寬 爲禮不敬 臨喪不哀 吾何以觀之哉(자왈 거상불관하며 위례불경하며 임상불애면 오하이관지재리오)' (공자께서 말씀하셨다. 높은 자리에 있을 때 관용이 없고 예를 하는데 공경하지 아니하고 초상에 임하여 슬퍼하지 아니하면 내가 무엇으로써 그 사람을 평가할 것인가.)

높은 자리에 있으면서 관용을 베풀지 못하고, 예(禮)를 행하되 공경스럽게 행하지 못하며, 상례(喪禮)를 당하여 슬퍼하지 않으면, 이런 사람들과는 깊이 관계하지 않는 것이 좋다고 말씀하셨다.

이 말씀은 사람이 사람으로서 최소한 갖춰야 하는 예 마저도 없다면 함께하여도 크게 도움이 되지 않는다는 말씀이다.

이것은 사람이 갖춰야 할 최소한의 자질이다.

이 정도만 보아도 그 사람의 됨됨이를 알 수가 있다고 하니, 잘 기억해두고 네 주위의 남들이 추천하는 사람이 있더라도 공자님께서 하신 말씀을 한 번 상기하여 보아라.

인생의 행복, 생활의 행복이란 쉬운 것 같지만 쉽지만은 않다.

- 上(상) shàng ① 위 상(上下 상하) ② 첫째 상(上旬 상순) ③ 임금 상(主上 주상) ④ 높을 상
- 寬(관) kuān ① 너그러울 관 ② 넓을 관
- 臨(림) lín ① 임할, 대할 림(臨終 임종)
- 喪(상) sàng ① 죽을 상 ② 복입을 상 ③ 초상 상 ④ 잃을, 망할 상(喪失 상실)
- 哀(애) āi ① 슬플, 슬퍼할 애 ② 불쌍히여길 애
- 何(하) hé ① 어찌, 어느 하(의문이나 반문의 뜻) (何必 하필) ② 누구 하 ③ 얼마 하
- 觀(관) guān ① 볼, 볼일 관 ② 생각, 견해 관(觀念 관념) ③ 경치, 모습 관(壯觀 장관)
- 哉(재) zaī ① 어조사 재(감탄, 강조, 반어, 의문의 뜻을 나타냄) ② 비롯할 재

里仁第四

예쁘고 공부도 잘하고 착한 내 손녀딸 서은에게,

네가 자라서 대학도 졸업하고 사회인이 되면 행복한 가정을 꾸리게 된다. 그리고 너의 사랑하는 자녀들이 자라서 학교 교육을 받게 될 것이다.

요사이 사람들은 본인 아이의 교육을 위해서 주소지를 어디에 두어야 한다든지 이왕이면 서울 강남, 그중에서는 대치동에 살아야 한다는 둥 좋은 학군, 학원에 보내기 좋은 곳에 살기를 원한다.

사람이 살기 좋은 곳은

논어 책 이인 편에 보면, **'子曰 里仁 爲美 擇不處仁 焉得知(자왈 리인이 위미하니 택불처인이면 언득지리오)'** (공자께서 말씀하셨다. 훌륭한 사람이 많이 사는 마을이 아름다운 곳이니 집을 선택할 때 인(仁)에 처하지 아니하면 어떻게 지혜로운 사람이라고 할 것인가.)라고 말씀하셨다.

사람 사는 동네는 후덕하고 인자함이 있는 마을이어야 한다고 하였다. 맹자의 어머니도 맹자를 교육시키기 위해서 3번이나 이사를 하였다고 한다.(**孟母三遷之教** 맹모삼천지교)

요사이 가장 살기 좋은 곳은 학군과 학원을 가기에 편한 곳이 라고 하는데, 공자님께서 살기 좋은 마을이라고 하신 말씀과는 조금 거리가 있는 것이 아닐까?

아마 우리 서은이가 어른이 되면 어디에 자리를 잡아야 하나 고민할 수도 있을 것이다. 맹자 어머니의 말씀도 맞고 공자님의 말씀도 옳다.

우리 서은이도 편하고 가족도 편한 곳이면 제일 좋지 않을까.

옛날 사람들도 오늘처럼 어디에서 살아야 그래도 좋은 곳에 산다고 할 수 있는가 생각했다. 그처럼 사람이 어디에 사느냐도 중요한 것이다.

요즘 말로 물이 좋은 곳에 살아야 애들 교육도 잘 시킬 수 있고, 집값도 오르고, 으스대기도 하고 그런 곳이 제일이라고 하는데, 깊이 생각하면 공자님의 말씀이 옳을 수 있다.

그러나 생활하다 보면 우선 나에게 편리하고 나에게 이익이 돌아올 수 있는 곳이 좋다고 한다.

지금은 네가 이 글의 깊은 뜻을 알지 못하겠지만 사람다운 사람이 사는 곳, 인정이 흐르는 곳이 제일이다.

오래 살다 보면 그렇더라 이게 할아버지의 경험이다.

- 里仁(이인) : 인정이 흐르는 마을
- 美(미) měi ① 아름다울 미 ② 맛날 미(美食 미식) ③ 좋을 미(美名 미명)
- 擇(택) zé ① 가릴, 고를, 뽑을 택 ② 깊이 생각하여 선택함
  zhái
- 處(처) chǔ ① 곳, 장소 처 ② 살, 머무를 처 ③ 처할, 처리할 처(處罰 처벌) chu
- 焉(언) yān ① 어찌 언(의문이나 반어의 뜻을 나타냄) ② 어조사 언(단정의 뜻)

손녀 마리아야,

할아버지는 너에게 인자한 사람이 되어라, 착한 사람이 되어라, 지혜로운 사람이 되어라, 이렇게 주문만 한다.

물론 할아버지의 주문이지만 할아버지가 이야기하는 대로 네가 인자하고 착하고 지혜로우면 좋지만 꼭 그럴 필요는 없다고 생각할 때가 있다.

작금에 세상 돌아가는 것을 보면, 그렇게 살았을 때 사회에 적응이 될 것인가 걱정될 때가 있다.

인자와 지자

말이 그렇지, 인자한 사람이 된다는 것은 세상을 살아가는 데 요즘 세상에서는 꼭 도움이 되지 않을 수도 있기 때문이다. (남들이 다 좋아하는 사람은 살아보면 가족이 때론 불편할 수도 있다) 그래도 인자하게 살아가는 사람에게는 복이 따른다.

근본은 인자해야 된다는 것이다.

공자님께서 말씀하시기를 어질지 못한 사람은 생활의 어려움을 참고 견디어내지 못하며, 또 즐거움이 있더라도 그 즐거움으로 만족하지 못하고, 분수를 넘어 방탕하게 되는 경우가 있다 하였다.

세상을 살아가는 데는 인자함도 좋지만, 나의 발전과 가족의 발전을 위해서 무엇이든 본인이 이루고자 하는 것이 있으면 탐내고 욕심을 내어 그 일을 성취할 수 있는 지혜로운 사람이 요즘 세상에는 더 필요할지도 모른다.

할아버지는 어찌 보면 요사이는 仁者(인자)보다는 知者(지자)를 택하고 싶다. 좋은 사람 흉내를 내서 잘 될 수 있다면 그 흉내를 내는 것이다.

논어 책 이인 편에 보면, 이런 말들이 비슷하게 씌어 있다.

'子曰 不仁者 不可以久處約 不可以長處樂 仁者 安仁 知者 利仁(자왈 불인자는 불가이구처약이며 불가이장처락이니 인자는 안인하고 지자는 리인이니라)' (공자께서 말씀하셨다. 인자하지 못한 사람은 오랫동안 어려운 처지에 머무는 것을 견디지 못하고 즐거움에도 오랫동안 머물지 못한다. 인자한 사람은 인을 편안히 여기고 지혜로운 사람은 인을 이롭게 여긴다.)

혼자만이 仁慈(인자)하고 모든 사람이 不仁(불인)하다면, 요즘 세상에서는 인자한 사람이 이상하게 보일 수도 있다. 아마 그래서 김영란법이 나왔는지도 모르겠다.

인자가 많으면 이런 법은 사실 필요가 없는 법인데 세상 사는 데, 이런 법이 있다는 것은 먼 훗날 후손들에게 창피한 일이다.

- 久(구) jiǔ ① 오랠 구 ② 오래갈 구
- 約(약) yuē ① 묶을, 맺을 약 ② 약속, 약속할 약 ③ 검소할 약(節約 절약)
  ④ 대략 약(要約 요약) ⑤ 오그라들다 ⑥ 줄이다
- 安(안) ān ① 편안할 안 ② 어찌 안(安得不然 안득불연)
- 利(리) lì ① 이로울 리 ② 날카로울 리(銳利 예리) ③ 이자 리(利率 이율)

만남에 대하여

조혁아,

할아버지는 조혁 친구들과 함께 몇 번 식사도 하고 이야기도 했었다.

우리 혁이가 어떤 학생들을 친구로 사귀고 있는지 궁금하기도 했다. 물론 혁이 네가 좋아할 만한 장점이 있기에 모여 다니는 것이라고 본다.

친구를 사귀다 보면 좋아하는 사람도 있고 싫어하는 사람도 있을 수 있다. 친구를 보고 너의 수준을 알 수도 있다.

좋은 사람은 좋은 친구를 만나고 좋지 않은 사람은 좋지 않은 사람을 친구로 사귄다. 그래서 할아버지는 혁이의 친구들이 '다 좋은 친구들이겠구나' 생각한다.

논어 책 이인 편에 보면, 이런 문구가 있다.

'子曰 唯仁者 能好人 能惡人(자왈 유인자아 능호인하며 능오인이니라)' (공자께서 말씀하셨다. 오직 어진 사람이라야 능히 사람을 좋아하고 능히 사람을 미워할 수 있다.)

할아버지가 자주 손자들에게 들려주는 말이지만 누구를 만나느냐에 따라서 너희들의 삶이 달라질 수 있다.

살다 보면 가장 중요한 게 만남이다. 살면서 누구를 만났느냐에 따라서 인생이 달라진 경우가 허다하다.

그래서 좋은 친구, 긍정적인 친구, 쉬지 않고 꾸준히 노력하는 친구, 인성이 좋은 친구, 이런 성품을 가진 친구들을 네가 만들어야 한다.

사귀어야 할 친구와 만나지 않아야 할 친구를 구별하기는 힘들지만, 공부보다 더 중요한 게 만남일는지 모른다.

늘 유념하여라.

- 唯(유) wéi : 惟(유)와 동일하게 봄
- 惡(악, 오) è, wù ① 악할, 나쁠 악 ② 더러울 악 ③ 미워할, 싫어할 오(憎惡 증오)

대학생 승원아,

세상일은 모두 사리에 맞게 풀려야 하는데 그렇지 못한 경우가 허다하다.

좋은 것은 좋다 하고 나쁜 것은 나쁘다 하는 것은 세상 사람들이 모두 다 알고 있는 일이다. 그러면서도 옳은 것을 옳다고 할 수 없는 경우가 있다.

요사이 신문이나 방송을 보면 '절대 그것은 아닌데..' 하는데도 올바름보다는 잘못된 길로 가는 경우가 허다하다.

올바름이란

그럼 그 사람들은 그것을 모르고 행한다고 생각하느냐. 두 가지다.

아주 몰라서 하는 경우도 있겠지만 분명히 알고 있으면서도 당리당략으로 사욕이 앞서게 되면 그렇게 되는 것이다. 즉, 올바름을 잊어버리는 것이다. 정의를 잃고 사심이 발동하면 그렇게 되는 것이다.

논어 책 이인 편의 주석에 이런 문장이 있다.

'遊氏 曰 好善而惡惡 天下之同情 然人每失其正者 心有所繫 而不能自克也(유씨 왈 호선이오악은 천하지동정이나 연인매실기정자는 심유소계 이불능자극야라)' (유씨가 말하였다. 선(善)을 좋아하고 악을 미워하는 것은 천하의 사람이 동일한 마음이나 사람들이 매번 그 올바름을 잃은 것은 마음이 매여있는 곳이 있어서 스스로 극복하지 못하기 때문이다.)

사람이 옳고 그름을 알고 있지만, 알면서도 옳지 않음을 추구하고 옳은 줄 알면서도 따라가지 못하는 경우가 허다하다. 아마 그게 사회생활하다 보면 '아 이것이구나.' 하는 것이 있을 것이다.

지금은 네가 대학생이라 아니면 아니고 그러면 그렇다고 할 수 있지만 말이다. 이것이 사회다.

조선 선조 때 동인의 대표와 서인의 대표가 일본에 통신사로 가서 일본의 풍신수길의 마음이 어떠한가 떠보라고 했다.

물론 여기에는 선조대왕의 흑심도 있었겠지만, 이 두 사람은 정반대의 의견을 선조 앞에 내놓았다. 그 이유가 무엇이었겠느냐?

정말 풍신의 생각이 그러했겠느냐?

아니다. 당시의 당쟁 때문에 동인은 동인대로, 서인은 서인대로 자기의 당파에 유리할 것인가를 먼저 생각하고 선조에게 보고한 것일 것이다.

- 同(동) tóng ① 한가지, 같을 동(同感 동감) ② 화합, 화합할 동(和同 화동)
- 好(호) hǎo ① 좋을 호 ② 사이좋을 호(友好 우호) ③ 좋아할 호(愛好 애호)
- 善(선) shàn ① 착할 선 ② 좋을, 훌륭할 선(最善 최선) ③ 친할, 사이좋을 선 ④ 잘할 선(善處 선처)
- 情(정) qíng ① 뜻, 마음 정 ② 정, 인정, 애정 정(情事 정사) ③ 시정, 형편 정
- 然(연) rān ① 그럴, 그러할, 옳을 연 ② 그러면, 그러하면 연 ③ 그러나 연 ④ 어조사 연
- 每(매) měi ① 매양, 늘, 항상 매
- 繫(계) jì xì ① 매다 ② 묶다 ③ 매달다 ④ 혈통

호중아,

나는 우리 손자가 요즈음 말하는 금수저인지 은수저인지 흙수저인지 혼자서 생각해 볼 때가 있다.

대부분 금수저는 다시 금수저로 물려받고 흙수저는 흙수저를 물려받게 된다고 해서 그런가 보다.

할아버지는 흙수저로 태어나서 금수저로 살면서 밥을 먹고 있다. 아들, 딸, 사위 모두 요즈음 잘나간다는 의사이니 말이다.

그런데 너는 나보다 더 순금 금수저다. 할아버지, 아버지, 이모, 고모, 큰아버지, 외삼촌 모두 의사이니 말이다.

부와 귀와 빈과 천은 본인의 책임이다

그러나 명심해야 할 것이 있다. 주위가 금수저라고 해서 너에게 금수저는 그냥 돌아가는 것이 아니다.

세상의 모든 사람들은 부귀와 영화를 누리려 하지 곤란하고 천하게 살기를 원치 않는다.

그러나, 정신이 제대로 박혀 있는 사람이라고 하면, 자신의 노력에 의한 부와 귀가 있어야 하고, 천과 빈의 생활을 한다면 그것이 본인의 책임인지 아닌지 한 번 살펴보아라.

한 교실에서 한 선생님에게 똑같은 시간을 공부해도 그 결과가 다르니 말이다.

그러나, 옛날 우리 조상들은 부와 귀와 천과

빈에 대한 사상이 조금 달랐으니 논어 이인 편에 나오는 이 구절을 잘 읽고 어디 한 번 생각하여라.

'子曰 富與貴 是人之所欲也 不以其道 得之 不處也 貧與賤 是人之所惡也 不以其道 得之 不去也(자왈 부여귀 시인지소욕야나 불이기도로 득지어든 불처야하며 빈여천이 시인지소오야나 불이기도로 득지라도 불거야니라)' (공자께서 말씀하셨다. 부귀는 사람들이 누구나 원하는 것이지만 정당한 방법이 아니면 머무르지 아니하고 빈천은 사람들이 누구나 싫어하는 것이지만 내 잘못 없이 온 것이라면 거절하지 않겠다.)

빈과 천은 본인의 책임이다. 그러니 이것을 사회의 책임으로 돌리면 안 된다.

오직 모든 것은 너 책임 하에 너 인생이 결정되는 것이다. 목표를 정하고 쉬지 않고 가면 뭐든지 할 수 있다.

할아버지는 언제나 뭐든지 하려고 최선의 노력을 한다면 무엇이든지 이루어 낼 수 있다고 생각한다.

열심히 매사에 최선을 다해라.

- 與(여) yǔ ① 줄 여(與奪 여탈) ② 함께할 여 ③ 더불어 여 ④ 참여할 여(關與 관여)
- 賤(천) jiàn ① 천할 천(卑賤 비천) ② 천하게여길, 업신여길 천(賤視 천시) ③ 값쌀 천
- 去(거) qù ① 갈, 지날 거(去就 거취) ② 버릴, 없앨 거(去勢 거세)

모든 선생님들이 함께하면 즐거워하는 꾀돌이 손자 환아,

초등학교 들어가서 환이가 무척 힘들어하는 것을 보고 할아버지는 마음이 아팠다.

환아, 네가 학교에 가서 잘못했다고 꾸중을 듣기도 하고, 집에서 공부를 하지 않았다고 하여 꾸중을 듣기도 한다.

대부분 부모님이나 주위의 사람들은 그 잘못만 가지고 결과를 이야기한단다.

잘못이라는 이유에 대하여

허기진 배를 움켜쥐고 있는 부모님을 보고 빵 한 조각을 훔친 아이에게 도둑이라는 누명이 씌어졌다.

그냥 '빵 훔쳐 먹은 놈', 이렇게 낙인이 찍힌다.

'어린아이가 왜 이 빵을 훔쳐 왔지?' 하고 한 번 생각해보지 않는다.

사람의 잘못이라는 것은 모두 이유가 있을 수 있다. 그것이 '우리가 인정할 만한 것인가', '사욕을 취할 만한 것인가', 아니면 '다른 이유가 있는 것인가' 한 번은 생각해 보아야 한다.

논어 책 이인 편에 보면, **'子曰 人之過也 各於其黨 觀過 斯知仁矣(자왈 인지과야 각어기당이니 관과에 사지인의니라)'** (공자께서 말씀하

셨다. 사람들의 실수는 다 나름대로의 사정이 있으니 실수를 통해서도 그 사람의 어진 것을 알 수 있다.)라고 씌어 있다.

누구에게나 허물(잘못)은 있으나 그것이 사욕이 있느냐 없느냐에 따라서 결과는 다른 각도에서 생각할 수 있기 때문이다.

할아버지는 우리 환이가 대기만성형이라고 본다.

환이가 처음 태어나서 유치원에 들어가기 전까지 말을 하지 못해서 온 가족이 얼마나 걱정을 한 줄 아느냐.

초등학교에 어떻게 들어가서 처음에는 무척 힘들게 따라갔지만 고학년이 되면서 어느 누구보다 이해력이 빠르고 창의력이 샘솟는 것을 보면, 가면 갈수록 잘하는 사람으로 본다.

이제 조금만 더 노력하면 어느 누구도 따라오지 못할 거야.

초등학생이니 그렇겠지만 너는 건강하긴 한데 노력이 부족하다. 할아버지의 말을 명심해라.

사랑하고 좋아한다. 내 손자 환아!

- 各(각) gè ① 각, 제각기 각(各界 각계) ② 여러 각(各種 각종)
- 黨(당) dǎng ① 무리, 동아리 당(政黨 정당) ② 마을 당 ③ 일가, 친척 당
- 觀過(관과) nán guò 잘못을 살펴봄. 허물을 관찰함.

할아버지의 주말 대화 파트너 태헌아,

할아버지가 또 어린 너에게 이런 글귀를 설명하는 것이 옳은지 옳지 않은지 모르겠다.

논어라는 책을 할아버지는 60이 넘어서 접하게 되어서 다행이다.

어린 손자들에게 읽게 하면 행여 요즘처럼 복잡한 세상을 살아가는 손자에게 혼자만 논어에 나오는 행동을 하라고 했을 때 과연 사회생활을 하는 데 도움이 될 것인지 고민할 때가 있다.

그러나 늘 이야기하지만 이 글을 읽고 너 스스로 현실과 비교하면서 행하면 된다.

법을 다스림에 있어서

논어 이인 편의 주석에 이런 문장이 있다.

'吳氏曰 後漢吳祐謂掾 以親故 受汚辱之名 所謂觀過知仁 是也(오씨왈 후한오우위연이 이친고로 수오욕지명하니 소위관과지인이 시야라)' (오씨가 말하였다. 후한시대 태수 오우가 다음과 같이 말하였다. 아전이 아버지 때문에 오욕의 이름을 감수하였으니 이른바 잘못을 통해서 인(仁)을 알 수 있다는 말이 이를 두고 한 말이다.)

후한 때 어느 세무서 하급관리가 액수보다 더 많이 세금을 받았는데 그 이유인즉, 아버님께 좋은 옷을 사드리기 위함이었다.

아버지에게 그 옷을 갖다 드리자 아버지가 '어떻게 해서 네가 이런 좋은 옷을 사오느냐?' 하니, '

제가 세금을 조금 더 거두어 이 옷을 샀습니다.' 했다.

아버지는 이 옷을 들고 와서 관청에 아들을 고발해 버렸다.

태수인 오우가 이 사건에 대하여 판정을 하면서 이 구절을 인용하여 판결한 것이다. 그리고 아들에게 옷을 주어 아버님께 드리라 했다.

사람은 살면서 잘못을 범할 수 있다. 그리고 그 잘못의 끈이 어디에 있는가도 생각해 보라는 뜻이다.

아마도 요즘 이런 사건이 재판을 받게 된다면 형벌을 받았을 것이다.

물론 이것도 법으로 처리하면 어쩔 수 없지만 법은 사람을 다스리기 위하여 있는 것이지만, 법 위에 효와 인륜이 있는지도 모른다.

- 漢(한) hàn ① 한수 한 ② 한나라 한 ③ 종족이름 한(漢族 한족) ④ 은하수 한 ⑤ 사나이, 놈 한(惡漢 악한)
- 祐(우) yòu ① 도울 우(祐助 우조)
- 掾(연) yuàn ① 아전 연 ② 구실아치 연 ③ 인연 연 ④ 뛰어 쫓다

내 손자 혁아,

논어 책의 한 구절이다.

'子曰 朝聞道 夕死 可矣(자왈 조문도 석사 가의)'

세상의 이치란 참으로 미묘한 것이어서 모두에게 같을 수도 있고 다를 수도 있다. 그러나 크게 보면 세상 살아가는 이치는 하나다.

이러한 이치, 인생을 어떻게 살아야 할 것인가를 아침에 터득했다면, 이제 밤이 되어 죽어도 여한이 없겠다는 의미인데, 그만큼 사람이 세상에 태어나서 근심 걱정 없이 불교에서 말하는 해탈의 경지에 다다르기가 어렵다는 이야기다.

세상의 진리

그래서 학생 때 열심히 공부하고 사회생활을 하여야 도(道)의 넓은 세계를 조금이나마 이해할 수 있다.

공자님께서도 이 세상사에 대하여 이렇게 어렵게 말씀하셨는데, 하물며 우리들이야 어떻겠느냐.

여기 공자님의 말씀을 들어보자.

'子曰 朝聞道 夕死 可矣(자왈 조문도면 석사라도 가의니라)' (공자께서 말씀하셨다. 아침에 도(道:세상의이치)를 들으면 저녁에 죽어도 여한이 없다.) 세상의 진리는 하나이면서 만 가지이다. 이러한 심오한 인생살이의 풀 수 없는 진리를 터득한다면 죽어도 여한이 없겠다는 것이다.

어찌보면 모든 것을 잘못 없이 세상을 살아가는 것이 쉽지 않다는 이야기일 것이다. 그러나 될 수만 있다면 성실하고 정직하고 온후하고 밝게 살아야 한다.

요즘 우리 혁이 얼굴 표정이 밝지 않으니 할아버지는 공부보다 더 걱정이 크다.

공부는 너만큼 하면 더 이상 바랄 게 없다.

언제나 생활은 밝고 명랑하게 살아가려고 노력하여라.

'표정은 밝게 마음은 성실하게' 가 할아버지가 너에게 주고 싶은 교훈이다.

- 聞(문) wén ① 들을 문(見聞 견문) ② 들릴 문(所聞 소문) ③ 알려질 문
- 夕(석) xī ① 저녁 석 ② 저물 석
- 可矣(가의) kě yǐ 좋다. 한이 없다.

사회생활이 무엇인가를 알아차린 서은에게,

공동 생활, 단체 생활, 혼자가 아닌 생활을 하다 보면, 어떤 사람에게는 도움이 되는 일이 또 다른 어떤 사람에게는 손해로 돌아가는 일들이 가끔 있다.

내가 어떤 일에서 이익을 많이 챙기겠다고 하면, 다른 사람은 그만큼 손해를 볼 수도 있다.

세상을 살면서 '내가 얻은 만큼 상대는 손해를 볼 수 있구나.' 하는 생각도 배려의 덕목이다.

배려의 덕목

너의 어떤 행동이 이익을 좇아서 하다 보면, 다른 사람으로부터 원망을 많이 살 수도 있다. 사심을 갖지 말고 이것은 아니고 저것도 아닌 사심이 없는 중심을 잡고 행동하도록 노력해야 한다.

할아버지는 초등학생인 네가 어쩌면 그렇게 어른스럽게 커가는지 보기만 하여도, 먹지 않아도 배가 부르다.

할아버지는 가끔 이렇게 필요없는 걱정도 하고, 혹여나 이런 말도 어릴 적에 해주면 살아가면서 너에게 도움이 되지 않을까 생각한다.

언제나 배려하는 마음을 놓지 말아라.

너의 고조할머니가 주위에서 배려심이 너무

좋은 분으로 소문이 나신 분이고, 그 후덕에 우리 후손들이 그 복을 누리고 산다.

논어 이인 편에 보면 이런 글귀가 있다.

'子曰 放於利而行 多怨(자왈 방어리이행이면 다원이라)' (공자께서 말씀하셨다. 매사에 이익 하나만 보고 행동하면 원망하는 사람이 많다.)

- 放(방) fàng ① 쫓을 방 ② 놓을, 풀어줄 방 ③ 멋대로할 방 ④ 내버려둘 방 ⑤ 기댈 방
- 多(다) duō ① 많을 다
- 怨(원) yuàn ① 원망할 원 ② 원한 원 ③ 원수 원

사랑하는 일곱 손자, 손녀들은 보아라.

세상을 살아가는 데는 체면이라는 것이 있다.

정말 내가 그 위치에서 할 수 있는 일이 무엇인가도 생각해야 한다.

어디에 있든 남보다 우월해 보이고 싶어 하고, 여러 사람 앞에서 자신을 뽐내고 싶어 하는 게 사람의 마음일 수 있다.

요즈음은 어쩌면 이렇게 살아야 할지도 모른다. 그러나 이러한 방법은 참 삶이 아니라고 본다.

인격이란

무작정 어떤 지위에 가려고 하지 말고, 내가 그 자리에 가서 충분한 통솔력을 가지고 이끌어 갈 수 있을 것인가 스스로 점검해 보아야 한다.

스스로의 인격이 갖춰지지 않았으면서 세상 사람들이 자기를 우러러보아 주었으면 하는 사람들도 있다. 이러한 것은 어찌 보면 바보 같은 자기과시이다.

진정한 인격이란, 그 위치에 대한 충분한 지식을 가지고 그 조직의 구성원이나 회사를 위하여 무엇을 할 수 있는지 깊이 고민하는 사람일 것이다.

이러한 자격을 갖추기 위해서는 어릴 적부터 여러 가지 면에서 학과 습이 필요한 것이니, 많이 읽고 많이 듣고, 배우고 반복하여 튼튼한 실력을 갖춰야 한다.

여기서 실력이란 영어나 수학만을 이야기하는 게 아니고 모든 영역을 다 말하는 것이다. 너희들의 언과 행까지 포함해서 말이다.

논어 책 이인 편의 한 구절에 이런 말이 있다.

한 번 음미해 보아라.

'子曰 不患無位 患所以立 不患莫己知 求爲可知也(자왈 불환무위요 환소이립하며 불환막기지요 구위가지야니라)' (공자께서 말씀하셨다. 자기 설 자리가 없다고 근심하지 말고 그 위치에 맞는 사람이 될 것을 생각하며 자기를 알아주지 않는다고 근심하지 말고 알아줄 만한 실력을 쌓아야 한다.)

- 患(환) huàn ① 근심, 근심할 환 ② 병 환(患部 환부)
- 位(위) wèi ① 자리, 위치 위 ② 분 위
- 莫(막) mò ① 아닐, 말, 없을 막(莫論 막론) ② 더할수 없을 막(莫大 막대) ③ 저물 모
- 求(구) qiú ① 구할 구 ② 청할 구 ③ 바랄 구

대학생 손자 승원아,

대학에 들어간 너에게 가장 많은 편지를 쓰게 된다. 할아버지가 보낸 편지를 어쩌면 별로 읽고 싶지 않을 수도 있을 것이란 생각이 들 때도 있다.

왜냐면, 늘 '공부해라', '착하게 살아라', '인자는 어떤 사람이다', '덕자는 저런 사람이다' 등등… 요사이 대학생들이 가장 듣기 싫은 소리만 하니 읽고 싶지도 않을 것이다.

그러나, 내가 보낸 편지는 많은 시간이 지나고 나면 너의 생활에 도움이 되리라고 본다. 쓴약은 약효가 있으나 단약은 약효가 적다는 옛날 속담이 있다.

쓴약, 단약

다시 말해서, 할아버지의 편지를 읽어보면 쓴약이 될 수도 있을 것이다.

승원아, 대학생활의 네 공부는 어떠하냐?

'子曰 參乎 吾道 一以貫之 曾子 曰 唯(자왈 삼호아 오도는 일이관지니라 증자 왈 유라)' (공자께서 말씀하셨다. 증자야 우리의 도(道)는 하나로 관통할 수 있느니라. 증자가 말하였다. 네 그렇습니다.)

세상살이는 결국은 하나의 관점에서 핵심으로 뭉쳐지는 것이다. 증자는 큰 도는 바로 충(忠)

과 서(恕)라고 말씀하셨다.

'曾子告門人曰 夫子之道 忠恕而已矣 亦猶夫子之告曾子也(증자고문인 왈 부자지도는 충서이이의라하니 역유부자지고증자야라)'

할아버지가 하는 말은 요즘 사람들이 행하는 것과 정반대의 생활일 수도 있을 것이다. 그러나 수 천 년을 내려오는 동안 어느 누구도 부정하지 않았던 글귀들이니 마음에 담아두어라.

어찌 보면 이것이 우리 조상들의 생활 철학일 수도 있다.

자주 쓰는 할아버지의 넋두리지만, 늙어보면 옛 조상들의 슬기를 느낄 수 있는데 젊어서는 이런 말이 귀에 들어오지 않더라.

그래도 읽고 또 읽고 음미해 보아라.

- 參(삼) shēn ① 참여할, 낄 참(參席 참석) ② 뵐 참(參拜 참배) can
  ③ 살필, 헤아릴 참(參酌 참작) ④ 석, 셋 삼(三의 동일)
  ⑤ 들쑥날쑥할 참
  ※參 : 증자(曾子)의 이름, 공자의 제자
- 貫(관) guàn ① 꿸, 꿰뚫을 관(貫徹 관철) ② 호적 관 ③ 관 관(무게의 단위)
- 一以貫之(일이관지) : 하나로써 그것을 꿰뚫어 보는 것
- 唯(유) wéi ① 오직 유(唯一 유일) ② 대답할, 대답하는소리 유
  ③ 공손하게 대답하는 말(唯唯)
- 忠(충) zhōng ① 충성, 진심, 정성 충
- 恕(서) shù ① 용서할 서 ※충서(忠恕) : 자기의 정성을 다하고 남을 헤아려 동정함
- 猶(유) yóu ① 오히려 유 ② 같을, 비슷할 유 ③ 머뭇거릴, 망설일 유(猶豫 유예)

군자와 소인의 차이

어리지만 언제나 듬직한 나의 사랑하는 손자 태헌아,

할아버지가 너희들에게 군자의 인(仁)은 어떻고 덕(德)은 어떻고 하는데, '이게 다 뭐예요?' 할 수 있을 것 같다.

그렇지만 모두 좋은 사람, 좋은 일 하라는 의미의 말이라고 생각하여라. 훌륭한 사람들은 어떤 일이 발생했을 때 옳은 것이냐 아니면 그른 것이냐를 판단한다.

그리고 의로운 일이 아니면 하지 않으려고 생각한다. 그러나 옳은 일만 행하다 보면 동료들에게 뒤지고 바보 취급을 받을 수도 있다.

탁 트이지 않은 사람들은 이익이 된다고 하면 좌우상하를 둘러보지 않고 행하려고 한다.

의로움과 이익(利益)은 서로 긴밀한 관계를 가지고 있다. 의로우면서 이익을 얻으면 좋지만 의(義)롭지 못한 방법으로 이익만 추구한다고 하면 어찌 되겠는가.

요즘 세상에는 의(義)와 이(利)를 적당히 융합하여 사회생활을 하여야 할 것이다.

나만 잘 살면 된다는 利(리)의 세계와 너와 내가 함께 잘 살아야 된다는 義(의)가 요즈음 이야기하는 제법 어려운 사람들과의 관계를 나타낼 것이다.

논어 책 이인 편에 보면, 이런 구절이 있다.

'子曰 君子 喩於義 小人 喩於利(자왈 군자는 유어의하고 소인은 유어리니라)' (공자께서 말씀하셨다. 군자는 옳은 일에 통달한 사람이요. 소인은 이익에 통달한 사람이다.)

현명한 내 손자 태헌이가 지금 이 글을 읽으면
'할아버지 무슨 소리야?' 하겠지만,
논어의 문구 하나하나는 세월이 흘러가면서 그때마다 의미를 다시 새겨볼 수 있는 성서 중의 성서이다.
초등학교, 중학교, 고등학교, 대학교 그리고 사회인이 되어서 읽어보면 또 다른 의미를 느낄 것이다.

● 喩(유) yù ① 깨달을, 깨우칠 유 ② 가르쳐줄 유 ③ 이를, 고할 유 ④ 비유할 유

꿈을 실현할 수 있는 믿음의 손녀 마리아야,

할아버지 이야기를 들어보아라.

옛날에는 어진 사람(仁人)을 보면 내가 저 사람처럼 되어야겠다고 생각하고 어질지 못한 사람을 보면 내가 저렇게 되어서는 안 되겠구나 하고 생각했다.

그러나, 세상은 바뀌어서 지금 사람들은 높은 벼슬하고 잘 살고 좋은 차 가지고 다니는 사람을 보면 나도 저렇게 살아야지 라고 생각한다.

착한 마음, 착한 행동

TV에 가끔 자기의 희생을 무릅쓰고 의로운 일을 하는 의인(義人)의 말씀을 들을 때가 있다. 대부분 '잘했네! 훌륭하네!' 하지만 그런데 나도 저렇게 해야지라고 생각하지 않는 것 같다.

시대에 맞는 삶이 어떤 것인지는 나도 판단하기 어려울 때가 있다.

착한 사람을 보고 따라가려고 하는 것이 좋은지, 그렇지 않으면 일단 내가 내 갈 길을 현실에 맞게 가야 하는지는 말이다.

늘 하는 말이지만 마음만은 착하게 먹어라. 물론 행동에 뒤따라야 하겠지만 다 그럴 수는 없을 것이다.

착한 마음을 갖다 보면 사람이 착하게 행동

할 수 있다.

논어 책 이인 편에 나오는 이 구절을 한 번 더 읽어보아라.

'子曰 見賢思齊焉 見不賢而內自省也(자왈 견현사제언하며 견불현이 내자성야니라)' (공자께서 말씀하셨다. 어진 사람을 보고 똑같아지려고 해야 하고, 어질지 못한 사람을 보고 나도 저러한지 속으로 반성해 보아야 한다.)

- 賢(현) xián ① 어질 어진사람 현
- 省(성, 생) xǐng ① 살필, 볼 성(省察 성찰) ② 성 성(중국의 지방행정구역) sheng ③ 덜, 줄일 생(省略 생략)
- 冀(기) jì ① 바랄 기 ② 하고자할 기
- 恐(공) kǒng ① 두려울, 두려워할 공 ② 으를, 협박할 공 ③ 아마 공
- 內(내) nèi ① 안, 속 내 ② 아내, 부녀자 내 ③ 몰래 내(內通 내통)

충과 효가 어울린 덕목

이리, 저리 보아도 귀여운 손자 태헌아,
할아버지가 옛날이야기를 해 주마.

옛날에는 할아버지, 할머니, 어머니, 아버지 형제가 한 집에서 함께 살고 함께 식사도 하면서 지냈다. 그러니 대부분 집안 모든 일을 가장 어른이신 할아버지의 말씀에 따라서 집안이 움직였다.

그러나 요즈음은 소가족 제도로 집의 구조가 아파트이다 보니 그렇게 생활하기가 어렵다.

그래서 꼭 주말이면 너를 데리고 할머니가 차려주는 점심을 할아버지 집에 와서 함께 하는 것이다. 할머니, 할아버지 손자의 정을 나누기 위해서다.

너는 지금 아빠와 함께 생활하니 지금 할아버지가 하는 이야기 잘 들어보아라.

이것은 논어 책에 나오는 한 구절이다.

'子曰 事父母 幾諫 見志不從 又敬不違 勞而不怨(자왈 사부모호되 기간이니 견지불종하고 우경불위하며 로이불원이니라)' (공자께서 말씀하셨다. 부모님을 섬기되 조용히 말할 것이며 부모님의 뜻이 나와 다르더라도 또한 공경하며 어기지 말고 고생하더라도 부모를 원망하지 말아라.)

부모님과 함께 생활하면서 부모님이 네 생각에, 마음에 들지 않은 일이 있어도 성질내지 않으면서 아버지께 여쭙고 부모님의 생각이 네 생각과 다르더라도 토라지지 말고 '아버님 생각이 저렇구나.' 하면서 이해하고 이런 과정들이 참아내기 힘들더라도 부모를 원망해서는 안 된다.

네 아빠는 공자님 말씀처럼 할아버지에게 잘 따라 하고 있다.

너도 아빠의 가르침을 받아 잘하기 바란다.

우리는 조상 대대로 충과 효가 함께 어우러지는 덕목 있는 집안이니 우리 손자 태헌이가 아마도 우리 집안을 더 든든하게 지켜줄 거라 할아버지는 믿는다.

- 幾(기) jǐ ① 몇, 얼마 기 ② 기미, 낌새 기 ③ 거의, 가까울 기 ④ 위태할 기 ⑤ 바랄 기
- 諫(간) jiàn ① 간할, 충고할 간(忠諫 충간)
- 從(종) cóng ① 쫓을, 따를 종 ② 일할 종 ③ ~에서, ~부터 종 ④ 시중들 종 ⑤ 사촌 종(從兄 종형)
- 又(우) yòu ① 또 우 ② 거듭 우
- 見(견) jiàn, xiàn ① 보다, 보이다 ② 뵙다 ③ 나타나다, 보이다, 드러나다

할머니, 할아버지의 사랑을 듬뿍 받고 자란 사랑하는 손녀 서은아,

너희 반에서 증조할머니와 함께 사는 친구가 있는지 보아라. 너와 아버지, 할아버지, 증조할머니 4대가 함께 지내는 집안은 아주 드물다.

할아버지의 어머니가 너와 함께 생활하고 계신다는 게 너무 기쁘다. 그리고 건강하시니 더더욱 행복하구나.

부모님을 공경해라

옛날 공자님께서는 부모님의 나이를 꼭 기억해야 한다고 하셨다. 할아버지는 부모님의 나이를 알아서 기쁘다.

지금까지 오랫동안 함께 생활하고 계시니 기쁘지만, 또 다른 면으로는 이제 얼마 있지 않으면 또 부모님이 저 세상으로 가실까 생각하니 슬프기도 하다.

논어 책 이인 편에 보면, 이런 구절이 있다.

'子曰 父母之年 不可不知也 一則以喜 一則以懼(자왈 부모지년은 불가불지야니 일즉이희오 일즉이구니라)' (공자께서 말씀하셨다. 부모님의 나이를 알지 않을 수가 없으니, 한편으로는 기쁘고 한편으로는 두려우니라.)

그러나, 요즘 젊은 사람들은 공자님의 이런

말씀에 동조하지도 않고 부모님 나이를 기억하는 사람도 드물 것이다.

떠도는 이야기지만 부모님이 언제까지 사시는 것이 좋겠느냐고 물었는데 '60까지도 길지요.' 라고 했다더라.

요즘 젊은 사람들은 그렇게 생각하나 보다.

그러나 언제나 나의 존재는 부모를 떠나서 있을 수 없으니, 언제나 부모님 공경을 잊어서는 안 된다.

또 나이를 안다는 것은 단순한 의미가 아니고 하루하루 세월이 흘러가면 부모님과 함께할 수 있는 시간이 짧아지니 알아서 공경하라는 말일 것이다.

우리 서은이는 할아버지보다 더 모든 것을 이해하고 있으니 잘하리라 본다.

참고로 알아두면 좋은 문구

- 이순(耳順) 60
- 환갑(還甲) 61세가 된 갑자
- 진갑(進甲) 62세
- 고희(古稀) 70세
- 희수(喜壽) 77세
- 미수(米壽) 88세
- 백수(白壽) 99세
- 상수(上壽) 100세
- 喜(희) xǐ ① 기뻐할 희 ② 좋아할 희
- 懼(구) jù ① 두려워할 구 ② 겁낼 구

덕, 불, 고

孝(효)가 어떤 것인가를 알아차린 내 사랑하는 장손 태헌아,

할아버지 방에 걸어놓았다가 내가 좋아하는 후배에게 선물했던 글씨가 바로 德不孤(덕불고)라 적혀진 액자이다.

태헌아, 너의 할아버지의 할머니인 고조할머니는 시골에서 주위 사람들의 칭송이 자자했다. 월산댁(月山宅)은 정말 훌륭한 덕인이라고 말이다.

당시 우리 집 주위에는 배고프고 어려운 사람들이 그렇게 할머니 곁으로 모여들었단다. 그래서 후대 사람들은 할머니 덕에 그 집안이 시골이지만 저렇게 잘 지낸다고 하더라.

옛날에 전해 내려오는 이야기로 덕을 쌓는 집안은 많은 경사가 있기 마련이고 덕을 쌓지 못하는 집안은 반드시 재앙이 따른다는 속담이 있다. 할머니의 덕이 3代에 걸쳐서 복을 받는다고 하니 이제 또 3대를 이어가야 할 차례이다.

이제는 우리 태헌이 어머니가 덕을 쌓아서 태헌이 아들 손자가 복을 받고 살았으면 좋겠다.

태헌아 너도 아버지가 매년 돌보고 있는 고아원 아이들과 함께 몇 번 어울려 놀아본 적이 있지 않느냐.

논어 책 이인 편에 보면 이런 구절이 있다.

'子曰 德不孤 必有隣(자왈 덕불고라 필유린이니라)' (공자께서 말씀하셨다. 덕에 있는 사람은 외롭지 않으니 반드시 좋은 이웃이 있느니라.)

할아버지는 너의 아버지가 그렇게 어려운 처지의 아이들을 계속해서 자식처럼 돌보는 것을 보고 마음이 든든하다.

이렇게 어려운 가정과 아이들을 돌보는 것은 우리와 우리의 주위를 훈훈하게 하는 것이다.

그런 모습들을 할아버지는 늘 감사하게 생각한다.

너도 너의 아버지 하는 생활 모습을 어려서부터 잘 보고 배워라.

- 孤(고) gū ① 외로울 고(孤獨 고독) ② 고아 고(孤子 고자)
- 隣(린) lín ① 이웃 린 ② 이웃할 린

호중아,

네가 사귀고 있는 친구들이 많이 있지 않느냐.

그리고 앞으로 사회생활을 하며 가까운 친구들을 더 많이 사귀게 된다.

이러한 친구들과 사귀다 보면 여러 가지 유형의 친구들이 있기 때문에 그 친구의 언행에 대하여 관찰하게 된다.

대부분의 사람들은 자기가 하는 행동이 옳은 행동이라고 생각하면서 자기의 잘못을 뉘우치려 하지 않는다.

충고와 간섭

이때 가까운 친구가 충고하는 경우가 가끔 있다.

그런데 그 친구가 너의 충고를 듣고 잘못된 언행을 고치면 좋은데 그렇지 않은 경우가 있다.

두세 번 충고했는데도 고쳐지지 않았을 때 계속 충고하는 말을 하면 친구가 충고를 충고로 받아들이지 않고 간섭한다고 생각하여 서로의 관계가 좋지 않게 될 수 있다.

그래서 친구의 잘못도 두세 번 이상 충고하지 말라는 것이다.

이것이 친구를 잃지 않는 길이다.

논어 책 이인 편에 보면 이런 구절이 있다.

'子游曰 事君數 斯辱矣 朋友數 斯疎矣(자유왈 사군삭이면 사욕의오 붕우삭이면 사소의니라)' (자유가 말하였다. 임금을 섬기되 자주 아니 되옵니다 하면 치욕을 당하기 쉽고 친구 사이도 자주 충고하면 관계가 멀어진다.)

임금을 섬길 때는 자주 '아니 되옵니다' 해서는 안 되며 친구한테도 자주 충고하면 관계가 나빠진다고 했다.

- 數(수, 삭) shǔ, shuò ① 셀, 계산할 수 ② 헤아릴 수 ③ 수 수(양을 헤아림) ④ 약간 수 ⑤ 운수, 운명 수 ⑥ 꾀 수(術數 술수) ⑦ 자주 삭(數數 삭수) ⑧ 촘촘할 촉
- 疎(소) shū ① 성길, 드물 소 ② 멀, 멀리할 소(疎外 소외)
- 斯(사) sī ① 이, 이것 ② 잠시, 잠깐 ③ 쪼개다 ④ 다하다
- 辱(욕) rǔ ① 욕되다 ② 수치스럽다 ③ 모욕당하다
- 疎(소) shū ① 성기다(물건의 사이가 뜨다) ② 드물다 ③ 멀리하다

公冶長第五

승원아, 요즈음 공부는 잘 되느냐?

세상사가 너무 어수선하여 감수성이 예민한 너희들 마음에 어떠한 좌절이 생길지 걱정이 된다.

사실 살다 보면, 대부분의 사람들은 자기를 중심으로 살아가고, 어떤 문제점이 대두되면 자기중심으로 풀어가고 있는 것처럼 보일 수 있다.

옛날 논어 책에 보면, 공자님께서도 나라가 시끄러우니 성질이 나서 이렇게 말씀하신 적이 있다.

치우치지 않는 삶을 살아라

'子曰 道不行 乘桴 浮于海(자왈 도불행이라 승부하야 부우해호리니)' (공자께서 말씀하셨다. 세상에 정의가 사라졌으니 차라리 뗏목을 타고 바다로 나아가고 싶다.)

하물며, 지금의 세태를 바라보는 대학생인 너의 눈높이가 어떨지 할아버지는 걱정이 된다.

세상에서 가장 중요한 것은 중(中)이다. 중심을 잡아라. 한쪽으로 기울면 안 된다. 어느 쪽에서 정의라는 칼을 잡고 흔드느냐에 따라서 모든 것은 달라진다.

정의란 무엇이냐. 너에게는 실력이고 공부지만 사회에서 이야기하는 정의란 아주 다르다.

역사는 상대를 언제나 정의라는 칼로 제압하기 때문이다.

이제 대학생이 되었으니 사리 판단이 어느 쪽에도 치우치지 않고 올바른 가치관을 가지고 생각했으면 한다.

안타까운 것은 할아버지가 성인이 된 너에게 '이렇게 살아라.' 라고 말할 수 없으니, 그게 안타까운 현실이다.

세상에 도가 제대로 서지 않는다는 것은 법의 체계, 정의의 체계가 모두 무너져 있다는 것이다. 그래서 아마 논어라는 책이 수천 년 계속 우리들에게 읽히는지도 모르겠다.

많은 책을 읽고 편견에 치우치지 않도록 하기를 바란다.

- 乘(승) chéng ① 탈 승 ② 의지할, 기회탈 승(勝勢 승세) ③ 곱할, 곱셈 승 ④ 수레 승 ⑤ 대 승(수레를 세는 단위) sheng ⑥ 역사 승
- 桴(부) fú ① 대마루 부(지붕위의 가장 높게 마루진 부분) ② 용마루 부 ③ 뗏목 부 ④ 북채 부
- 浮(부) fú ① 뜰 부 ② 떠다닐, 근거없을 부 ③ 덧없을 부
- 于(우) yú ① ~에서, ~부터, ~까지, ~에게 ② 향하여 가다 ③ 행하다

손자 호중아,

할아버지가 이러한 말을 하면 너는 짜증이 나겠지? 그러나 한 번 들어보아라.

옛날에 공자님 제자 중에 재여라는 사람이 있었는데, 이 사람이 대낮에 공부는 하지 않고 낮잠을 자고 있으니까 공자님이

'아니, 이 중요한 시간에 낮잠을 자다니. 이런 식으로 공부해서 무엇이 되겠다는 것이냐.' 하고 꾸짖었다.

그러면서 공자님께서 이렇게 말씀하셨다.

시간을 아낄 줄 아는 사람이 되라

'宰予晝寢 子曰 朽木 不可雕也 糞土之牆 不可杇也 於予與 何誅(재여주침이어늘 자왈 후목은 불가조야오 분토지장은 불가오야니 어여여에 하주리오)' (재여가 낮잠을 잤는데 공자께서 말씀하셨다. 썩은 나무는 조각할 수 없고 좋지 않은 흙으로는 흙손질을 할 수 없으니 재여를 어떻게 꾸짖겠는가.)

'썩은 나무는 조각을 할 수가 없고 단단하지 않은 흙으로는 담장을 쌓을 수 없듯이, 이런 중요한 시간에 낮잠 자는 사람은 학문하기는 힘들 거라' 그런 의미가 아니겠느냐.

그런데 요즘 학생들에게 이렇게 말하면 바로 반항을 할 거야 아마.

몸이 중요하지 공부가 밥 먹여주느냐고. 잘 것은 자고 공부할 때는 공부하면 되지 않겠느냐고 반문할 것이다.

그러나, 여기서 공자님 하신 말씀은 시간도 아끼고 잠잘 때는 잠자는 시간이 있으니 때와 장소를 가려야 되지 않겠느냐. 그런 말씀이 아니겠느냐.

먹을 것 다 먹고, 놀 것 다 놀고, 잘 것 다 자고 공부하면 경쟁에서는 낙오자가 된다. 남들보다 조금이라도 더 열심히 하는 자만이 경쟁에서 승리할 수 있다.

세상을 쉽게 보면 안 된다.

공부할 땐 먹을 시간도 아끼고 노는 시간도 아끼고 잠자는 시간도 아껴가면서 해야만 한다.

- 牆, 墻(장) qiáng ① 담 장 ② 경계 장 ③ 칸막이 장
- 杇(오) wū ① 흙으로 곱게 다듬다 ② 흙손 오 ③ 칠하다, 바르다 오
- 誅(주) zhū ① 벌, 벌줄 주 ② 꾸짖을 주
- 宰(재) zǎi ① 재상 재 ② 주장할, 맡을 재 ③ 도살할 재
  ※宰予(재여) : 공자의 제자 이름
- 晝(주) zhòu ① 낮 주
- 寢(침) qǐn ① 잠잘 침 ② 방 침
- 朽(후) xiǔ ① 썩을 후 ② 쇠할 후
- 雕(조) diāo ① 새길 조 ② 독수리 조
- 糞(분) fèn ① 똥 분 ② 더러울 분

늠름하고 씩씩하고 용감한 손녀 마리아야.

어떨 때는 오빠들보다 강(剛)해서 할아버지는 좋아. 강하지 않으면 출세하기도 힘드니 말이야.

마리아야, 내가 옛날 논어 책에 나오는 한 구절을 적어 줄 테니 너도 한 번 이 말에 대하여 생각하여 보아라.

'子曰 聽言觀行(자왈 청언관행)' (공자께서 말씀하셨다. 어떤 사람의 말을 들어보고 그 행동도 살펴보아야 한다.)'

자기가 한 말에 대해 책임지고 행동하는 사람

할아버지가 전에는 사람을 만나서 그 사람의 말만 듣고 '참 똑똑하구나.' '잘하구나.' 그렇게 생각했는데, 이제부터는 생각을 바꾸었다.

말만 번지르르하게 청산유수처럼 잘하는 사람도 그 말에 대하여 책임을 지고 행동으로 옮길 수 있는가를 이제부터는 체크하기 시작했다.

입으로는 효도한 것처럼 그럴듯하게 이야기하지만, 실질적으로는 공경의 마음가짐도 없는 사람들이 많이 있듯이 말이다.

사람의 겉모습이나 말 잘하는 것만 보지 말고 자기가 한 말에 대하여 책임질 수 있는 사람인가를 잘 보아라. 공자님께서도 그렇게 했다고 하지 않느냐.

마리아야, 할아버지는 늘 '공부해라', '열중해라', '착한 사람이 되어라' 그런 말만 해서 미안하다. 할아버지가 너희들에게 인기가 없어서 할아버지 전화 오면 떨리기도 하고 할아버지가 나타나는 것이 반갑지 않을 수도 있다.

그러나 먼 훗날 할아버지의 편지가 너희들의 삶에 도움은 조금 되리라고 본다.

어떤 아주머니가 자기는 어렵고 병든 사람들 자원봉사를 다닌다고 너무 자랑을 하더라.

그래 더 알아보니 본인의 부모는 몸이 불편하여 간호하는 사람을 모셔서 돌보게 하고 자기는 남들로부터 봉사하는 사람이라는 칭찬을 들으려고 급료를 주고 아주머니 쓰면서 본인은 무료로 사회봉사한다고 하더라.

글쎄, 부모를 돌보는 것은 봉사가 아니고 다른 사람 돌보는 것을 봉사라고 생각하는 그것이 잘못된 생각이 아니겠느냐.

- 聽(청) tīng ① 들을 청 ② 받아들일 청 ③ 판결할 청
- 剛(강) gāng ① 굳셀 강 ② 강할 강

조혁, 할아버지의 권고 부탁이다.

착한 너에게 이 말이 어울릴지 모르겠지만 한 번 할아버지의 편지 끝까지 읽어보아라.

옛날 사람들은 자기의 의지력을 가지고 밀고 나가되 자기만을 위하지 않는 것이어야 했다고 한다.

본인의 욕심을 채우기 위해서 강하게 밀고 나가는 것은 강(剛)한 것이 아니라고 말하더라. 요새 사람들에게는 옛날 사람의 말과 다를 수도 있다.

논어 책 공야장 편의 주석에 이런 문장이 있다.

착한 욕심

'程子曰 人有慾則無剛 剛則不屈於慾(정자왈 인유욕즉무강이니 강즉불굴어욕이라)' (정자가 말하였다. 사람이 욕심이 있으면 강한 사람이 아니고 강한 사람은 욕심에 굴복하지 않는다.)

요즈음은 욕심을 가지고 강하게 밀어붙여야만 오늘을 살아가는 지혜라고나 한단다.

글쎄, 혁이 네 생각에는 어려서 아직은 이해가 잘되지 않지? 그래도 논어 책에 나오는 이야기는 깊이 한 번 더 생각해볼 수 있는 여지가 있다. 알았지?

살아가면서 욕심이 무엇인가에 대하여 생각해 보아야 한다. 공부에는 욕심이 있어야 한다.

'그럼 할아버지, 무엇에 욕심을 부려야 합니까?' 묻는다면,
글쎄다. 한 번 더 깊이 함께 생각해보자.

우리는 욕심쟁이 하면 별로 좋지 않게 생각하지만 욕심을 가져야 할 것과 그렇지 않아야 할 것이 있다.

욕심이 없는 삶은 의미가 없다.

욕심은 희망이고 성공의 정도일 수도 있다.

단, 착한 욕심이어야 한다.

- 屈(굴) qū ① 굽을, 굽힐 굴 ② 강할 굳셀 강
- 程(정) chéng ① 법 정(規程 규정) ② 한도 정 ③ 길, 거리 정
- 慾(욕) yù ① 욕심 욕 ② 탐낼 욕

조환,

할아버지 편지 내용 잘 이해하면서 읽어야 해. 어리지만 환이는 이 편지를 읽으면 뒤가 조금 가려운 데가 있을 거야.

친구들과 놀 때에 네가 친구를 놀리면 친구의 마음이 좋겠다고 생각해, 아니면 그렇지 않겠다고 생각해?

또 친구들이 너를 놀려주면 너는 기분이 어때? 나쁘지!

올바른 생활습관

짜증 나고 화가 치밀고 그러니 너도 기분 나쁜 말이나 행동을 친구에게 하면 안 되는 거야. 그래야만 착한 사람이 되는 거야.

아마 지금은 네가 어리니까 친구를 놀리는 것이 재미있어서 그럴 수도 있지만 그래도 그건 좋지 않다.

논어 책 공야장 편에 보면, 이런 구절이 있다.

'子貢 曰 我不欲人之加諸我也 吾亦欲無加諸人(자공이 왈 아불욕인지가제아야를 오역욕무가제인하노이다)' (자공이 말하였다. 저는 남이 저에게 가하는 것도 바라지 않고 저도 역시 남에게 가하지 않고자 합니다.)

그러니 어릴 적부터 좋은 습관을 길러야 한다. 남이 들어서 싫은 말이나 남이 보면 좋지 않은 행동이나 이러한 것들을 하지 않는 습관을 길러야 한다.

잘못하면 습관이 천성이 되는 경우가 있으니 하나씩 하나씩 좋은 일을 하면서 생활태도를 바로 잡아야 한다.

할아버지는 믿는다.

내 손자 환이는 착한 어린이이니.

- 欲(욕) yù ① 하고자할 욕 ② 바랄 욕
- 加(가) jiā ① 더할 가 ② 보탤 가
- 諸(제) zhū ① 모든 제 ② 여러 제 ③ 어조사 제

  ※ 諸는 之於의 뜻으로 대명사 之와 전치사 於를 합친 것

  ※ 諸는 之乎의 뜻으로 대명사 之와 의문조사 乎를 합한 것과 같다.

속이 꽉 차 있는 손자 태헌아,

우리 태헌이의 장점이라면 뭘까?

할아버지에게 '뭐예요? 왜 그래요?' 하면서 모르는 것이 있으면 늘 물어보는 것이 아닐까 생각한다.

자기가 의심이 들고 모르는 것이 있으면 그 문제를 잘 알 수 있다고 생각하는 사람들에게 물어서 아는 것이 좋다. 대개 지식이 많거나 지위가 높거나 잘 사는 사람들은 남에게 자기의 잘 모르는 부분을 물어보려 하지 않는다. 그것은 좋은 태도가 아니다.

질문력

할아버지가 언젠가 누군가에게 어디 어디 가는 길을 물었더니 아니 박사가 되어가지고 '그 정도 길도 몰라요?' 하더라.

박사학위가 10개 있어도 모르는 것은 물어보아야 하고, 또 안다고 하더라도 확실하지 않으면 물어보는 게 좋고, 거의 확실해도 경우에 따라서는 한 번 더 물어보면 서로를 신뢰하는 의미에서 좋다.

논어 책 공야장 편의 한 구절을 적어준다. 읽어보아라.

'子曰 敏而 好學 不恥下問 是以謂之文也(자왈 민이 호학하며 불치하문이라 시이위지문야

니라)' (공자께서 말씀하셨다. 영리하면서도 배우기를 좋아하며 아랫사람에게 묻는 것을 부끄러워하지 않으니 시호를 문(文)이라고 할 만하다.)

이 말은 대체로 사람의 성품이 밝고 민첩한 사람은 배우기를 좋아하지 않는 경우가 많고 지위가 높은 사람은 아랫사람에게 묻기를 부끄러워하는 것이 일반 통례인데, 시호를 내리는 법에 배우기를 부지런히 하고 묻기를 좋아하는 것을 문(文)이라 하는 경우가 있다.

이 역시 사람이 하기 어려운 일이란다.

그래도 우리 태헌이는 의심나는 것이 있으면, 선생님께, 아버지께, 주위 형에게 때론 할아버지에게도 여쭤보아야 한다.

알지 못하여 물어보는 것은 부끄러운 게 아니다.

사랑해 내 손자.

- 恥(치) chǐ ① 부끄러워할 치 ② 부끄럼 치
- 敏(민) mǐn ① 민첩하다 ② 영리하다 ③ 총명하다 ④ 공손하다

모범생 소녀 귀염둥이 손녀딸 서은아,

항상 공부를 열심히 하고 훌륭한 사람이 되고 누구나 우러러볼 수 있는 사람이 되어야 한다.

너는 지금처럼만 공부하고 행동하면 나무랄 데 없는 손녀일 것 같다.

이처럼 남에게 칭송받는 사람이 되기 위해서는 옛날 사람들은 이런 덕목이 있어야 한다고 했다.

네가 무럭무럭 자라서 중학교, 고등학교, 그리고 대학교까지 졸업을 해서 성년이 되었을 때 이런 덕목을 갖추었으면 한다.

군자의 4가지 덕목

몸가짐이 공손해야 하고, 윗사람을 알아보는 사람이어야 하고, 가까이 있는 사람에게는 은혜를 베풀 줄 알아야 하고, 아랫사람들에게는 의로움으로 대해야 한다.

이렇게 하면 참으로 훌륭한 덕목을 갖추었다고 할 것이니 이런 것을 갖추게 되면 자연스럽게 주위에 사람이 모여들어 너를 알고 있는 사람들로부터 칭송받는 leader가 될 수 있는 것이다.

여기 논어 책 공야장 편에 나오는, 남에게 존경받는 사람의 조건에 대하여 씌어진 글을 한 번 읽어보아라.

'子謂子産 有君子之道四焉 其行己也恭 其事上也敬 其養民也惠 其使民也義(자위자산하샤

대 유군자지도사언이니 기행기야공하며 기사상야경하며 기양민야혜하며 기사민야의니라)' (공자께서 자산에 대하여 말씀하셨다. 자산에게는 군자의 도(道)가 네 가지 있다. 자기 자신의 행동함에 공손하며 윗사람을 섬김에 공경하며 백성들을 보살필 때 은혜로우며 백성들을 일 시킬 때 바른 방법으로 하였다.)

이 말의 뜻은 공자께서 자산을 두고 평하시기를 '그 사람은 군자가 갖춰야 하는 4가지 덕목을 갖춘 사람이다.

첫째 몸가짐이 단정하며, 둘째 윗사람을 섬김에 공경하였으며, 셋째 백성을 보살핌이 은혜로우며, 넷째 백성을 일 시키는 데 의로움으로 행하였다.' 하였다.

서은이 너도 자산과 같이 모든 덕목을 갖춘 사람이 되기를 바란다.

- 産 chǎn ① 낳을, 태어날 산 ② 재산, 생업, 생활 산
- 養(양) yǎng ① 기를 양 ② 칠 양 ③ 다스릴 양 ④ 받들 양(養老 양로)
- 惠(혜) hùi ① 은혜 혜 ② 높일 혜
- 使(사) shǐ ① 하여금 사(~로 하여금, ~하게 하다) ② 시킬, 부릴 사 ③ 사신, 심부름 사 ④ 가령 사(設使 설사)

승원아,

할아버지가 스스로 가끔 마음에 부담을 갖는 생각을 몇 가지 적어 볼 터이니, 너도 앞으로 살아가면서 너의 생각에 중심을 잡도록 하여라.

사람은 사회적 동물이라고 했다. 나보다 높은 지위에 있는 사람이나 나보다 잘난 사람 등과 함께 생활하다 보면, 그 사람이 높은 지위에 있을 때는 정말 존중과 공경을 다해서 별것도 다 들어 바칠 수 있는 것처럼 행동한다.

변치 않는 공경심

그러나, 그 사람이 퇴직을 하거나 그 자리에서 물러나면 그때 가졌던 존경심과 공경심이 조금씩 사라지기 시작하고, 세월이 지나면 많이 사라져 버린다. 내가 그 사람을 존경할 때 직위의 높음 때문에, 상사이기 때문에 존중하고 공경했던가?

이제 그 자리에 있지 않으니 그런 마음이 없어지는 것인가? 그래서는 안 되는데 하면서 마음에 가책을 받을 때가 많다. 나도 그래서는 안 된다고 늘 스스로 반성하면서도 잘 이행이 되지 않는다.

더욱이 요즘처럼 정치판에서 일어나는 모습을 보면 네가 충분히 이해하리라고 본다.

물론 옛날에 부루터스가 시저를 죽인 것처럼

배신이란 사람만이 할 수 있는 신이 준 인간의 죄악일 수도 있다.

지금은 고인이 되었지만, 우리나라의 발전에 한 기둥이 되었던 분의 말씀이 사위에게 '정말 정치만은 하지 말아 주게.' 라고 간절하게 부탁했다고 하니, 오늘의 현실을 보면서 이것을 무슨 뜻인가 생각해 보아라.

논어 책 공야장 편에서도 이런 문구가 나오더라.

읽어보아라.

'子曰 晏平仲 善與人交 久而敬之(자왈 안평중은 선여인교로다 구이경지온여)' (공자께서 말씀하셨다. 안평중은 사람과 더불어 사귀는 것을 잘 하였다. 오랜 시간이 지나도 처음처럼 상대방을 공경하였다.)

- 晏(안) yàn ① 늦을 안 ② 편안할 안 ③ 성 안
- 晏平仲(안평중) : 제나라의 제상이름. 성은 안(晏), 이름은 영(瓔)
- 交(교) jīao ① 사귈 교 ② 섞일 교(交流 교류) ③ 서로 교 ④ 흘레할 교(交尾 교미) ⑤ 엇갈릴 교(交錯 교착)
- 久(구) jiǔ ① 오랠 구 ② 오래갈 구

영리하고 날렵하고 깔끔한 호중아,

이제 대학에 들어가면 너도 형처럼 거의 어른 대열에 끼게 된다. 고등학교와 대학은 일 년 차이지만 간격은 너무 크다.

네가 대학에 가고 또 사회에 나가면 언젠가는 leader가 될 수 있다. 어떤 문제에 대하여 네가 해결해야 할 것들이 많이 발생하게 된다. 사소한 일이야 그렇지 않겠지만, 중요한 사안에 대하여 너무 깊이 여러 번 생각하게 되면 좋지 않다고 한다.

리더의 힘

예리한 두뇌로 한두 번 생각하고 Yes냐, No냐를 결정하는 것이 어찌 보면 leader가 할 수 있는 책임 있는 행동이다.

물론 이 문제를 이렇게 단호하게 결정하려면 이에 대한 최소한의 전문 지식이 겸비되어야 한다.

결정을 내릴 준비가 확실하게 되어 있을 때를 말한다. 물론 모든 문제를 이렇게만 풀라는 말은 아니다.

언제나 모든 결정은 최종 결심자, 마지막 Sign을 하는 자의 책임이라는 것을 알아라. 할아버지가 경험한 바로는 결정하는 사람이 미래를 내다보느냐 그렇지 않느냐에 따라서 아주 다른 결과가 나오더라.

지금으로부터, 약 30년 전 A라는 곳에 250만

원을 투자하고 B라는 곳에 200만 원을 투자했다. 30년 후 우리나라에서 가장 이익이 없었다고 하는 골프장 회원권 가격은 10배가 되었는데 다른 200만 원 투자한 곳은 부도가 나서 0원이 되더라.

만일, 큰 기업의 leader가 이런 결정을 했다고 하면 그 기업은 어떻게 되었겠느냐. 그래서 leader는 아무나 하는 것이 아니다. 우리 경제가 여기까지 와서 세계인이 주목하고 있는 것도 이제 leader의 탁월한 업적이 아닌가도 생각된다.

논어 책 공야장 편에 보면 이런 글귀가 있다.

'季文子三思而後 行 子聞之 曰 再斯可矣(계문자삼사이후에 행하더니 자문지하시고 왈 재사가의니라)' (계문자는 매사를 세번 생각한 후에 행동하였는데 공자가 이를 듣고 말씀하셨다. 두 번만 생각해도 된다.)

- 季(계) jì ① 계절 계 ② 끝, 막내 계
- 季文子(계문자) : 노나라 대부 계손씨

누구에게나 사랑받는 혁아,

살다 보면 보기 싫은 사람도 있고 또 원한이 있는 사람도 있다.

나에게 잘못을 했을 때 이것은 용서해야 되느냐, 용서하지 않고 앙갚음을 해야 하느냐 등 여러 가지 생각이 들 때가 있다. 예수님은 원수를 사랑해라 했는데 이게 쉽냐는 말이다. 정말 어렵다.

**원망하는 마음
용서하는 마음**

공자님께서는 '원수를 사랑해라.' 라고는 말씀하지 않으셨다. '그럼 원수를 사랑한다면 정말 나에게 잘해준 사람에게는 어떻게 하란 말인가.' 라고 말씀하셨다.

현실적으로는 공자의 가설이 더 다양하다. 백이와 숙제는 사람들이 전에 저지른 잘못에 대하여 생각하지 않았기에 원망하는 사람이 적었다고 했다.

그러나 실제로 잘못된 일을 하거나 잘못된 행동에 대하여 잊어버리고 원망하지 않기는 무척 어렵다.

잘못된 뿌리는 뽑아버려야 하는지, 아니면 자르기만 해야 하는지, 아니면 다시 어떻게 할 수 있는 방도를 찾아야 하는지, 막상 당하고 보면 결정하기가 어렵다.

공자 책의 공야장 편에 보면, 이런 구절이 나온다.

'子曰 伯夷叔齊 不念舊惡 怨是用希(자왈 백이숙제는 불념구악이라 원시용희니라)' (공자께서 말씀하셨다. 백이와 숙제는 다른 사람들의 과거 잘못에 대하여 마음속에 담아주지 않았다. 그래서 백이와 숙제를 원망하는 사람이 없었다.)

- 夷(이) yí ① 오랑캐, 동쪽오랑캐 이 ② 상할 이 ③ 평평할 이
- 念(념) niàn ① 생각, 생각할 념 ② 욀, 읊을 념
- 叔(숙) shū ① 아재비 숙
- 舊(구) jiù ① 예, 옛 구 ② 오랠 구
- 希(희) xī ① 바랄 희 ② 드물 희

깔끔하고 상냥한 손녀 마리아야,

할아버지는 논어 책을 읽으면서 여기저기 현실과는 동떨어진 부분들이 있어, 중심을 잡지 못할 때가 있다.

논어 책 공야장을 읽어보면 공자가 미생고라는 사람의 정직하지 않음을 지적한 적이 있다. 한 번 적어 놓을 터이니, 너도 이 경우 저 경우를 생각해 보아라.

물론 공자님의 직설적 표현은 그 뒤에 숨은 내용들이 많이 있으나 우리들이 그 깊은 뜻을 잘 알아차리지 못함도 있을 것이다.

정직이라는 것은

공자께서 말씀하시기를 '미생고를 보고 누가 정직한 사람이라고 했느냐. 어떤 이웃사람이 식초를 얻으러 왔는데 자기 집에 없으니 빌려다가 자기 집에 식초가 있는 것처럼 주더라.' 라고 말씀하셨다.

없으면 없다고 하면 되는데, 있는 것처럼 옆집에서 빌려다 주면서 있는 것처럼 행동하는 것은 정직하지 않다는 것이다. 정말 정직이란 무엇이란 말이냐.

또 상대가 필요로 하는 것이 얼마나 중요하느냐에 따라서 다를 수도 있다. 경우에 따라 다를 수도 있기 때문에 꼭 이렇다고 답할 수는 없겠지만 이 정도를 이해하기 위해서는 많은 공부가 필요할지도 모른다.

공자님의 직설적인 말을 그대로 해석하면 오류가 있을 수 있다. 그러니 깊이 심사숙고해라.

'子曰 孰謂微生高直 或 乞醯焉 乞諸其隣而與之(자왈 숙위미생고직고 혹이 걸혜언이어늘 걸제기린이여지온여)' (공자께서 말씀하셨다. 누가 미생고더러 정직하다고 하였느냐. 어떤 사람이 식초를 빌리러 왔는데 이웃집에서 빌려서 주었다고 하더라.)

다시 한번 이야기하지만, 왜 이 글귀를 너에게 일러주는가 생각하면서 음미하여 보아라.

여러 번 읽어도 이해가 가지 않을 수도 있으니 말이다. 그러나 공자님 말씀은 한 단계 앞서 있다.

- 孰(숙) shú ① 누구, 어느, 무엇 숙
- 숙위(孰謂) : 누가 ~라 했던가
- 미생고(微生高) : 성은 미생이며 이름은 고(高)임. 노나라 사람
- 乞(걸) qǐ ① 빌 걸 ② 구걸할 걸
- 醯(혜) xī ① 초, 식초 혜 ② 식혜 혜
- 隣(린) lín ① 이웃 린 ② 이웃할 린

사랑하는 일곱 손자, 손녀들은 보아라

요즘 젊은이들과 함께 전철을 타거나 자리를 함께할 때가 가끔 있다. 또 옛날처럼 한 학급에 60~70명이 되는 것도 아니며 20명 정도이지만 친구 사귀는 것은 쉽고도 어렵다. 이제 사회질서가 조금 달라졌다고 보아야 한다. 마냥 옛날 논어의 생각에 사로잡힐 수만도 없다.

그러나, 수천 년을 내려온 책에서 보이는 글귀는 의미가 있다고 보아야 한다. 현실은 현실이고 역사는 역사라고 말하지만 언제나 역사는 현실의 거울이다.

사회생활에 대하여

자로, 안연이 교육을 받으면서 공자님께서 하시는 말씀을 귀담아 들으셨다.

'子路 曰 願聞子之志 子 曰 老者 安之 朋友 信之 少者 懷之(자로 왈 원문자지지하노이다 자 왈 노자를 안지하며 붕우를 신지하며 소자를 회지니라)' (자로가 말하였다. 선생님의 뜻을 듣기를 원합니다.

공자께서 말씀하셨다. 윗사람을 편안히 모시고 친구들과 신의를 지키며 젊은이들이 꿈을 펼칠 수 있도록 돕는 것이다.)

자로와 안연에게 공자님 하시는 말씀이 '너희들은 나이 든 사람을 편안하게 해드려야 하고,

착한 사람이 너의 친구라는 결정이 되면 확실하게 믿어주며, 후배들에게는 따뜻한 마음으로 감싸주어야 하느니라.' 하셨다.

너도 윗사람을 만났을 때, 친구를 사귈 때, 후배를 만날 때 이 글귀를 염두에 두어라.

이것이 사회생활을 하는 데 든든한 기둥이 될 수 있는 것이다.

친구와 친지가 너희들을 볼 때, 진실로 믿음직스럽게 보여야 한다.

그러기 위해서는 너희는 말과 행동을 어떻게 할 것인가를 깊이 성찰하여 보기 바란다.

- 路(로) lù ① 길 로
- 子路(자로) : 공자의 제자. 노나라 사람. 이름은 仲由(중유)이다.
- 願(원) yuàn ① 원할, 바랄 원
- 朋(붕) péng ① 벗 붕 ② 무리 붕(朋黨 붕당)
- 信(신) xìn ① 믿을 신 ② 편지, 소식 신 ③ 표시, 증표 신 ④ 진실, 성실 신 ⑤ 분명할 신 ⑥ 펼 신
- 少(소) shǎo ① 젊을, 어릴 소(少時 소시) ② 적을 소(少量 소량)
- 懷(회) huái ① 품을, 지닐 회 ② 품속 회 ③ 마음, 정 회 ④ 위로할, 달랠 회(懷柔 회유)

雍也第六

천천히 쉬지 않고 꾸준히 노력하는 혁아,

공부를 할 때나 혹은 친구들과 놀다가 또는 집 안에서 부모님과 의견 대립을 할 때가 가끔 있을 것이다.

논어 책 옹야 편에 보면, **'哀公 問弟子孰爲好學 孔子對曰 有顔回者好學 不遷怒 不貳過 不幸短命死矣(애공이 문제자숙위호학이니잇고 공자대왈 유안회자호학하야 불천노하며 불이과하더니 불행단명사의라)'** (노나라 애공이 묻기를 제자 가운데 누가 배우기를 좋아합니까 하자 공자께서 대답하셨다.

분노와 인내

안회라는 사람이 있어 배우기를 좋아하였는데 성냄을 옮기지 아니하고 허물을 두 번 반복하지 않았다. 그러나 불행하게도 명이 짧아 일찍 죽었습니다.)

누구나 하루에도 몇 번 혹은 어쩌다 한 번씩 일어나는 일일 수도 있지만, 참을 수 없는 분노가 있을 때가 있다. 이럴 때, 다른 사람이 말을 걸거나 아니면 할아버지가 전화를 할 때 너는 네가 잘했든 못했든 너에게 일어난 노여움의 결과를 상대에게 전달해서 상대의 기분을 언짢게 한 일이 있을 것이다.

그런데, 사실 네 스스로 잘잘못 때문에 일어

나는 분노를 삭이지 못하고 다른 사람에게 짜증을 내거나 성질을 내는 것은 정말 잘못된 일이다.

이제까지는 이러한 일이 있었다 하더라도 좋지 않은 일이니, 다시는 이런 일이 있어서는 안 되겠구나 하고 결심하여라.

공자님께서도 분노는 남에게 옮기지 말고 한 번 잘못된 일을 했으면 두 번 그 일을 다시 해서는 안 된다고 말씀하셨다.

세상을 살아오면서 몸에 가장 해로운 것이 담배나 술이라고 하지만 이것보다 몇 갑절 좋지 않은 것이 분노다. 분노는 자기 몸의 모든 조직을 녹아내리게 한다. 분노는 자기 몸의 정상세포를 힘 못쓰게 하는 효소를 내뿜는지도 모른다. 이러한 분노를 스스로 잠재운다는 것은 대단한 인내다. 이러한 인내가 있어야만 성공할 수 있다.

- 哀(애) āi ① 슬플, 슬퍼할 애 ② 불쌍히여길 애
- 哀公(애공) : 노나라왕
- 孰(숙) shú ① 누구 숙
- 孔(공) kǒng ① 구멍 공 ② 매우, 심히 공(孔劇 공극) ③ 사람이름 공(孔子 공자)
- 對(대) duì ① 대답할 대 ② 대할, 마주할 대 ③ 짝, 상대 대
  ④ 대 대(사물과 사물의 비교)
- 顔(안) yán ① 얼굴, 낯 안 ② 빛, 색채 안(顔料 안료)
- 回(회) huí ① 돌아올, 돌 회 ② 돌이킬 회 ③ 번, 횟수 회
- 遷(천) qiān ① 옮길 천 ② 바꿀 천 ③ 옮을 천
- 怒(노) nù ① 성낼 노 ② 세찰 노(怒濤 노도)
- 貳(이) èr ① 두, 둘 이(二의 같은자) ② 결다를 이(貳心 이심)
- 幸(행) xìng ① 다행할 행 ② 요행 행 ③ 거동할 행 ④ 사랑할, 총애할 행(幸姬 행희)
- 短(단) duǎn ①짧을, 작을 단 ② 허물, 결점 단
- 死(사) sǐ ① 죽을, 죽음 사 ② 목숨걸 사(死守 사수)
- 不遷怒(불천노) : 노여움을 남에게 옮기지 아니함
- 不貳過(불이과) : 잘못을 두번 되풀이 하지 않음

원하면 무엇이든 할 수 있다.

자신감을 가져라 승원아,

언제나 정의감에 불타는 큰손자 승원아,

할아버지가 논어 옹야 편에 있는 이야기를 들려주마. 이것이 무슨 뜻인지는 네가 스스로 생각하여 보아라.

여기서 군자는 정직하고 착한 사람 정도로 이해하여라. 군자는 어려운 사람을 도와줄 수는 있어도 부유한 사람을 보태주어 더 부유해지게 하지는 않는다는 뜻이다.

부자의 덕

논어 책 옹야 편에 보면, **'子曰 赤之適齊也 乘肥馬 衣輕裘 吾 聞之也 君子 周急 不繼富(자왈 적지적제야에 승비마하며 의경구하니 오는 문지야호니 군자는 주급이오 불계부라호라)'** (공자께서 말씀하셨다. 공서적이 제나라에 심부름을 갔는데 살찐 말을 타고 가벼운 가죽옷을 입었다. 나누는 것에 군자는 궁한 사람을 구원해 주는 것이지 부자인 사람을 더 부자로 만들지는 않는다.)

여기서 공자가 하신 말씀은 부자인 자화에게 꼭 필요 없는 지원을 요청하는 염자를 일깨우려고 하신 것이다. 자기의 체면을 내세우기 위해서 도움의 손을 내미는 것은 옳지 못하다.

오른손이 하는 일을 왼손이 모르게 도움을 줄 수 있어야 하고, 그 도움은 정말 떳떳해야 한다. 양지에 있는 사람을 돕는 것보다는 음지에 있는 사람을 돕는 것이 더 보람이 있을 것이다. 요사이 사회문제로 되어 있는 기업의 하청 문제, 대기업의 큰 지원, 중소기업의 작은 지원, 벤처기업의 뒷받침, 이런저런 일들을 한꺼번에 생각해 볼 수도 있다.

그러나, 또 한편으로 부자라 하더라도, 대기업이라 하더라도 큰 명분을 가지고 앞으로 나간다면, 부가 부를 축적한다 하더라도 도움을 주어 국가 발전에 이바지할 수 있다.

그래서, 할아버지는 너의 삼촌이 어려운 고아원 아이들을 꾸준히 남모르게 계속 돕고 있는 것을 보면서 늘 흐뭇해한다.

아마 그러한 것이 너희들을 위하여 덕을 쌓는 것인지도 모른다.

- 赤(적) chì ① 붉을 적 ② 빌 적 ③ 벌거벗을 적(赤裸裸 적나라)
- 適(적) shì ① 갈 적 ② 맞을 적 ③ 마땅할 적 ④ 즐길 적 ⑤ 마침 적
- 肥(비) féi ① 살찔, 기름질 비 ② 거름, 퇴비 비
- 馬(마) mǎ ① 말 마 (馬耳東風 마이동풍)
- 衣(의) yī ① 옷 의 ② 웃옷, 상의 의 ③ 옷입을 의(衣食 의식)
- 輕(경) qīng ① 가벼울 경 ② 가벼이여길 경 ③ 경솔할 경
- 裘(구) qiú ① 갖옷 구 ② 가죽옷 구
- 聞(문) wén ① 들을 문 ② 알려질 문
- 周(주) zhōu ① 두루 주 ② 둘레 주 ③ 주나라 주
- 急(급) jí ① 급할 급 ② 중요할 급(急所 급소) ③ 재촉하다 ④ 빠르다
- 繼(계) jì ① 이을 계(繼承 계승)

환아, 이 글을 읽고 어떤 생각을 할지 모르겠다.

너의 앞길은 네가 개척해 나갈 수밖에 없다. 소에게 물을 갖다 줄 수는 있어도 억지로 먹일 수는 없다고 했다.

너도, 할아버지의 손자 손녀 모두 자신의 운명은 스스로의 노력 여하에 달려 있다.

옛날에는 개천에서 용이 나온다는 말도 있고, 요사이는 금수저를 물고 나왔다는 말도 있었다.

그러나, 사실 어떠한 경우라도, 본인이 열심히 공부하지 아니하고서 '나는 집안이 안 좋기 때문에', '집안이 곤란해서', '아버지나 어머니가 능력이 없어서' 라고 말하는 사람들도 있다.

내 인생은 스스로의 노력에 달렸다

사실 본인의 출세는 부모와 아무 상관이 없다. 내 스스로 노력해서 길을 찾아야 한다.

옛날 중국의 순임금은 아버지가 바보처럼 생긴 사람이었지만 황제가 되었고, 하나라의 시조 우임금의 아버지는 나쁜 사람이었어도 아들은 황제가 되었다고 한다. 모든 게 본인 하기에 달려 있다.

가끔 자기의 능력 부족과 노력 부족을 부모의 탓으로 돌리는 어리석고 바보 같은 사람들도 있다.

논어 책 옹야 편의 주석에 이런 문장이 있다.

'范氏曰 以瞽瞍爲父而有舜 以鯀爲父而有禹 古之聖賢 不繫於世類尙矣 子能改父之過 變惡以爲美則可謂孝矣(범씨왈 이고수위부이유순하고 이곤위부이유우하니 고지성현이 불계어세류상의라 자능개부지과하야 변악이위미즉가위효의라)' (범씨가 말하였다. 고수와 같은 아버지에게도 순임금 같은 자식이 있고 곤 같은 아버지에게도 우임금 같은 자식이 있으니 옛날 선비들은 출신에 매어있지 않은 것이 오래되었다. 자식이 능히 아버지의 허물을 고쳐서 악을 면하여 좋은 사람이 되게 한다면 가히 효자라 이를 것이다.)

세상에 태어나서 너의 행복한 삶은 네가 90% 결정하고 나머지가 부모의 책임이다.
멀리 보고 쉬지 않고 노력하거라.

- 范(범) fàn ① 풀이름 범 ② 거푸집 범 ③ 성씨 범
- 瞽(고) gǔ ① 소경 고 ② 어리석을 고
- 瞍(수) sǒu ① 소경 수
- 舜(순) shùn ① 순임금 순 ② 무궁화 순
- 鯀(곤) kūn ① 곤이 곤(물고기 배속의 알)
- 禹(우) yǔ ① 하우씨 우(하나라를 세운 임금이름)
- 繫(계) jì, xì ① 맬, 매달릴 계 ② 구속할, 체포할 계
- 類(류) lèi ① 무리, 종류 류 ② 닮을, 비슷할 류
- 尙(상) shàng ① 오히려, 아직 상 ② 승상 상 ③ 높일, 높을 상
- 變(변) biàn ① 변할 변 ② 고칠 변 ③ 재앙 변

호중아, 건강이 제일이다.

체력단련에 신경을 써라, 오늘 환이는 할머니와 엄마와 경주 지방을 여행하면서 즐거워하고 있단다. 할아버지가 볼 때 손자 일곱 명이 모두 다 똑똑하고 총명한데 각자 나름대로의 특기랄까, 특성이랄까, 본인만이 가지고 있는 끼가 있다.

어떻게 하면 저마다 가지고 있는 특성을 잘 계발해서 즐거운 인생, 자기가 하고 싶은 것을 하면서 살아갈 수 있는 인생을 만들어 주느냐다.

자신의 능력에 맞는 일을 해라

논어 책 옹야 편에 보면, **'季康子問仲由 可使從政也與 子曰 由也 果 於從政乎 何有 曰賜也 可使從政也與 曰賜也 達 於從政乎 何有 曰求也 可使從政也與 曰求也 藝 於從政乎 何有(계강자문 중유는 가사종정야여잇가 자왈 유야는 과하니 어종정호에 하유리오 왈사야는 가사종정야여잇가 왈사야는 달하니 어종정호에 하유리오 왈구야는 가사종정야여잇가 왈구야는 예하니 어종정호에 하유리오)'** (계강자가 공자에게 물었다. 자로는 정치해도 됩니까? 공자께서 말씀하셨다. 자로는 과감하니 정치하는 데 무슨 어려움이 있겠느냐. 자공은 어떻습니까? 자공은 이치에 통달하였으니 무슨 어려움이 있겠는가. 염구는 어떻습니까? 염구는 재주가 있으니 무슨 어려움이 있겠느냐.)라고 하였다.

계강자라는 분이 '다음 세 사람은 정치할 만합니까?' 하고 물었다.

'선생님, 중유는 정치를 맡길 만합니까?' 라는 질문에 '그래, 그 사람은 과단성이 있으니 정치를 해도 좋을 거야.' '그럼 자공도 정치를 해도 됩니까?' 라고 물으니 '그래, 그 사람은 사리에 통달하였으니 정치하는 데 무난하겠지.' 라고 했다. '그럼, 염유는 어떻습니까?' 물으니, '그 사람은 다재다능하니 정치하라고 해도 돼.' 라고 하셨다.

정치란, 그 사람의 특성을 발굴해서 역량을 키워가면 되는 것이다. 환이가 오늘은 배우처럼 행동한다고 사진을 보냈으니 어울리면 배우로 출세시키면 된다. 자신의 역량을 키워서 즐겁게 살아가면 되는 것이다.

이제 너희들이 살아가는 세상은 아마 할아버지와 네 부모님들이 살았던 세상과는 다른 개념의 세계가 펼쳐질지도 모른다.

저마다 자기의 능력에 따라서 본인의 길을 가면 된다. 어떠한 일이든 주어진 일에 최선을 다하면서 즐겁게 살아가야 한다.

할아버지는 너희들이 즐겁고 건강하고 행복하게 본인이 하고 싶은 일을 하면서 한 가정을 꾸려 오순도순 살아갔으면 하는 것이 소원이다.

- 康(강) kāng ① 편안할 강 ② 오거리 강
- 果(과) guǒ ① 과실 과 ② 결과 과 ③ 결단할 과 ④ 과연 과
- 賜(사) cì ① 줄 사 ② 하사할 사
- 達(달) dá ① 통달할 달 ② 이를 달 ③ 출세할 달
- 藝(예) yì ① 재주, 학문 예 ② 기술 예
- 자공(賜)
- 염구(求)
- 자로(仲由)

언제나 명랑하고 밝은 표정을 하는 혁아,

논어 옹야 편에 보면 공자께서 자기 제자 중에 훌륭한 제자가 있다고 자랑을 하셨는데 바로 그 사람이 안회라는 제자야.

공자님께서는 '안회는 한 그릇의 밥을 먹고 한 바가지의 물을 마시며 허물어져 가는 초가집에 살면서도 불평 한마디 없이 즐겁게 생활하는구나.' 하시면서 칭찬하였단다.

나에게 닥친 운명을 즐길 줄도 알아야 한다

논어 책 옹야 편에 보면, **'子曰 賢哉 回也 一簞食 一瓢飮 在陋巷 人不堪其憂 回也不改其樂 賢哉 回也(자왈 현재라 회야여 일단사와 일표음으로 재루항을 인불감기우어늘 회야불개기락하니 현재라 회야여)'** (공자께서 말씀하셨다. 어질다 안회여 밥 한 공기와 물 한 컵으로 누추한 거리에서 사는 것을 남들은 그 근심을 견디지 못하는데 안회는 그 가운데서도 그 즐거움을 그치지 않았으니 어질다 안회여!)라고 하였다.

일반 사람들 같으면 이런 생활에 불편을 토로했을 텐데 안회는 이 생활을 잘 받아들였다는 것이다.

어쩔 수 없이 자기에게 처해진 결과라고 하면은 그것을 즐거움으로 바꾸어서 살아야 한다는 것이다. 세상을 원망하고 부모를 원망하고 도와

주지 않는 친구를 원망하면서 불평만 하고 사는 것보다는 어쩔 수 없는 운명의 일에 부딪치면 함께 즐길 수 있는 지혜를 가져야 한다.

세상 사람들은 누구나 부귀영화를 누리고 싶어 한다. 힘들고 어려운 생활을 좋아하는 사람은 없다.

그러나 이러한 게 본인 뜻대로 되는 것은 아니다.

이왕 나에게 처하여진 운명이라 하면, 즐겁게 이것을 받아들일 수 있는 사람이 지혜로운 사람이다.

그래서 공자는 안회를 훌륭한 사람이라고 했다.

- 哉(재) zāi ① 어조사 재 ② 비롯할 재
- 簞(단) dān ① 도시락 단 ② 대광주리 단
- 瓢(표) piáo ① 표주박 표 ※단표(簞瓢) : 도시락과 표주박
- 陋(루) lòu ① 더러울 루 ② 좁을 루 ③ 천할 루
- 巷(항) xìcung, hàng ① 거리 항 ② 마을 항
- 堪(감) kàn ① 견딜 감 ② 하늘 감
- 憂(우) yōu ① 근심, 걱정할 우 ② 상제될 우 ※정우(丁憂) : 부모의 상
- 改(개) gǎi ① 고칠, 바꿀 개

하면 된다, 할 수 있다

할아버지의 희망. 태헌아,

'우리 집의 큰 기둥은 누구야?' 하고 물으니 '저입니다.' 라고 했다.

나는 '할아버지지요.', 아니면 '아버지지요.' 라고 하면

'이놈이 기대는 데가 있구나.' 하는 생각을 할 수도 있었는데,

당당하게 '저입니다.' 했다.

너무 기쁘기 한량없다.

'그러면 우리 집 기둥이 되려면 어떻게 해야 하느냐?'

'당연히 열심히 공부해서 훌륭한 사람이 되어야지요.' 한다.

초등학교 3학년의 대답치고는 너무 근사했다.

사랑하는 손자야, 옛날 논어 책 옹야 편에 이런 문구가 있다. 기억해 두어라.

'冉求 曰 非不說子之道 力不足也 子曰 力不足者 中道而廢 今女劃(염구 왈 비불열자지도 언마는 력불족야로이다 자왈 력불족자는 중도이폐하나니 금여는 획이로다)' (염구가 말하였다. 공자님의 도를 좋아하지 않는 것은 아니나 저는 힘이 부족합니다. 공자께서 말씀하셨다. 힘이 부족한 사람은 일단 시작하고 중도에 그만두는데 지금 너는 시작도 아니하고 미리 한계를

그은 것이다.)

어떠한 일이든지 '나는 할 수 있다' 는 각오를 가진 사람은 하늘의 별도 따올 수 있다. 그러나 해보지도 않고 '아이고, 저는 못해요. 할 수 없어요.' 라고 해버리면 스스로 포기해 버리는 것이다. 스스로 자포자기해버리는 것처럼 용기 없는 사람은 없다.

'안 될게 없어. 할 수 있어' 라고 해야 한다.

옛날에 강태공은 곧은 낚시를 강물에 넣고 시대가 오기를 기다렸다고 했다. 곧은 낚시라고 하더라도 강물에 넣은 것과 곧은 낚시이기 때문에 고기가 물지 않는다고 땅에 놓아두는 것과 어떻게 다르겠는가.

한 번 생각해 보아라.

'하면 된다.' '할 수 있다.' 를 언제나 마음속에 간직하여라.

- 冉(염) rǎn ① 나아갈 염 ② 부드러울 염
- 冉求(염구) : 염유(有)
- 非(비) fēi ① 아닐 비 ② 그를, 어긋날 비 ③ 나무랄, 꾸짖을 비 ④ 비방할 비
- 說(열) shuō ① 기뻐할 열(說樂 열락) ※悅과 같음 ② 말씀 설(說破 설파)
  ③ 달랠 세(遊說 유세)
- 足(족) zú ① 발 족 ② 넉넉할 족 ③ 지나칠 주 ※주공(足恭) : 지나친 공경
- 廢(폐) fèi ① 폐할, 버릴 폐 ② 부서질 폐 ③ 고질 폐
- 今(금) jīn ① 이제, 오늘 금 ② 바로 금
- 劃(획) hùa ① 그을 획(劃數 획수) ② 그림, 그릴 획 ③ 나눌 획 ④ 꾀 획
  ⑤ 스스로 정리함 획

※中道而廢(중도이폐) : 중도에 그만 둠

어리지만 이것 저것 구별할 줄 아는 환아,

형이나 누나들이 환이보고 너무 꽤가 많다고 한다. 그래도 할아버지는 좋다. 어린 나이지만 때론 어른 사회를 들락날락해서 말이다.

환이야, 남자는 꾀죄죄한 사람이 되면 안 돼. 조그마한 일에 투정을 부리거나 하는 것은 소인배들이 하는 짓이야.

군자와 소인배

논어 책 옹야 편의 한 구절을 보면, **'子謂子夏 曰 女爲君子儒 無爲小人儒(자위자하 왈 여위군자유오 무위소인유하라)'** (공자께서 자하에게 말씀하셨다. 너는 군자다운 선비가 되어야지 소인배가 되어서는 안 된다.)라고 하였다.

세상을 살아가는 데, 아니면 학문을 하는 데 누구를 위하여 하느냐 하는 문제가 대두될 때가 있다.

똑똑한 사람은 자기 자신을 위하여 공부를 하고 공부한 바를 행동으로 옮긴다.

똑똑하지 못한 사람은 남에게 '저 사람 뭐 많이 아는 사람이야, 똑똑한 사람이야.' 그런 말을 들으려고 공부하는 체한다. 그러면서도 배운 바를 행동으로는 옮기지 못한다.

군자유는 똑똑한 사람이고 소인유는 똑똑한 체하는 사람이니 우리 환이는 군자유가 되어야 한다.

언제나 바른 심성을 가지고 올바른 길을 가기 위해서 열심히 공부하다 보면 길이 열리는 것이다.

공부하는 데는 허세가 없어야 한다. 젊을 때는 내일만 바라보며 열심히 공부하다보면 큰 열매가 열릴 것이다.

- 儒(유) rú ① 선비 유 ② 유교 유
- 稱(칭) chēng, chèn, chèng ① 일컬을, 칭할 칭 ② 저울, 저울질할 칭(稱量 칭량) ③ 칭찬할 칭

빠른 길보다는 정확한 길을 가라

할아버지가 믿는 우리 서은이는 주위에서 공부를 잘한다는 칭찬이 많다.

어떤 아이가 학원에서 초등학교 6학년인데 중학생 수학을 풀고 있어서 할아버지가 '너 공부 잘한다.
중학교에 가지도 않았는데, 벌써 그렇게 빨리 진도가 나가느냐?' 했더니 '다 그렇게 해요.' 하더라.

그래서 슬쩍 '이서은 알아?' 하고 물어보니,

'아, 공부 잘하는 아이 말이에요? 그 애는 저보다 훨씬 공부 잘해요. 애들이 다 알아요.' 그러더라.

할아버지 마음은 무척 기뻤다. 이렇게 열심히 하면 분명히 우리 서은이는 훌륭한 leader가 되리라고 본다. 윗사람은 아랫사람과 함께 근무하는데 어떤 사람과 함께 근무하느냐에 따라서 너의 위치가 확고할 수도 있고, 흔들릴 수도 있다.

언제나 너에게 올바른 충고를 할 수 있는 성실한 사람과 함께 있어야 한다. 너의 기분만 잘 맞추면서 너의 판단을 흐리게 하는 사람도 있을 수 있다. 그리하여 공자님도 쓸만한 참모 한사람 뽑았느냐고 물었다.

논어 책 옹야 편에 보면, **'子游爲武城宰 子曰 女得人焉爾乎 曰有澹臺滅明者 行不由徑 非公**

事 未嘗至於偃之室也(자유위무성재러니 자왈 여득인언이호아 왈유담대멸명자하니 행불유경하며 비공사어든 미상지어언지실야하나이다)' (자유가 무성의 읍장이 되었다. 공자께서 너는 사람을 얻었느냐고 하자 자유가 대답했다. 담대멸명이라는 사람이 있는데 길을 다닐 때 지름길로 다니지 아니하고 공적인 일이 아니면 한번도 저의 집을 찾아오지 않았습니다.)라고 하였다.

논어 옹야편에 보면 **行不由徑**(행불유경)이라는 말이 있더라. 빠른 길보다는 정확한 길 하나하나를 체크하면서 가야 한다. 그러면 이루지 못할 것이 없다.

옛날부터 공든 탑은 무너지지 않는다고 했다.

- 城(성) chéng ① 재 성
- 爾(이) ěr ① 너 이 ② 그 이 ③ 어조사 이
- 澹(담) dàn ① 담박할 담 ② 물출렁일 담 ③ 고요할, 조용할 담
- 臺(대) tái ① 돈대 대 ② 누각, 정자 대 ③ 조정, 관청 대 ④ 대 대(세는 단위)
- 滅(멸) miè ① 멸할, 멸망할 멸 ② 불꺼질 멸 ③ 없어질 멸
- 徑(경) jìng ① 지름길 경(捷徑 첩경) ② 곧을 경 ③ 지름 경
- 未(미) wèi ① 아닐 미(아직 ~하지 않다) ② 양 미
- 嘗(상) cháng ① 맛볼 상 ② 일찍 상 ③ 시험할 상
- 至(지) zhì ① 이를, 다다를 지 ② 지극할 지 ③ 하지, 동지 지
- 偃(언) yǎn ① 누울, 자빠질 언 ② 쉴, 편안할 언 ③ 거만할 언
- 武(무) wǔ ① 호반, 군사 무 ② 병기, 무기 무 ③ 굳셀 무
- 女(여) nǚ ① 여자 녀 ② 딸, 처녀 녀 ③ 너 여 ④ 시집보내다 여

증조할머니의 사랑을 독차지한 마리아야,

이제 고등학생이 되었으니 사려가 깊어질 때가 되었다. 내년이면 네 인생의 목표를 스스로 결정할 수 있는 고등학교 3학년이 된다.

그래도 여고 3학년이니 멋도 조금 내야 되는데, 그런 시간 여유가 있을는지 모르겠다.

우린 가끔 겉만 번지르르하게 꾸미고 속은 텅 비어 있어서 상대하기 어려운 사람도 가끔 본다. 그와 반대로 속은 꽉 차서 모르는 것이 없다고 할 정도지만 자기 멋에 꾀죄죄하게 하고 다니면 우선 말 걸기가 싫다.

겉과 속이 다른 사람

보기 좋은 떡이 먹기도 좋다고 했다. 이제는 외모도 깨끗하게 남이 볼 때 단정해야 되며, 학교에서 공부도 '아, 그 애 공부 잘하는 애 말이지요?' 정도는 되어야 한다.

할아버지가 논어의 한 구절을 적어주니 잘 음미하여라.

'子曰 質勝文則野 文勝質則史 文質 彬彬然後 君子(자왈 질승문즉야요 문승질즉사니 문질이 빈빈연후에 군자니라)' (공자께서 말씀하셨다. 사람됨이 겉치레보다 나으면 촌스럽고 겉치레가 사람됨보다 나으면 뺀질하다고 하는데 사람됨과 겉모습이 반반씩 섞여야 군자니라.)

열심히 공부는 하지만 남들이 보기에도 '저 아이는 참 착한 아이'라는 말을 들을 수 있도록 말이야.

혁이가 이번 중간고사 시험에 도덕을 100점 받았다고 하더라.

그래서 할아버지가 '도덕을 그렇게 시험으로 100점을 주면 안 되고 행실을 보고 중학생의 예(禮)를 갖추었는지 보아야 한다.' 고 했더니,

혁이 말이 '시험이면 끝이야.

시험만 잘 보면 돼.' 라고 하더라.

사실 그것은 아닌데 말이야.

시험도 100점 받고 행실도 100점이면 오죽 좋겠느냐.

- 質(질) zhì ① 바탕, 근본 질 ② 순박할, 진실할 질 ③ 물을 질
  ④ 바로잡을 질(質責 질책) ⑤ 볼모 질(人質 인질)
- 勝(승) shèng ① 이길 승 ② 나을, 훌륭할 승
- 野(야) yě ① 들 야 ② 민간 야 ③ 질박할, 촌스러울 야 ④ 거칠 야 ⑤ 구역, 범위 야
- 史(사) shǐ ① 역사 사 ② 사관 사
- 彬(빈) bīn ① 빛날 빈 ② 밝을 민
- 빈빈(彬彬) : 외양과 내용이 어우러져 조화된 모양

사랑하는 일곱 손자, 손녀 모두 한 번 읽어 보아라

'과연 나는 무엇을 즐기고 사는 것인가?'

할아버지도 이 문장을 여러 번 읽어보고 할아버지의 생활과 비교해서 많이 생각해 보기도 한다.

어떤 일이든 자기가 즐기면서 하는 것은 피곤하지 않다. 성공할 수 있는 사람과 성공할 수 없는 사람은 자기가 맡은 바의 어떤 일이든 그 일이 본인의 생활이 되어 즐기는가에 따라 나뉜다.

즐거운 마음으로

공부도 마찬가지다. 공부를 해야 된다는 것을 알아, 그래야 잘 할 수 있어.

그럼 공부가 좋아야 해.

그게 좋으면 즐겨야 해.

그러면 공부가 하기 쉬워져.

그런데 날마다 즐기면서 하기가 쉽지 않다.

옛날 공자님 말씀에 이런 부분이 있다.

이 글을 머릿속에 꼭 꼭 새겨두어라.

그 의미도 생각해 보면서 말이다.

'子曰 知之者不如好之者 好之者不如樂之者(자왈 지지자불여호지자요 호지자불여락지자니라)' (공자께서 말씀하셨다. 아는 사람은 좋아하는 사람만 못하고, 좋아하는 사람은 즐기는 사람만 못하다.)

'아는 것은 좋아하는 것만 못하고, 좋아하는 것은 즐기는 것만 못하다.' 고 했다. 매사에 공부뿐 아니라 어떤 것도 즐거운 마음으로 하라는 것이다.

만일 학생이 공부하는 게 즐거워서 한다고 하면 어떻게 되겠어요, 앞이 밝지요.

'할아버지, 요즘 누가 공부 좋아하는 사람이 있겠어요?
어쩔 수 없이 좋은 학교 들어가고 좋은 직장 잡기 위해서 공부하지,
공부하는 것이 즐거운 사람이 어디 있겠어요?' 라고 묻는다면
글쎄다. 꼭 그렇지만은 않은데~

● 樂(락, 악, 요) yǔe ① 즐길 락(娛樂 오락) ② 풍류, 음악 악(樂譜 악보) le
③ 좋아할 요(樂山樂水 요산요수) yao

승원아,

이제 너는 누가 보아도 서울 S.K.Y대의 명문 대생이다. 그러니 그만큼 너의 모든 행동과 언어가 뒷받침해 주어야 할 것이다.

생활을 하다 보면, 대화라는 것이 있다. 서로가 의사소통이 되어야 하고 공감대가 형성되어야 한다. 그러려면, 네가 이야기하는 상대가 누구이며, 그 문제에 대하여 이해도가 있는지도 한 번은 생각하여야 한다.

물론, 지식을 상 · 중 · 하로 나누는 것은 약간 무리일 수 있다. 그러나, 대화의 상대 또한 어떤 문제를 가지고 대화를 하느냐에 따라서 어떤 표현을 써야 할 것인가도 생각해야 한다.

누구나 다 똑같을 수는 없다

얼마 전, 태헌이를 데리고 학원에 가서 시험을 본 적이 있는데, 그 결과에 따라서 ⓐ, ⓑ, ⓒ, ⓓ반으로 나누어 실력에 맞게 수업을 한다고 하더라.

공자님께서도 그 사람의 실력의 높낮이에 따라서 말씀하여 주셨다고 하더라.

논어 책 옹야편에 보면 비슷한 말씀이 있다.

'子曰 中人以上 可以語上也 中人以下 不可以語上也(자왈 중인이상은 가이어상야어니와 중인이하는 불가이어상야니라)' (공자께서 말씀하셨다. 중급 이상의 사람에게는 고상한 것을 말할 수 있으나 중급 이하의 사람에 대하여서는 고상한 말을 해줄 수 없다.)(사람마다 지식의 차이가 있기 때문에 그 사람의 레벨에 따라서 가르치셨다.)

가르치는 것도, 대화하는 것도 기술이다. 여러 등급의 아이들을 한 교실에 넣어놓고 수업을 하는데, 확실하게 이해하는 아이도 있고 선생님이 무슨 말을 하는지 알아들을 수가 없는 아이도 있다. 대화도 상대에 따라서 다른 것이다.

그러니 올바른 사회생활의 적응을 하기 위해서는 공자님의 말씀도 곰곰이 생각해 보아라.

- 語(어) yǔ ① 말씀 어 ② 말 어 ③ 이야기 어
- 上(상) shàng ① 위 상 ② 앞, 첫째 상 ③ 임금 상 ④ 높을 상
- 中(중) zhōng ① 가운데 중 ② 안, 속 중 ③ 사이 중 ④ 맞을 중
- 下(하) xià ① 아래, 밑 하 ② 아랫사람 하 ③ 뒤 하 ④ 내릴, 내려갈 하 ⑤ 낮출 하

자기주장을 확실히 하는 마리아야,

넌 이제 고등학교 3학년이 되었으니 이 문장이 시험에도 잘 나온다. 그냥 외워 두어라.

지자(知者)는 어떤 사람이고, 인자(仁者)는 어떤 사람인가를 찾아보려고 하면, 해석하기도 어렵거니와 이해가 빨리 안 될 수도 있다.

이 문구는 모르면 무식하고 알아도 유식하지는 못한다.

누가 물어보면 '논어 옹야편에 나오는 말입니다.' 그렇게 대답하면 된다.

지자와 인자

'子曰 知者 樂水 仁者 樂山 知者 動 仁者 靜 知者 樂 仁者 壽(자왈 지자는 요수하고 인자는 요산이니 지자는 동하며 인자는 정하며 지자는 락하며 인자는 수니라)' (공자께서 말씀하셨다. 지혜로운 사람은 물을 좋아하고, 활동적이고, 낙천적이다. 어진 사람은 산을 좋아하고, 점잖고, 장수한다.)

지혜로운 사람은 물처럼 흘러가는 사람, 막으면 옆으로 비껴가는 사람, 뭔가를 잘 해결해 가는 사람, 그런 사람들이 지자가 아니겠느냐.

그럼 인자는 어떤 사람이냐고?

인자는 산처럼 웅장하고 변화가 없고 묵묵한 사람, 중후하게 보이는 사람, 사람마다 다 다르니 인자는 인자대로 의미가 있고 지자는 지자대로 의미가 있다.

'할아버지 그럼 제가 인자처럼 사는 게 좋아요, 지자처럼 사는 게 좋아요?' 하고 물으면,

그렇게 살고 싶어 사는 게 아니고 네가 많은 공부를 하다보면,

자연스럽게 너의 품성이 인자처럼 보일 수도 있고 지자처럼 보일 수도 있다고 하겠다.

- 動(동) dòng ① 움직일 동
- 靜(정) jìng ① 고요할 정 ② 조용할 정
- 壽(수) shòu ① 목숨 수 ② 나이 수
- 知者(지자) : 지혜로운 사람

세상을 넓게 이해할 줄 아는 호중아,

사람은 자신의 본분을 잘 지켜야 한다. 지금 너의 본분은 공부이다. 할아버지가 '공부' '공부' 하니 얼마나 듣기 싫겠느냐.

그래도 지금 너의 본분은 공부이다. 요즈음 세상이 얼마나 시끄러우냐. 그래도 호중은 너그럽게 잘 이해하더라마는.

사람은 누구나 저마다의 책무가 있다

세상살이는 수만 가지의 직업이 있고 각 층이 있고 저 마다의 책무가 있는 것이다. 학생은 학생다워야 하고, 군인은 군인다워야 하고, 선생님은 선생님다워야 하고, 부모님은 부모다워야 한다.

지금은 신하가 없다.

그냥 국민이다.

국민은 국민다워야 하고 대통령은 대통령다워야 한다. 국민이 대통령 행세를 하고 대통령이 국민 행세를 하면 그것은 아니 되는 것이다.

모두 다 저마다 해야 할, 지켜야 할 본분이 있는 것이다. 이러한 룰이 무너질 때 사회는 혼란이 오는 것이다.

논어 책 옹야편에 나오는 이 구절을 많이 음미하여 보아라.

'子曰 觚不觚 觚哉觚哉(자왈 고불고면 고재

고재아)' (공자께서 말씀하셨다. 모서리가 있어야 할 그릇에 모서리가 없다면 이것이 제대로 된 그릇이냐 제대로 되지 않은 그릇이냐.)

모두가 자기의 등급에 맞게 생활하면 된다.
허세를 부릴 필요도 없다.
남에게 거짓으로 폼 나게 보일 필요도 없다.
그러다 보면, 언젠가는 나에게 좋지 않은 결과가 돌아올 수도 있다.

● 觚(고) gū ① 술잔 고 ② 모 고 ※모난 술잔으로 제례(祭禮)에 씀
※觚不觚(고불고) : 술잔이 모나지 않음

쉬지 않고 꾸준히 노력하는 승원아,

논어 책 옹야편에 나오는 **'子曰 君子博學於文 約之以禮 亦可以弗畔矣夫(자왈 군자박학어문이요 약지이례면 역가이불반의부인저)'** (공자께서 말씀하셨다. 군자는 학문을 널리 배우고 예로써 귀결되면 또한 도에 어긋나지 않을 것이다.)라는 구절을 한 번 읽어보아라.

박문약직 (博文約職)

옛날에는 정말 많이 넓게 공부를 해야 한다고 했다. 그래서 이러한 공부한 결과가 마지막에는 예(禮)로 끝나야 정말 훌륭한 사람이고 제대로 공부를 했다고 할 수 있었다.

그만큼 옛날에는 예가 중요했다는 것이다. 모든 생활이 예를 중심으로 생활하였다. 먹고, 입고, 자고 하는 모든 생활에 예가 중심에 있었다.

그러나, 지금은 그것이 아닌 것처럼 비추어진다. 禮(예)가 아니고 職(직)이다.

넓게 많이 배우고 나서 마지막에는 직장을 얻으면 잘한 것이고, 그렇지 못하면, 바보처럼 보인다. 정부에서 젊은이들에게 직장을 만들어 주는 것이 정책의 일면이 아니겠느냐.

사자성어로 다시 말해보라고 하면 요즘은 이렇게 **博文約職**(박문약직) 이라고 말해야 하지 않을까도 생각된다.

- 博(박) bó ① 넓을 박 ② 쌍륙, 장기, 노름 박
- 約(약) yuē ① 묶을 약 ② 약속할 약(여기서는 자신의 행위에 대한 약속)
  ② 검소할 약
- 禮(례) lǐ ① 예도 예 ② 절, 인사 예 ③ 예물 예
- 弗(불) fú ① 아닐 불 ② 달러 불 ③ 불노 불
- 畔(반) pàn ① 물가 반 ② 두둑, 두렁 반 ※畔 = 叛(반)
- 夫(부) fū ① 사내 부 ② 남편 부 ③ 대체로 부 ④ 대개 부
- 矣夫(의부) : 강한 의지를 나타내는 조사
- 弗畔(불반) : 어긋나지 않음
- 文(문) wén ① 글월, 문장 문 ② 글자 문 ③ 문서, 기록 문 ④ 무늬, 채색 문
  ⑤ 기록 문

초등학교 3학년인 우리 집안의 큰기둥 손자 태헌아,

할아버지가 왜 너에게 잘 이해할 수도 없는 말을 편지에다 적어놓는지 모르겠지?

세상을 살면서 중용의 덕(中庸의 德)을 지켜야 한다고 말하고 있단다.

세상을 살다 보면, 어느 한편으로 치우침이 있기 마련일 때가 있고, 또 너무 앞서 가기도 하고 너무 뒤처져 갈 때도 있을 수 있다.

그러나, 중용의 덕을 가지고 살아가는 것은 과하지도 않고 지나치지도 않는 평범함이어야 한다.

중용의 덕

꾸준하고 변함없는 이런 자세가 너의 생활에 도움이 된다. 이랬다저랬다 하면 어떻게 너의 비위를 맞출 수 있겠느냐.

그래, 삶의 지혜를 중용의 덕에서 찾도록 하여라. 논어 책에 나오는 글귀를 염두에 두면서 말이다.

'子曰 中庸之爲德也其至矣乎 民鮮 久矣(자왈 중용지위덕야기지의호인저 민선이 구의니라)' (공자께서 말씀하셨다. 중용은 최고의 덕목이다. 그런데 백성들이 잘하는 사람이 적어지는 것이 오래되었다.)

우리 태헌이가 할아버지가 말하는 중용을 잘 지켜나가더라. 토요일이면 너와 함께하면서 내가 잘 관찰하고 있다.

어리지만 너도 모르게 행동이 중용에 가깝더라.

또 요즘 아이들치고 생각보다 예의를 지키려고 하니 할아버지는 늘 기쁨이 가득하다.

우리 집 큰 기둥아.

- 庸(용) yōng ① 떳떳할 용 ② 쓸 용 ③ 어리석을 용 ④ 범상할 용
- 鮮(선) xiān ① 고을, 깨끗할 선(鮮明 선명) ② 생선 선 ③ 적을, 드물 선 xian
- 中庸(중용) : 지나치지도 모자라지도 않으며 늘 변함없는 도리
- 至矣乎(지의호) : 지극하다
- 民鮮(민선) : 백성 중에 중용의 덕을 가진 자가 적음

서은아,

할아버지의 말을 귀담아 들어라.

어디에선가 한 번 말했던 기억이 난다.

우리 집안의 번창은 할아버지의 할머니,

즉, 너로 하면 고조할머니가 되겠다.

그 할머니께서 너무 많은 덕을 쌓아서 주위의 사람들로부터 덕인이라는 칭호를 받을 정도였다.

할아버지는 지금도 너의 아버지께서 너와 함께 나주에 있는 **고아원 아이들을 매년 수영장도 가고, 소풍도 가고 식사도 하게 하니, 그 얼마나 큰 덕을 쌓는 것이냐.

함께 하는 마음

부모형제가 없는 아이들과 함께 어우러져 거기에 동화되어 잘 지내는 서은을 바라보는 할아버지의 기쁨을 알겠느냐. 그게 세상을 살아가는 보람이며 덕을 쌓는 길이다.

여기 논어의 한 구절을 적어둔다. 한 번 읽어보고 의미를 깊게 깨달아라.

'子曰 夫仁者 己欲立而立人 己欲達而達人(자왈 부인자는 기욕립이립인하며 기욕달이달인이니라)' (공자께서 말씀하셨다. 어진 사람은 자기가 서고자 할 때 먼저 남을 세워주고 자기가 도달하고자 할 때 먼저 남을 도달하게 한다.)

세상에 독불장군이란 없다. 가난한 이웃과도 함께 할 수 있어야 하고 학문을 배우지 못한 사람과도 그 수준에 맞게 대화를 할 수 있어야 한다.

'나만' 이 아니라 '나와 네가 함께' 라고 생각하여라.

언제나 착한 마음을 갖는 것, 이것이 중요하다.

할아버지는 골프 스윙할 때 천천히 치라고 하면서 다른 사람은 '짜장면' 하고 외치는데 할아버지는 이 세 글자 대신 '사무사(思無邪)' 하고 외친단다.

述而第七

승원아,

논어의 술이 편을 펴보면, 첫 번째 나오는 말인데 공자님께서 이렇게 말씀하셨다.

'子曰 述而不作 信而好古 竊比於我老彭(자왈 술이부작하며 신이호고를 절비어아노팽하노라)' (공자께서 말씀하셨다. 옛것을 전달하고 새것을 만들지 아니하며 옛것을 믿고 좋아하기를 옛 선비 노팽에게 견주어 본다.)

표절과 창작

공자께서 말씀하시기를 '책을 저술하는데 새로운 창작을 하는 것이 아니고 옛날부터 내려오는 성현들의 말씀을 그대로 기록하였다.' 라는 의미이다.

그래서 '술이부작' 이라는 4자(四字)성어가 나왔다. '나는 옛것을 믿고 좋아했나 보다.' 라고 말씀하시면서 은나라 때 대부였던 노팽에 본인을 견주신 것이다.

공자께서 내가 시경 · 서경 · 춘추나 논어 같은 책을 저술했다고 하지 않으시고, 공자님보다 앞서간 하 · 은 · 주나라 아니면 요순 때까지의 선현(先賢)들이 이야기 하신 것을 그대로 내가 기록했을 뿐이라고 겸손하게 이야기 하셨다.

가끔 대학이나 연구기관에서 논문 표절 문제

로 언론의 주목을 받을 때를 보면, 공자님처럼 겸손한 마음을 가졌으면 하는데, 그렇지 못한 경우가 허다하다.

성인(成人)께서도 저술에 대하여 이렇게 겸손해 하시는데 일반 학문하는 이들의 논문에 대하여 한 번은 더 생각해 볼 문제다.

이제 승원이도 대학에 다니니 앞으로 많은 논문을 써야 할 것이다. 지금은 세상이 달라져서 공자님처럼 겸손하게 술이부작이라는 말이 통하지 않을 수 있다.

논문의 질이 문제가 아니라 정말 남의 것을 짜집기 하면 안 되고, 스스로 연구해서 그 결과물을 내놓아야만 한다.

옛날에는 대학에 논문 만드는 기술자들이 있었다고 하지만, 이제 너희들의 세상에는 연구해서 창작하여 새로운 결론을 내놓아야 하는 것이다.

- 述(술) shù ① 지을, 책쓸 술 ② 펼, 말할 술(述懷 술회)
- 作(작) zuò ① 지을, 만들 작 ② 일으킬, 일어날 작(振作 진작)
- 竊(절) qiè ① 도둑질할, 훔칠 절(竊盜 절도) ② 몰래 절 ③ 속으로 절 ④ 남몰래, 슬며시 절
- 老(노) lǎo ① 늙을, 늙은이 로 ② 익숙할 로(老鍊 노련)
- 彭(팽) péng ① 땅이름 팽 ※춘추시대 송(宋)나라 읍(邑) ② 많을, 세찰 팽 ③ 옆, 곁 팽
- 老彭(노팽) : 은나라의 대부. 고사(古事)를 잘 기록함
- 述而不作(술이부작) : 옛것을 기술하여 전할 뿐 새로운 것을 창작해 내지 않음.

호중아,

공자님께서는 여러 가지 책을 저술하시며 과거와 현재의 다리를 놓으신 분이다. 이처럼 큰 공헌의 덕을 쌓으시면서 본인 자랑은 한 번도 하신 적이 없다.

겨우 '내가 은나라의 대부 노팽을 닮았나 보다.' 라고 하신 것이다.

사람들은 스스로 덕을 쌓았다고 하여 입으로 그 덕을 다 떨쳐버리는 경우도 있다. 그러나 공자님께서는 그 큰 덕을 쌓았으면서도 겸손함은 이루 말할 수 없었다.

덕의 겸손함

물론 그랬기 때문에 성인이 되셨을 수도 있지만, 언제나 남을 위하여 덕을 쌓더라도 마음에 겸손함을 잃지 않아야 한다.

세상에 덕을 쌓으면서 살아가기가 쉽지 않다. 덕을 쌓는다고 하더라도 그 덕이 정말 나를 나타내기 위해서 짓는 것이 아니라, 어느 누구도 모르게 자연스럽게 덕으로 나타나게 쌓아야 한다.

흥부와 놀부의 옛날 이야기에서 보듯이, 이것이 우리가 흔히 알고 있는 덕을 쌓는 본보기일 것이다. 흥부는 어떻게 덕을 쌓았으며, 형 놀부는 어떻게 덕을 쌓았는가. 두 사람 다 덕을 쌓았지만, 그 덕의 결과를 정반대로 나타났다.

왜 그렇게 되었을까. 다리 부러진 제비를 치료해주기는 마찬가지인데·· 한 번 더 생각해보자.

논어 술이 편의 주석을 소개하니, 이것이 공자님의 태도이다.

'朱子曰 蓋其德愈盛而心愈下 不自知其辭之謙也(주자왈 개기덕유성이 심유하하야 부자지기사지겸야라)' (주자가 말하기를 공자님은 그 덕이 더욱 성대할수록 마음을 낮추었으니 스스로 그 말이 겸손해지는 것을 알지 못하였다.)

- 蓋(개) gài ① 덮을 개 ② 대개 개 ③ 어찌아니할 합
- 愈(유) yù ① 더욱 유 ② 나을 유 ③ 병나을 유
- 盛(성) shèng ① 성할, 많을 성 ② 담을 성
- 辭(사) cí ① 말, 말씀 사 ② 사양할, 물러날 사
- 謙(겸) qiān ① 겸손할 겸(謙遜 겸손) ② 양보할 겸

사랑하는 일곱 손자, 손녀들은 보아라

할아버지의 나이에도 읽고 또 읽어도 잘 이해가 되지 않은 부분이 논어에는 많이 있다.

그런데 하물며 초등학생, 중학생, 고등학생, 대학생인 손자, 손녀들에게 편지 형식으로 논어를 가르치는 것이 의미가 있는 것인지 이 편지를 쓰면서도 가끔 고민한다.

정말 할아버지의 이 정성을 알아달라는 것이 아니지만 알아줄 것인가? 이 글을 읽고 어떤 반응을 할 것인가? 이런 것들이 가끔은 나를 앞으로 나가지 못하게 할 때가 있다.

삶의 지혜

세상은 지금 4차 산업이 앞으로 우리 생활의 핵심이 될 것인데, 어린 너희들에게 공자니 맹자니 하면 되는 것인가, 아니면 공자나 맹자는 몰라도 수학 · 영어 · 과학들만 잘하여 대학에 들어가 취직 잘하여 그럭저럭 재미있게 살라고 할 것인가 고민할 때가 있다.

그러나, 논어와 같은 성서는 인간의 근본바탕을 이루고 있는 것이니 여기에 뿌리를 두면 인생에 깊이가 있고 그 뿌리가 얕으면 인생에 깊이가 없을 수 있다. 사람은 근본이 착한 사람이 행복을 누릴 조건을 갖추게 된다.

옛날 사람처럼 논어에 심취할 필요는 없지만, 그래도 한 번은 읽어보는 게 살아가는 데 큰 도움이 되리라고 본다.

공자의 생활 철학이라고나 할까. 살아가는 좌표라고나 할까. 그는 이런 태도로 살았다.

논어 책 술이 편에 보면, **'子曰 默而識之 學而不厭 誨人不倦 何有於我哉(자왈 묵이지지하며 학이불염하며 회인불권이 하유어아재오)'** (공자께서 말씀하셨다. 말을 많이 하지 않고 가슴에 새기며 배우기를 싫어하지 아니하며 가르치기를 게을리하지 않는 것, 이것은 내가 이루고 싶은 일이다.)라고 하였다.

'묵묵히 무엇인가, 의문이 있는가를 생각하며 쉬지 않고 끊임없는 연구를 하면서 내가 알고 있는 것을 남에게 가르치는 즐거움은 이루 말할 수 없는 행복이 아니느냐.' 라는 의미이다.

- 默(묵) mò ① 말없을 묵 ② 잠잠할 묵
- 默而識之(묵이지지) : 깨달은 바를 말없이 마음에 새겨 둠
- 識(지, 식) zhì ① 기록할, 적을 지 ② 표, 기호 지(標識 표지) ③ 알, 깨달을 식 shi
- 厭(염, 안, 엽) yàn ① 싫을 염(厭世 염세) ② 가릴, 숨길 안
③ 누구 엽(厭勝 엽승)
- 誨(회) huì ① 가르칠, 일깨울 회
- 倦(권) juàn ① 지칠 권
- 불염(不厭) : 싫증나지 않은
- 회인(誨人) : 다른 사람을 가르쳐 줌
- 何有於我哉(하유어아재) : 나에게 무엇이 있겠는가?

마리아야,

요즘 학생들에게 도덕 시간이 있는지 모르겠지만 도덕 시간이 있다고 하면, 무엇을 가르치는지 잘 모르겠다. 할아버지가 학교에 다닐 때 배웠던 도덕과 지금 너희들이 배우는 도덕은 교육과정이 달라서 그러한지 다르더라. 그러나, 그때 도덕이나 지금 도덕이나 도덕은 도덕이어야 하는데..

옛날에는 눈을 떠서 잘 때까지 하는 것이 예(禮)가 중심이 되어서 생활을 하였다.

생활 속의 예

'할아버지, 도대체 예가 뭐에요?' 라고 하면

'너가 눈을 떠서 다시 잠잘 때까지 하는 말과 행동, 그 자체가 예이다.' 라고 말할 수 있다.

그럼 '어떻게 하란 말이에요?' 라고 할 것이다.

가령 네가 침상에서 일어나면 양치질하고 세수하고 네가 잠잤던 이부자리 · 신발 정리 · 옷 정리 · 청소 등 가지런히 정리하고 어머니를 도울 수 있으면 돕고 이런 것이 모두 예이다.

물론 이것만을 다하면 예가 되는 것은 아니고 생활의 모든 것, 윗사람 모시기, 효도 등등. 이러한 일들이 자연스럽게 이루어져야 한다.

논어 술이 편에 보면, 공자님께서도 생활의 자기반성을 이렇게 하셨다.

'子曰 德之不脩 學之不講 聞義不能徙 不善不能改 是吾憂也(자왈 덕지불수와 학지불강과 문의불능사와 불선불능개 시오우야니라)' (공자께서 말씀하셨다. 덕을 닦는 것, 학문을 연마하는 것, 옳은 일을 들으면 행동하는 것, 잘못을 고치는 것이 네 가지가 뜻과 같이 되지 않으니 나의 근심이다.)

옛날의 예의범절을 지키는 것과 지금의 예의범절을 지키는 것이 무엇이 다르겠느냐만, 이제 세상이 다르니 최소한의 예의범절을 그래도 가정에서나 학교에서 가르쳐야 하지 않겠느냐.

여자는 여자답게, 남자는 남자답게 자기의 직분을, 신분을 지키는 것이 예의일지도 모르겠다.

물론 요즈음은 아주 옛날과 다른 세상이 와있기 때문에 할아버지의 말이 별로 귀에 들어오지 않을 수 있다.

- 脩(수) xiū ① 脩=修 ② 수양하다
- 講(강) jiǎng ① 익히다, 연구하다 강
- 徙(사) xǐ ① 옮겨갈, 실천할 사
- 吾憂(오우) : 나의 걱정거리

사랑하는 손자 조혁, 꼭 읽어보아라,

할아버지와 네가 함께 찍은 네 돌사진을 보면 공자님의 이 글이 생각난다.

논어 술이 편에 보면 **'子之燕居, 申申如也, 夭夭如也(자지연거에 신신여야하시며 요요여야러시다)'** (공자님은 집안에 계실 때 얼굴 표정이 밝으셨고 또 온화하셨다.)라고 하였다.

밝고 온화한 표정을 지어라

대부분의 사람들이 본인 집에 있을 때의 자신의 모습을 한 번 생각해 볼 수 있다. 자신의 얼굴 표정이 그 날의 본인 생활도 말할 수 있으며, 그 표정이 온 가정의 분위기에 미치는 영향이 크다.

너무 엄숙하고 존엄한 것처럼 해도 좋지는 않다. 언제나 밝은 표정과 온화한 표정이 함께 어우러져 인자한 부처님상이 나와야 한다. 너무 무표정이라거나, 너무 위엄 있거나, 힘없는 모습은 가족의 분위기를 흐리게 할 수 있다.

집안에서 아버지나 어머니 그리고 각자의 얼굴 표정이라는 것은 무엇보다도 중요하다. 다시 말하지만, 따스한 온기를 느낄 수 있는 가정의 분위기를 이끄는 것은 엄마 아빠와 가족의 얼굴 표정이 아닌가도 생각한다.

공자님께서 집안에 계실 때는 어떤 표정을 했을까?

부모님이 하루 종일 직장생활을 하다 집에 돌아오시면 피곤하기 짝이 없다. 이럴 때 가족들의 따스하고 온화한 얼굴은 어떠한 보약보다 좋다.

우리 가족도 가능하다면 온화하면서 밝은 표정으로 살자. 이것이 모두의 건강을 위하여 가정의 행복을 위하여 좋다.

돈이 들어가는 것도 아닌데 왜 안 되는지 모르겠다. 우리 식구들은 비교적 다 밝은 표정이다.

할아버지는 만족하지만 그래도 더 노력하기 바란다.

- 燕(연) yàn ① 제비 연 ② 편안할, 쉴 연 ③ 잔치 연
- 申(신) shēn ① 납 신 ② 펼, 알릴 신(上申 상신)
- 夭(요) yāo ① 일찍죽을 요(夭折 요절) ② 기쁠 요
- 燕居(연거) : 조정에서 물러나 한가하게 쉬고 있음
- 申申如(신신여) : 공경스러운 모습
- 夭夭如(요요여) : 곱고 여유있는 모습

꿈이 있는 삶을 만들며 살아라

환아,

네가 어리지만, 할아버지가 언젠가 지금부터 목표를 세우라고 했다.

'나는 무엇을 하는 사람이 될 것인가, 어떤 사람이 될 것인가' 라고 생각하면서 생활하고 공부해야 한다고 했다. 목표를 높게 세우고 이것이 달성될 때까지 꾸준히 노력하는 것이다.

옛날 공자님께서는 늘 예(禮)에 대하여 생각하셨다. 이 시대는 자나 깨나 예를 통해서 많은 생활이 가능했던 시기이다.

이 중에서 주공(周公)의 예에 대하여 본인 나름대로 많은 생각과 공부를 하셨다. 주공처럼 되는 것이 꿈이었고, 또 사실 이것이 실질적인 꿈으로 나타나기도 했을 것이다.

그럼 환이는 지금 누구처럼 되고 싶으냐?

할아버지는 지금도 의사가 되는 과거의 꿈을 가끔 꾼다. 그만큼 젊은 시절 의사에 대한 꿈을 꾸면서 살았기 때문에 지금도 그런 꿈을 꾸나보다.

공자님의 독백하는 모습이 논어 술이 편에 나와 있다.

'子曰 甚矣 吾衰也 久矣 吾不復夢見周公(자왈 심의라 오쇠야여 구의라 오불부몽견주공이

로다)' (공자께서 말씀하셨다. 아! 내가 이제 쇠약해졌구나. 꿈에 주공을 보지 못한 지가 오래 되었구나.)

주공을 그리워하는 꿈, 예에 대한 꿈들이 이제 나이가 들어 예를 행할 수 없으니 꿈에도 나타나지 않더라는 것은 나이 들어 본인이 '원했던 일을 더 이상 할 수 없구나.' 라고 생각했을 것이다.

이 정도로, 젊어서는 목표의식·목적의식을 갖고 먼 훗날 날마다 꿈으로 변화할 수 있도록 열심히 해야만 성공할 수 있다.

이렇게 자나 깨나 자기의 목표를 향해서 노력해야 한다.

- 甚(심) shèn ① 심할, 더욱, 매우 심
- 衰(쇠) shuāi ① 쇠잔할 쇠(衰弱 쇠약) ② 상복 최(衰服 최복)
- 復(부, 복) fù ① 회복할, 돌이킬 복(復舊 복구) ② 고할, 대답할 복 ③ 갚을 복 ④ 거듭, 다시 부(復興 부흥)
- 夢(몽) mèng ① 꿈, 꿈꿀 몽
- 周公(주공) : 성은 희(姬). 이름은 단(但). 주나라 문왕의 아들이며 무왕의 친동생이다. 주공의 아들 백금(伯禽)이 노나라를 세움.
- 不復夢見(불부몽견) : 꿈에 다시 보지 못함.

혁아,

옛날 사람들과 지금 사람들 지식의 바탕이 조금 다를 수 있다. 옛날 사람들은 지금처럼 수학 · 영어 · 국어 등등에 몰두하지 않았다. 어찌 보면 생활의 내면을 중시하는 것이 옛 선인들이었다면, 오늘날은 생활의 외면을 중요시하는지도 모른다.

옛날 선비들은 공부를 할 때 어떻게 하면 참사람이 될 수 있을까, 어떻게 하면 덕을 베풀 수 있을까, 어떻게 하면 인을 베풀까 하는 데 치중하였으며, 예(藝)를 즐기고 살았다.

참인생의 즐거움

논어 술이 편에 보면, **'子曰 志於道 據於德 依於仁 遊於藝(자왈 지어도하며 거어덕하며 의어인하며 유어예니라)'** (공자께서 말씀하셨다. 어떻게 살 것인지 항상 고민하고 덕을 쌓으며 순리대로 살며 다음에 마음의 여유를 가질 수 있는 생활을 만들어라) 하였다.

그러나, 지금 사람들이 예(藝)에 노닌다고 하면 학문보다는 부의 축적이나 인간의 근본의 즐거움이 아닌 외적인 측면에서 인생을 즐기는지도 모른다. 선인들은 禮(예) · 樂(악) · 射(사) · 御(어) · 書(서) · 數(수) 등을 공부하면서 이를 통해 인생을 즐겼다.

요즘 사람들은 경제적 부를 누리는 방법으로 여러 가지 부의 축적 방법을 가지고 인생을 즐기려 하는지 모른다. 참 인생의 즐거움이 무엇인지도 한 번 생각해 볼 수 있다.

시대가 어느 시대이냐에 따라서 생의 즐거움은 조금씩 다르게 나타날 수밖에 없다. 수렵사회, 농경사회, 산업사회로의 변화는 행복의 가치마저 다르게 찾으려 하나, 옛날처럼 평범하면서도 모나지 않고 남에게 피해주지 않으면서 나보다는 남을 더 귀하게 여기도록 해라.

지금은 내가 가장 먼저이고 다음은 상대라고 여기지만. 옛날의 덕이나 인이나 예의 울타리 내에서의 삶과 조금은 동떨어진 다른 도, 다른 인, 다른 예가 문화의 바탕을 이루는지도 모른다.

내 손자, 손녀들은 이것이 어떻게 다른지 스스로 생각하여 보아라.

- 志(지) zhì ① 뜻, 뜻할 지 ② 적을, 기록할 지
- 據(거) jù ① 의지할, 기댈 거 ② 증거, 근원 거 ③ 반드시, 지킬 거
- 依(의) yī ① 의지할 의 ② 전과같을 의 ③ 좇을, 따를 의
- 藝(예) yì ① 옛날 선비가 공부해야 했던 것. 필수과목

  ※ 예(禮), 악(樂), 사(射), 어(御), 서(書), 수(數)를 육예(六藝)라 했다.

부모와 스승의 은혜

마리아야,

감수성이 예민할 때 영국에서 공부했으니, 옛날 공자님이 제자를 가르치실 때는 어떻게 하였는지 읽어보고 지금과 비교해 보아라.

옛날에는 학생이 공부를 하고 싶으면 선생님을 찾아가 '제가 선생님 제자가 되어 열심히 공부하겠습니다' 하고 찾아뵙고 허락을(입학) 받았다.

그리고 배우고자 할 때는 절대 빈손으로 가지 아니하고 성의의 표시로 자신의 분수에 맞게 배움의 감사표시를 하였으며, 선생님은 이 감사표시를 받아들이고 공부를 가르쳤다.

그럼 지금은 어떻게 해서 학생들이 공부를 하는지 한 번 생각해 보면, 지금의 학생들이 얼마나 편하고 행복한지를 알 수 있다.

요즘은 선생님과 학생의 관계가 스승과 제자의 관계가 아닐 수도 있는 것 같다. 사실 스승은 부모 다음으로 존경해야 하는데, 우리 사회가 지금 그렇게 되어있지 않는 것 같다.

태어나서 기르는 것은 부모가 하지만 유치원부터 대학까지 가르치는 것은 선생님이 한다.

낳는 것과 교육은 부모와 선생님과의 깊은 함수관계인데, 지금은 부모와 자식, 선생님과 학생의 관계가 너무 값이 없어지는 것은 아닌가도 생각한다. 언제나 부모와 스승의 은혜를 잊지 않는 것이 좋다. 명심하도록 해라.

논어 술이 편에 보면 이런 구절이 있다.

'子曰 自行束脩以上 吾未嘗無誨焉(자왈 자행속수이상은 오미상무회언이로라)' (공자께서 말씀하셨다. 제자가 작은 정성이라도 진실된 마음으로 가지고 오면 나는 가르치지 않은 적이 없었다.)

- 束(속) shù ① 묶을, 다발 속 ② 약속할 속
- 未嘗無(미상무) : 일찍이 ~하지 않은 적이 없다.
- 束脩(속수) : 육포 열 장을 묶은 것
- 脩(수) xiū ① 또 수 ② 닦다, 수양하다 ③ 마르다, 시들다. ④ 포수

조환,

오늘도 플룻선생님, 영어선생님, 중국어선생님 모두 집으로 오셔서 환이 공부를 가르쳐 주신다. 정말 이렇게 수고하여 주신 선생님께 얼마나 감사를 표하는지 나는 잘 모르겠다.

집에까지 찾아와서 환이 너에게 공부를 가르쳐주는데, 우리 환이는 그만큼 열과 성을 다해서 공부하는지, 그렇지 않으면 선생님 말씀도 귀담아듣지 않고 놀고만 있는지 궁금하다.

물론, 초등학생인 너에게 너무 많은 것을 기대하는 것은 할아버지의 욕심일 수도 있지만, 그래도 잘해주었으면 하는 생각뿐이다.

부모에게 효도하고 스승에게 존경해라

논어 술이 편의 주석에 보면, **'朱子曰 : 不知來學則無往教之禮(주자왈:불지래학즉무왕교지례)'** (주자가 말하였다. 학생이 와서 배우는 것이지, 스승이 집에 가서 가르치는 경우는 없었다.)라는 구절이 나온다.

환이야, 옛날에는 선생님이 학생 집으로 와서 학생을 가르쳐주지 않았었단다.

그만큼 선생님의 권위가 높았다. 지금도 선생님의 권위가 높지 않다는 것은 아니지만, 옛날과 비교하였을 때 옛날의 훈장님 · 선생님 · 스승님 이러한 말들이 정말 존경스럽게 느껴질 때가 있었다. 지금은 네가 네 집에 오시는 선생님이나 학교 선생님에게 어떻게 대하는지 스스로 반성해 보아라.

부모에게는 효도하고 스승에게는 존경하는 마음을 하루라도 잊어서는 안 된다.

아무리 요즘 아이들이 부모님이나 스승님을 높이 보지 않는 경향이 있다 하더라도, 나의 사랑하는 손자들은 그렇지 않기를 바란다.

부모님의 은혜와 스승의 은혜는 하늘보다 높고 바다보다 깊다고 했다. 크게 자랄 나무는 떡잎부터 다르다고 했다.

우리 환이도 그렇게 착하고 열심히 공부하는 학생이 되는 것이 할아버지의 소원이다.

● 往(왕) wǎng ① 갈 왕(往復 왕복) ② 옛 왕(往年 왕년) ③ 이따금 왕(往往 왕왕)

Slow and steady wins the race

서은아,

옛날에 중국의 공자님께서는 제자들을 가르치실 때 그냥 아무렇게나 가르치지 않으셨다고 한다.

공부하려고 온 학생이 무엇인가 의문점을 갖고 파고들면서 모르면 알려고 하는 태도를 보여야만 가르쳐 주었으며, 모르는 문제를 애타게 갈구하는 모습이 보이지 않으면 가르쳐 주지 않으셨다.

또 하나를 알려주면 나머지 두세 개를 유추해서 '이것이구나' 할 수 있는 학생을 가르쳐 차근차근 높은 공부를 가르치셨다. 그냥 진도만 나가는 게 아니고 확실하게 이 학생이 이해가 다 될 때까지 가르치고 그렇지 못하면 학년을 올려보내지 않았단다.

공부하는 자세가 이런 정도의 학구열과 최소한의 머리가 있는 학생들에게 공부를 가르치셨다. 이는 공부를 따라올 수 있는 등급에 따라서 그 사람의 실력에 알맞게 단계 단계 공부를 시키셨다.

논어 술이 편에 보면, **'子曰 不憤 不啓 不悱 不發 擧一隅 不以三隅反 則不復也(자왈 불분이어든 불계하며 불비어든 불발하되 거일우에 불이삼우반이어든 즉불부야니라)'** (공자께서 말씀하셨다. 진실된 마음으로 노력하지 않으면 알려주지 아니하며 알고자 하는 욕구가 없는 사람에게는 가르쳐 주지 않았고 하나를 알려주면 다음을 알아차리지 못하면 더 진도를 나가지 아니하셨다.)라고 하였다.

세상의 모든 일은 단계가 있다. 공부만 잘한다고 초등학교에서 시험을 치러 중학교에 가고 다시 중학교에서 시험을 치러 고등학교에 가고 다시 검정고시를 보아 대학에 가는 천재 학생들이 가끔 나오는데, 공자님께서는 이렇게 하지 말라고 하셨다.

그 시절에 그 나이에 겪어야 하는 공부 아닌 다른 공부보다 더 중요한 이런 저런 일을 체험하면서 학문을 이루어야 한다고 하였다.

조급하게 서두를 필요는 없다. 공자님 말씀하다 영어가 나와 이상하지만, 이솝이야기인가 기억이 잘 나지 않는다.

Slow and steady wins the race라고.

오늘 너희들은 어떻게 공부하느냐.

옛날과 비교해 보면서, 어떤 방법이 좋을지도 곰곰이 생각하여 보아라.

- 憤(분) fèn ① 분할, 성낼 분 ② 떨쳐일어날 분
- 啓(계) qǐ ① 열, 가르칠 계 ② 인도할 계 ③ 여쭐, 아뢸 계
- 悱(비) fěi ① 말 머뭇거릴 비 ② 답답해할 비
- 發(발) fā ① 필 발 ② 쏠 발 ③ 일어날 발 ④ 떠날 발(發車 발차) ⑤ 돌출 발
- 擧(거) jǔ ① 들 거 ② 일으킬 거 ③ 온통 거 ④ 가려뽑을 거
- 隅(우) yú ① 모퉁이 우 ② 구석 우 ③ 기슭 우
- 擧一隅(거일우) : 한 모퉁이를 들어보임
- 以三隅反(이삼우반) : 나머지 세 모퉁이를 미루어 봄.
- 不復(불부) : 거듭 가르치지 아니함.

태헌아,

논어 술이 편에 보면 이런 문장이 있다. 할아버지가 해석해서 적어놓을 테니 우리 태헌이가 읽어보아라. 그리고 그 의미가 무엇인가도 한 번 생각해 보아라.

공자님께서는 상(죽은 사람이 있는 집)을 당한 집에 가서 식사를 하실 때는 배부르게 먹지 아니하셨으며, 또 죽은 분을 위하여 예도의 기도를 한 날은 노래를 부르거나 즐겁게 노는 것을 삼가셨다고 한다.

남을 배려하는 마음을 가져라

'子食於有喪者之側 未嘗飽也(자식어유상자지측에 미상포야러시다)' (공자께서는 초상을 당한 사람 옆에서 식사하실 때 배불리 먹지 아니하셨다.)

여기서 '상' 이라고 했지만 꼭 이런 일이 아니더라도 어려운 형편이 있는 사람 곁에 가서는 최소한의 애절한 표현의 정을 표현해야 된다는 말씀이신 것이다. 그러니, 일반적인 일상생활을 하면서도 어떤 경우든지 남을 배려하는 마음을 가져야 한다.

얼마 전, 배우인지 노래하는 사람인지 유명한 사람의 개가 어느 식당의 대표를 물어 그 사람이 죽은 적이 있었는데, 그 사람 죽은 원인이 개가 물어서 죽은 것이 아니고 병원에서 감염에 의해서라고 동물병원 진단서를 내놓는 것을 보고 '아 이 세상이 이 지경까지 왔구나.' 하면서 탄식했다.

이유야 어찌 됐든 개에 물려 사람이 죽었다.

이것이 직접적인 원인이 되었든 간접적인 원인이 되었든 개주인은 애도의 표시만 계속해야지 거기서 개는 물기만 했고, 죽은 것은 다른 원인이라고 우기면 참 말이 아니다. 그 개에 물려 죽은 가족의 입장도 한 번은 생각해야 하지 않을까.

내 손자 태헌아,

우리 사회가 여기까지 왔으니, 너도 한 번 깊이 생각해 보아라.

- 哀(애) āi ① 슬플, 슬퍼할 애 ② 불쌍히여길 애
- 甘(감) gān ① 달, 단맛 감 ② 즐길 감
- 有喪者(유상자) : 상을 당한 사람
- 飽(포) bǎo ① 배부를 포 ② 물릴 포 ③ 가득할 포

언제나 인자한 모습이 온 몸에 젖어있는내 사랑하는 손녀딸 서은아,

옛날이나 지금이나 세상을 살아가는 것은 용기보다는 지혜다.

논어 술이 편에 나오는 공자님과 자로가 하는 대화내용에서 공자님께서 뭐라고 대답하셨는지 한 번 들어보자.

'만일 선생님께서 국군통수권자가 되신다면 누구를 국방부장관으로 임명하여 군을 통솔하시겠습니까?' 라고 공자 제자 자로라는 분이 물었다.

지혜 있는 용기

공자께서 '맨손으로 범을 잡으려 하고 맨 몸으로 큰 강을 건너려 하다가 죽어도 후회하지 않을 자와는 함께하기 싫다.' 라고 하셨다.

'子曰 暴虎馮河 死而無悔者 吾不與也(자왈 포호빙하하여 사이무회자를 오불여야니)' (공자께서 말씀하셨다. 맨몸으로 호랑이를 상대하고 맨몸으로 황하를 건너면서 죽어도 후회가 없다고 하는 사람을 나는 함께하지 않는다.)

공자의 제자 중 지혜로운 안연과 용감한 자로를 서로 비교하면서 대답하신 것이다.

'자로, 자네는 용기만 있지 지혜가 없네. 지혜가 따르지 않는 용기는 죽음을 재촉할 뿐이다.

용기란 지혜가 있을 때 용기의 값이 있는 것이지, 지혜가 없는 용기는 패망을 불러올 수밖에 없다.'

아무 때나 앞에 나서는 것은 용기가 아니다. 쓸모없는 용기는 객기에 불과하다.

대개 큰 나라의 국방부 장관을 임명할 때 용기 있는 군인보다는 지혜 있는 학자를 국방부 장관으로 임명하는 경우가 많다. 미국이나 여타 다른 선진국들은 거의 그렇다.

우리나라는 그렇지 않지만‥ 아마도 남북이 긴박하게 대치되어 있기 때문에 그러리라고 생각도 하지만…

세상을 살아가는 데는 용기도 필요하다. 더욱 필요한 것은 지혜다.

용기와 지혜를 겸비해야만 충실하고 성실한 삶을 영위할 수 있다.

옛날 삼국지를 읽어보면 무모한 장비의 용기는 죽음만 초래하고 결국 촉한의 멸망을 초래했는지도 모른다. 장비가 지혜와 용기를 겸했더라면 중국의 역사는 달라졌을지도 모른다.

언제나 용기 있는 사람보다는 지혜로운 사람이 되어야 한다.

- 暴(포, 폭) bào ① 사나울 포(暴惡 포악) ② 세찰, 심할 폭 ③ 갑자기 폭 ④ 드러낼 폭
- 虎(호) hǔ ① 범 호
- 憑(빙) píng ① 탈, 오를 빙 ② 걸어건널 빙 ③ 믿을 빙
- 河(하) hé ① 물 하 ② 강 하 ③ 내 하
- 暴虎(포호) : 맨주먹으로 호랑이를 잡는다.
- 憑河(빙하) : 맨몸으로 황하를 건너는 것.

일곱 명의 내 손자, 손녀들아

요즘 너희들은 부(富)에 대하여 상당한 관심을 가지고 있는 것 같다. 내가 보는 나의 손자들이어서 그런지 모두가 경제관념이 뚜렷한 것 같다. 어찌 보면 즐겁기도 하고 어찌 보면 너무 빨리 돈을 알았는가 해서 두렵기도 하다.

부를 목표로 인생을 살지 마라

논어 술이 편에, **'子曰 富而可求也 雖執鞭之士 吾亦爲之 如不可求 從吾所好(자왈 부이가구야인댄 수집편지사라도 오역위지어니와 여불가구인댄 종오소호니라)'** (공자께서 말씀하셨다. 하고 싶다고 해서 누구나 다 부자가 된다면 마부를 해서라도 내가 하겠지만 그렇지 않다면 나는 좋아하는 것을 하다가 죽겠노라.)라고 하였다.

옛부터 부자가 되는 것을 노력만 해서, 구해서 된다고 하면 비록 좋지 않은 직업이라 하더라도 열심히 해보겠지만 '부' 라는 것은 꼭 그렇게 노력만 하여야 되는 것은 아니라고 했다.

글쎄다. 이것은 공자님 말씀이니 틀리다고 단정할 수가 없고 부는 열심히 일하는 것과 하늘의 도움이 있어야 한다고도 생각한다.

그러나 공자님은 부를 구해서 얻을 수 있는 것이라면 마부가 되어서라도 부를 챙기겠지만 만약 그렇게 해도 안 된다고 하면 '네가 하고 싶은 일을 하면서 인생을 즐겨라.' 그리 말씀하셨다.

이 말씀은, 부를 목표로 삼고 인생을 살지 말아라. 일이 잘 풀려 부자로 살면 좋고, 풀리지 않아 부자가 아니더라도 현실에 만족하면서 그 자체를 즐기라는 말씀인 것 같다.

세상에 부귀영화를 싫어하는 사람이 어디 있겠느냐. 공자님께서도 부귀영화는 좋다고 하셨다. 단, 이 부귀영화가 의(義)에 의해서 얻어진 것이어야 한다고 했다.

열심히 공부하지 않고 대학에 들어간다든가 아니면 노력하지 않고 복권에 당첨되어 얻은 부, 이런 것보다는 차라리 어쩔 수 없이 어렵게 지내더라도 어쩔 수 없다면 그 어쩔 수 없는 부분을 즐기라는 것이다.

- 執(집) zhí ① 잡을 집 ② 맡아볼 집 ③ 고집할 집
- 鞭(편) biān ①채찍, 회초리 편 ② 매질할 편
- 執鞭(집편) : 채찍을 잡는 것.
- 從吾所好(종오소호) : 내가 좋아하는 것을 하겠다.

내 손자, 손녀들은 모두 읽어 보아라,

논어 술이 편에 보면 이런 글이 있다. 공자님의 생활은 다른 성인들과 다르게 조금은 현실적이시다. 세상을 살아가면서 어떻게 하면 나도 즐겁게 살고 남도 도우면서 살 것인가를 생각하신다.

내가 있고, 네가 있고, 가족이 있고, 사회가 있고, 국가가 있다. 어느 하나 연결되지 않은 것이 없다. 이 연결고리가 순조로워야 세상이 질서가 선다. 즉, 법이 통한다. 도가 통한다고 할 수 있다.

순리를 지키며 살아라

지금 할아버지가 너희들에게 '공자님께서 말씀하시기를 그래도 이렇게 살아라' 하면 너희들 모두가 얼마나 따라올지 모르겠지만, 할아버지가 이해하는 것과 너희들과의 생각에 거리가 있으리라 본다.

할아버지가 살았던 세상은 아마 이렇게 해도 후회하지는 않았을 것이며, 이렇게 살려고 노력했다. 그러나, 너희 세대는 다르니 할아버지의 이 편지가 너희들의 생각과 얼마나 가까울지 멀지 그것이 걱정이다.

그래도 하늘은 옳은 것이 옳다고 판단한다. 하늘에 죄를 지으면 빌 곳이 없다고 했다.

논어 술이 편에 보면, **'子之所愼 齊戰疾(자지소신은 제전질이러시다)'** (공자께서는 제사와 전쟁과 질병을 조심하셨다.) 하였다.

공자님께서 세상을 살아가시면서, 조상을 모실 때(제사 지낼 때) 정성을 다하여 모셔야 하며, 또 한 국가와 국가의 전쟁이란, 국가의 흥망과 인명의 피해가 있기 때문에 또 조심해서 행하여야 하며, 또 질병은 '내가 사느냐 죽느냐' 하는 문제이기 때문에 관심을 가져야 한다고 하셨다.

간단하게 다시 말하면, '살면서 조상을 잘 모시고 가능한 전쟁은 피해야 하며, 너의 건강은 언제나 신경 쓰면서 살아라.' 하신 것 같다.

- 愼(신) shèn ① 삼갈 신 ② 근신할 신 ③ 두려워하다 ④ 근심하다
- 齊(제) jí, zhāi, qí ① 재계할 재 ② 상복 제 ③ 가지런할 제
- 疾(질) jí ① 병, 질병 질 ② 미워할, 꺼릴 질 ③ 빠를 질

대학생 승원아,

할아버지가 고등학교 다닐 때 외웠던 구절이다. '곡굉이 침지라도 락역재기중이라' 는 것인데 그냥 외웠다. 시험에 자주 나오니 외울 수밖에 없었는데, 이제야 할아버지는 이 구절을 잘 이해할 수 있고 즐길 수도 있다.

그래도, 할아버지가 우리 손자들에게 이렇게 즐기라고 하고 싶지는 않다. '옛날 사람들은 이것도 즐거움이라고 즐겼나 보다.' 해라. 어려움 자체가 어쩔 수 없는 것이라면, 그 자체를 즐거움으로 바꿔 즐기라는 것이다.

즐길 줄 아는 사람

논어 술이 편에 **'子曰 飯疏食飮水 曲肱而枕之 樂亦在其中矣 不義而富且貴 於我 如浮雲(자왈 반소사음수하고 곡굉이침지라도 락역재기중의니 불의이부차귀는 어아에 여부운이니라)'** (공자께서 말씀하셨다. 거친밥에 물마시고 팔베개를 하고 눕더라도 즐거움이 역시 그 속에 있다. 의롭지 않게 누리는 부귀는 내게는 뜬구름과 같다.) 하였다.

우리 속담에 나이가 들면, 여러 가지의 병이 한꺼번에 온다고 하는데 이것을 모두 다 치료할 수도 없다. 대부분 늙어서 오는 만성질환이기 때문이다. 이럴 때는 병과 함께 즐기면 그 자체가 치료의 효과가 있고 또 병 때문에 괴로워하지 말라는 것이다. 술을 많이 먹던 사람이 병 때문에 먹지 못한다면, 그 자체도 못 먹는다고 괴로워하지 말고 안 마시게 되었다고 즐기라는 것이다.

자기의 생활을 즐기면서 살아가는 자만이 정말 진짜 행복한 사람이다. 돈이 많고 권력이 높아 행복한 것은 절대 아니다.

대통령 부인에게 '행복하세요?' 하고 물으면 '

네, 행복합니다.' 하시는 분은 거의 없을 것이다.

5,000만 모두에게 다 잘해 주어야 뒷말이 없는데 그렇게 될 수 있겠느냐. 자기의 현재 입장 또 그 현실에서 그 생활을 즐기면 되는 것이다.

학생은 공부를 하면서 공부를 즐기면 되고, 농부는 농사를 지으면서 그 자체를 즐기면 된다. 너희들도 그때 그때, 그 시절 그 시절 너희들이 처한 위치에서 삶을 즐겨라.

- 飯(반) fàn ① 밥 반 ② 먹을 반
- 疏(소) shū ① 성길, 드물 소(疏密 소밀) ② 거칠, 험할 소(疏食 소식)
  ③ 적을, 진술할 소
- 食(식, 사) shí ① 밥, 음식 식(食代 식대) ② 먹을 식 ③ 녹, 녹봉 식
  ④ 먹일, 기를 사 ⑤ 밥 사(簞食 단사)
- 飮(음) yǐn, yìn ① 마실 음(飮料 음료) ② 먹일, 마시게할 음(飮馬 음마)
- 曲(곡) qū, qǔ ① 굽을, 굽힐 곡 ② 자세할 곡 ③ 가락, 악곡 곡 ④ 재주 곡
- 肱(굉) gōng ① 팔뚝 굉
- 枕(침) zhěn ① 베개, 벨 침 ② 침묵, 횡목 침 ③ 잠잘 침
- 浮(부) fú ① 뜰 부 ② 떠다닐 부 ③ 덧없을 부
- 雲(운) yún ① 구름 운
- 飯疏食(반소사) : 거친 밥, 나물을 먹다(어렵게 지낸다)
- 枕之(침지) : 그것을 베개 삼아 베다.
- 富且貴(부차귀) : 재물이 많고 지위가 높음.

손자 조환아,

공자님을 너도 잘 아느냐.

공자님 이야기는 할아버지로부터 많이 들어보았지? 공자님 스스로 이렇게 말씀하셨다.

'나도 나면서부터 모든 것을 알고 태어난 것은 아니다. 옛 것을 좋아하고 관심이 있어 공부하며 터득하고 얻은 지식이다.' 라고.

그러나, 성인 공자님께서는 많은 것을 알고 계시면서도 공부하는 후학들에 자긍심을 심어주시기 위하여 '나도 열심히 공부하여 오늘날 유명한 사람이 되었으니 너희들도 자나 깨나 열심히 공부하여 훌륭한 사람이 되어야 한다.' 라고 했다.

목표를 향한 인내와 노력

여섯 시간 잠자는 사람은 다섯 시간 잠자는 사람에게 진다. 일찍 일어나는 새가 먼저 먹이를 찾는다고 했다.

이제 너희들이 살아가는 세상은 무한경쟁의 사회이다.

여기서 필요한 것은 노력과 인내다.

목표를 어려서부터 세우고 이 목표를 향해서 가야겠다는 결심을 하면, 하늘의 별도 따올 수 있다.

그러나 '나는 안 돼.' 하고 스스로 포기하면 아무것도 할 수 없으며, 남들이나 부모가 원하지도 바라지도 않는 사람이 될 수 있다.

논어 술이 편에 보면 **'子曰 我非生而知之者 好古敏以求之者也(자왈 아비생이지지자라 호고민이구지자야로라)'** (공자께서 말씀하셨다. 나는 태어나면서부터 통달한 사람이 아니다. 옛것을 좋아하고 남보다 더 배우려고 노력한 사람이다.)라고 하였다.

잘 음미해 보아라.

- 我(아) wǒ ① 나, 자기 아 ② 우리 아
- 非(비) fēi ① 아닐 비(非凡 비범) ② 그릇, 어긋날 비(非理 비리) ③ 나무랄 비 ④ 비방할 비
- 好(호) hǎo, hào ① 좋을 호 ② 사이좋을 호 ③ 좋아할 호
- 敏(민) mǐn ① 민첩할 민 ② 예민할 민 ③ 총명할 민
- 求(구) qiú ① 청할 구 ② 부탁할 구 ③ 추구할, 찾을 구
- 生而知之(생이지지) : 나면서부터 저절로 알다.
- 敏以(민이) : 부지런히, 힘써, 재빨리

마리아야,

논어 술이 편에 보면, 세 사람이 길을 걸어가면 그중에 나의 스승이 있으니, 좋은 일을 하는 사람을 보면 그 사람을 따라 하니 바로 스승이요, 잘못한 사람을 보면 '아 저렇게 해서는 안 되겠구나.' 하니 스승이라고 하였다.

사람마다 저마다의 특성을 가지고 있기 때문에 어떤 사람에게도 좋은 점은 좋은 대로, 나쁜 점은 나쁜 대로, 나에게는 배울 점이 있다.

그러하니, 자기를 반성할 수 있는 기회를 가져야 한다.

상대를 존중하고 배려하며 살아라

논어에 나오는 한 구절이다. 잘 읽어보아라.

'子曰 三人行 必有我師焉 擇其善者而從之 其不善者而改之(자왈 삼인행에 필유아사언이니 택기선자이종지오 기불선자이개지니라)' (공자께서 말씀하셨다. 세 사람이 길을 가면 반드시 그중에 나의 스승이 있다. 좋은 것을 가려 따르고 좋지 않은 것을 고쳐야 한다.)

세상을 살아가면서 자신만이 옳다고 하고 본인의 주장만 내세우면 주위에 사람이 따르지 않고 덕을 잃게 된다.

언제 어디에서나 높고 낮고, 박식하고 무식하고를 떠나서, 내가 나를 거울삼아 배울 점이 무엇인가를 꼭 관찰하여야 한다.

벼는 가을 추수할 때 알이 꽉 차면 고개를 숙인다고 한다.
많이 알고 있는 사람은 잘난 체 하려고 하지 않는다.
겸손하면서도 확실한 실력을 갖춘 사람이 되어야 한다.
언제나 남의 의견도 정중하게 청취할 수 있어야 한다.
상대를 존중해 주는 마음,
배려해 주는 마음을 항시 마음속 깊이 가져라.

- 必(필) bì ① 반드시 필 ② 꼭 필
- 擇(택) zé ① 가릴 택 ② 고를 택
- 改(개) gǎi ① 고칠 개 ② 바꿀 개
- 改之(개지) : 자신의 잘못을 고침.

호중이에게,

사람은 누구나가 자기 분수에 맞는 행동을 하여야 한다. 여자고 남자고 허영기가 있으면 안 된다. 헛된 과욕이다.

있으면 있는 만큼, 없으면 없는 만큼 그대로 그 정도에 맞게 생활하면 되는 것이다.

없으면서도 있는 척하고, 모르면서도 아는 척하고, 속은 비어있으면서도 잘난 척한다면 어찌 되겠는가.

진실하고 참된 사람

논어 책 술이 편에 보면, **'子曰 亡而爲有 虛而爲盈 約而爲泰 難乎有恒矣(자왈 무이위유하며 허이위영하며 약이위태면 난호유항의니라)'** (공자께서 말씀하셨다. 없는데 있는 척하고 텅 비어있는데 가득 찬 척하며 적으면서 많은 척하면 결코 좋은 사람이 아니다.)라는 문구가 있다.

이러한 허황된 생각을 가지고 사회생활을 하다보면 본인도 피해가 되지만 상대방에게도 많은 피해가 올 수 있다.

언제나 자신의 마음에 중심을 잡는 것이 너무 중요하다는 것을 알아야 한다.

하루하루의 생활에서도 진실된 삶을 살아가려고 해야 한다. 자기의 형편에 맞게 언행을 하여야 한다. 자기가 누구인지 주위의 환경은 어떠한지 주위도 잘 살펴야 한다.

남에게 칭찬받는 사람, 남에게 인정받는 사람이 되어야지 허영기를 가지면 안 된다. 다시 말하면, 과욕이다.

이는 살아가는 데 절대 해서는 안 되는 것이니, 진실하고 참된 사람이 되어야 한다.

- 亡(무, 망) ① 없을 무 ※무(無)와 같음 ② 망할 망(亡國 망국) ③ 달아날 망 ④ 죽을 망
- 爲(위) wéi ① 할, 될 위 ② 행위 위 ③ 만들 위 ④ 생각할 위 ⑤ 위할 위 ⑥ 하게할 위
- 有(유) yǒu ① 있을 유 ② 가질 유 ③ 혹, 어떤 유(有人 유인) ④ 또 유
- 虛(허) xū ① 빌, 헛될 허 ② 약할 허 ③ 별이름 허
- 盈(영) yíng ① 찰, 가득찰 영 ② 충분할 영
- 恒(항) héng ① 항상, 늘 항 ② 떳떳할 항 ③ 변함없을 영
- 虛而爲盈(허이위영) : 텅비어 있으면서도 가득찬 체함.
- 約而爲泰(약이위태) : 적으면서도 많은 체함.
- 約(약) yuē ① 맺다, 약속하다 ② 인색하다

할아버지의 그림자 태헌아,

할아버지가 옛날 공자님 생활 중 재미있는 한 가지 이야기 들려 주마. 여기서 왜 논어라는 성서와 같은 책에 이 글이 왜 씌어 있었는지 한 번 생각해 보아라.

논어 술이 편에 보면, **'子 釣而不綱 弋不射宿(자 조이불강하시며 익불석숙이니라)'** (공자님은 낚시는 하셨으나 투망은 하지 않으셨고 주살은 쓰셨으나 잠자는 새를 쏘지는 않으셨다.)라고 하였다.

필요 이상의 물질적 욕심을 부리지 마라

공자님께서 물고기를 잡기 위해서 낚시질을 했지만, 그물질을 해서 고기를 잡지 않았다고 했는데 이는 욕심을 부리지 않고 자기가 필요한 만큼의 양만 잡았으며, 부모의 봉양이나 제사를 올릴 때만 잡았다고 본다.

새를 잡을 때도 잠자고 있는 새는 활을 쏘아 잡지 않았다고 했다. 사소한 일이라도 심사숙고해서 처리했다는 것이다.

여기서는 생명이 있는 것들을 잡았다는데, 생명의 존엄성에 대하여 이야기할 수도 있으나, 우리의 일상적인 단면이다. 고기나 짐승을 잡아 일상생활에 필요한 만큼만 쓴다.

그러나, 필요 이상의 물질적 욕심을 부려서

많이 잡아 시장에 팔거나 하지 않으셨다.

가장 큰 부모의 봉양에나 조상에 제사 지낼 때 필요한 양만을 잡으셨다.

공자와 같은 성인도 일상생활에서는 필요한 행동을 평범하게 하시었다는 의미도 된다.

우리 손자도 조그마한 일을 처리할 때도 언제나 여러 가지 면에서 한 번 생각하여 보고 행동하면 결과가 좋을 것이다.

- 釣(조) diào ① 낚시, 낚시질할 조 ② 낚시질할 조
- 網(망) wǎng ① 그물 망 ② 그물질할 망
- 弋(익) yì ① 주살 익, 새를 잡을 때 화살에 실을 맴
- 射(사, 석) shè, yè, yì ① 쏠 사(射擊 사격) ② 벼슬이름 야(僕射 복야) ③ 싫어할 역 ④ 맞힐 석
- 宿(숙) sù, xiǔ, xiù ① 잘, 묵을 숙 ② 번들 숙(宿直 숙직) ③ 오랠 숙 ④ 머리 숙

승원아,

공자님께서 책을 저술하거나 기록을 할 때의 심정을 논어 술이 편에 적어두시었다.

이 글도 참고하여 읽어보아라.

이제 대학생이 되었으니 여기저기 짜깁기하는 것보다는 많이 읽고 많이 보고 승원이 너의 풍부한 경험을 여기에 기록하는 것이 어떻겠느냐.

그러나, 공자님 때는 그렇게 할 수 없었다. 그래서 공자님은 창작은 하지 않으셨고, 옛 성현들의 말씀을 참고하시고 기록하셨다고 했다.

많은 것을 보고 듣고 읽고 기록해라

공자님은 우선 여러 사람들로부터 다양하게 많이 들으시고, 그중에서 훌륭한 것을 찾아내고, 그리고 실제로 다니시면서 그것이 옳은지를 체험하시는 것이다.

지금 우리가 보면 우습게 여길 수 있지만, 그 당시는 대단한 노력이고 어찌 보면 창작이다.

'子曰 蓋有不知而作之者 我無是也 多聞 擇其善者而從之 多見而識之 知之次也(자왈 개유불지이작지자아 아무시야로라 다문하여 택기선자이종지하며 다견이지지 지지차야니라)' (공자께서 말씀하셨다. 잘 알지도 못하면서 함부로 창작하는 사람이 있느냐? 나는 이런 적이 없노

라. 많이 듣고 그 중에 좋아하는 것을 가려서 따르고, 많이 보고 기록하는 것이 지혜로운 사람이다.)

그 당시의 문물이나 자료 등을 찾아서 책을 쓴다는 것이 지금과 비교했을 때 훨씬 어려웠을 것이다. 그리해서 보고 듣고 수집하고 이것들을 종합해서 기록하셨는지도 모른다.

그러니, 이제 너도 report를 쓰든 논문을 쓰든 많은 글을 읽고 보고 견문을 넓혀서 신뢰도 있는 글이 나와야 한다.

이렇게 하여야만 너의 대학생활과 사회생활에 도움이 되지 않을까 할아버지는 생각한다.

많은 것을 보고 듣고 읽고 하여라.

- 次(차) cì ① 버금, 다음 차 ② 차례 차 ③ 번 차
- 蓋(개, 합) gài ① 대체로, 대략 개 ② 덮을 개 ③ 어찌아니할 합
- 不知而作之(부지이작지) : 잘 알지도 못하면서 창작함.

감사하는 마음으로 살아라

할아버지가 믿는 마리아야,

할아버지의 옛날이야기지만 들어 보아라. 공자가 병이 드러누워 있을 때, 그의 제자인 자로가 와서 이렇게 말한다.

'선생님, 하늘에 한 번 빌어보면 어떻겠어요?' 하니 공자께서 '아프면 하늘에 빌면 치료된다고 하던가?'

'예, 그렇습니다. 뢰문(誄文)에 보면 '그대를 하늘과 땅의 신에게 빌었다.' 라고 씌어 있습니다. 한 번 그렇게 해 보시지요.' 했다.

'그래, 그 정도라면 나는 이제까지 모든 신에게 감사하며 살아왔다. 그것으로 족하다.' 그리 하였다.

논어 책 술이 편에 보면, **'子疾病 子路請禱 子曰 有諸 子路對曰 有之 誄曰 禱爾于上下神祇 子曰 丘之禱久矣(자질병이시어늘 자로청도한대 자왈 유저아 자로대왈 유지하니 뢰왈 도이우상하신기라하더이다 자왈 구지도구의니라)'** (공자님이 위중하시자 자로가 빌어볼 것을 청하였는데 공자께서 말씀하셨다. '그럴 수도 있느냐', 자로가 '그럴 수도 있습니다. 기도문에 보면 하늘신과 땅신에게 기도한다고 하였습니다.' 라고 하자 공자께서 말씀하시기를 '그런 식으로라면 나는 오래전부터 기도하며 살아온 사람이다.' 하셨다.)라고 하였다.

아마도, 당시 공자의 나이 71세가 될 때였고, 공자가 73세에 세상을 떠나셨으니 많이 늙으셨을 때다.

지금 같으면, 응급실로 바로 가서 입원하면 되는 것인데, 그 당시는 하늘이 준 나이 그대로 살아갈 수밖에 없었다. 공자는 평상시에 늘 하늘에 감사하고 조상에 감사하며 살아왔기에 생활 그 자체가 감사의 마음으로 살아왔다.

오늘 하루를 무사히 보내면서 우리 마리아도 늘 감사한 마음을 갖고 살도록 하여라. 이 복잡한 세상에서 아무 일 없이 무사히 하루를 넘긴다는 것, 참 다행이고 행복한 일이다.

공자와 자로의 대화 장면이 논어 술이 편에 실려 있기에 여기에 적어두니, 잘 음미하면서 해석하도록 하여라.

어머니, 아버지 난 오늘도 감사합니다.

그렇게 마음속에 새겨야 한다.

오늘의 너를 있게 해주신 분은 너의 아빠와 엄마이다.

- 請(청) qǐng ① 청할 청 ② 원할 청 ③ 부탁할 청 ④ 물을 청
- 禱(도) dǎo ① 빌 도 ② 기원할 도
- 諸(저, 제) zhù ① 모두, 여러 제 ② 어조사 제, 조
- 誄(뢰) lěi ① 제문 뢰 ② 뇌사 뢰
- 神(신) shén ① 귀신 신 ② 마음 신 ③ 신비로울 신
- 祇(기) qí, zhǐ ① 땅귀신 기 ② 클 기
- 有諸(유저) : 그런 예가 있었느냐
- 神祇(신기) : 하늘의 신과 땅의 신

서은아,

할아버지가 너에게 논어에 나오는 짤막한 글을 적어줄 것이니, 네가 한 번 해석하여 보아라.

논어 술이 편에 보면, **'子曰 奢則不孫 儉則固 與其不孫也 寧固(자왈 사즉불손하고 검즉고니 여기불손야론 녕고니라)'** (공자께서 말씀하셨다. 사치하면 겸손하지 아니하고 검소하면 자칫 초라하게 보일 수 있으나 겸손하지 아니한 것보다는 차라리 초라해 보이는 것이 낫다.)라고 씌어 있다.

자신의 처지에 맞는 삶을 살아라

무슨 뜻인지 알겠느냐?

사람은 사회적 동물이다. 모두가 최소한 자신의 본분에 맞게 행동하면 되는 것이다. 자신의 분수를 모르고 너무 사치해도 남 보기 싫다.

그러나, 지나치게 검소한 것은 남들이 보기에 좋게 보이지는 않는다. 이것이나 저것이나 모두 좋은 것은 아니다. 자신의 직분에 알맞게 행동하고 직분을 지켜야 한다.

다시 말해서, 이 둘 다 중용을 잃었으나, 굳이 어떤 쪽이 더 괜찮냐고 하면 사치하는 것보다는 검소한 것이 더 낫다고 했다. 이 경우는 여러 가지가 해당되는 말이니, 네가 이 경우 저 경우를 비교하면서 있는 그대로가 아니고 무엇이 사치고 무엇이 검소한 것인가 잘 생각하여 보아라. 이것이 사회생활과 대인관계를 잘할 수 있는 지침이다.

나는 사람마다 자기의 처지에 맞게 살아야 한다고 생각한다. 만일 세계적인 기업인 삼성의 이건희 회장이 경차를 타고 다닌다면, 이것은 분수에 맞지 않는다.

이는 검소한 것이 아니다.

검소함과 사치의 관계는 그 사람의 직분에 따라서 조금씩 다를 수 있으니, 꼭 이것은 사치고 이것은 검소하다고 정할 수 없다.

남 보기에 사치하지 않고 지나치게 검소하지 않으면 된다.

- 奢(사) shē ① 사치할 사 ② 사치 사
- 孫(손) sūn ① 손자 손 ② 후손 손 ③ 공손할 손(遜과 같음)
- 儉(검) jiǎn ① 검소할 검 ② 흉년 검
- 固(고) gù ① 겸손할 고 ② 고루할 고 ③ 완고하다 ④ 우기다
- 寧(녕) níng ① ~하느니보다는 차라리 ~하는 것이 낫다.

마리아야,

잔소리 많이 한다고 네가 할아버지 흉을 보는데, 그래도 할아버지는 이렇게 말하고 싶을 때가 많다.

나도 우리 손자, 손녀들에게 어떻게 하면 인기 있는지 알고 있단다.

공자님께서는 온화하시면서도 엄격하시고, 위엄이 있으시면서 사납지 아니하시며, 공손하시면서도 그런 티가 나지 않으셨으니, 할아버지도 공자처럼 얼굴표정 하고 싶은데 왜 이렇게 되지 않는지 모르겠다.

품격 있는 사람이 되어라

나도 때때로 따사롭게 하고 싶은데, 행여 그렇게 하면 손자, 손녀의 버릇이 나빠질까 걱정하고, 너무 엄격하면 할아버지와의 관계가 소홀해질까 걱정이고, 위엄한 자세를 하면 할아버지 옆으로 오려고 하지 않아 서로 거리가 멀어질 것 같고, 너희들이 잘못한다 싶으면 벼락같이 성질이 나니 이 모두가 할아버지의 수양이 덜 되어서 그런 것 같다.

이 글을 쓴 이후부터 나도 공자님처럼 되려고 노력해 보겠다.

착하고 성실하고 공부도 잘하는 나의 귀여운 손자, 손녀들을 위하여, 할아버지도 공자처럼 남들이 보면 온후함이 풍기는 자세를 하려고 노력하겠다.

여기에 논어 술이 편에 나오는 한 구절을 적어 놓는다.

'子 溫而厲 威而不猛 恭而安(자는 온이려하시며 위이불맹하시며 공이안이러시다)' (공자님은 온화하되 엄하시고 위엄이 있으시되 사납지 아니하고 공손하되 편안하셨다.)

- 溫(온) wēn ① 따뜻할 온 ② 온화할 온 ③ 부드러울 온
- 厲(려) lì ① 갈 려 ② 숫돌 려 ③ 엄할 려 ④ 사나울 려
- 威(위) wēi ① 위험 위 ② 힘, 세력 위
- 猛(맹) měng ① 사나울 맹 ② 날랠, 용감할 맹 ③ 엄할 맹
- 安(안) ān ① 편안할 안 ② 어찌 안
- 不猛(불맹) : 무섭지 않음

泰伯第八

마리아야,

고등학교 3학년이 되면, 다양하게 많은 것을 알아야 한다. 중국의 5000년 역사에서 훌륭한 한 사람을 들라고 하면 바로 공자님일 것이다. 다들 생각이 다르겠지만, 할아버지는 사마천을 두 번째 훌륭한 사람으로 본다.

마리아야, 중국의 역사를 이야기하면 백이와 숙제, 태백과 중옹은 특출한 인물이 아닌데도 논어라는 책에 등장한다. 백이와 숙제는 주나라가 은나라를 폐망시키고 주나라를 세우는 데 찬성하지 않았던 사람이다. 그래도, 공자는 이 네 사람을 훌륭하게 보았다. 중국의 고대사를 공부하려면 하나라 · 은나라 · 주나라 역사에 대하여 어느 정도 알고 있어야 한다.

인의 사상을 배워야 한다

논어 태백 편의 첫 장에 나오는 이야기다.

'子曰 泰伯 其可謂至德也已矣 三以天下讓 民無得而稱焉(자왈 태백은 기가위지덕야이의로다 삼이천하양하되 민무득이칭언이온여)' (공자께서 말씀하셨다. 태백은 가장 훌륭한 사람이다. 천하를 세번 양보하였는데 세상 사람들이 이를 알지 못했다.)

주 왕조의 선조 중 주 태왕 때부터 주나라가 융성하기 시작한다. 주나라는 은나라의 조그마한 왕국이었다. 그러던 주나라가 세력이 점차 강해져서 중국을 통일하게 된다. 주 태왕은 고공단보이고 이 사람은 후직의 12대손이다.

주 태왕에게 3명의 아들이 있었는데, 장남은 태백(泰佰)이고, 둘째는 중옹(仲雍), 막내는 계력(季歷)이었다. 장남과 둘째는 왕위를 영특한 막내에게 물려주기 위하여, 형만으로 피신하고 막내 계력(季歷)이 왕위에 오르고, 계력의 아들 창으로 이어지고, 다음 창의 아들 발(發)이 왕이 되어, 은나라를 정벌하여 천하를 통일한다.

공자는, 자기가 왕이 될 수 있는데도 똑똑한 동생과 조카에게 왕위를 물려주고 주나라를 떠난 이 두 사람을 어진 사람으로 본 것이다.

마리아야, 언제나 너 나름대로 뚜렷한 명분을 가지고 생활해야 한다.

대의를 위해서 왕위를 넘겨줄 수 있는 용기는 누구에게나 있지 않다. 왕위를 찬탈하기 위해서 가까운 가족을 해치는 경우는 있지만, 왕위를 영특한 가족에게 계승하기 위해서 자리를 피하는 것은 인(仁)의 사상이 흠뻑 젖어있지 않으면 힘들다.

- 泰(태) tài ① 클 태 ② 편안할 태 ③ 산이름 태
- 讓(양) yàng ① 사양할 양 ② 넘겨줄 양
- 孫(손) sūn ① 겸손할, 사양할 손 ② 도망할, 피할 손 ③ 뒤떨어질, 못할 손
- 隱(은) yǐn ① 숨을, 숨길 은 ② 불쌍히여길 은
- 微(미) wēi ① 작을, 적을 미 ② 정교할 미 ③ 몰래 미(微行 미행) ④ 천할 미 ⑤ 어렴풋할 미
- 稱(칭) chēng ① 찬양할 칭 ② 칭찬할 칭
- 泰伯(태백) : 주나라 조상인 고공단보(古公亶父)의 장남임.
  ※둘째 중옹(仲雍), 막내 계력(季歷)

생활의 예를 익혀 예로 생활하여라

혁아,

할아버지가 너처럼 착하고 부모님 말씀을 잘 듣는 손자에게 더 욕심이 있다면, 할아버지의 지나친 욕심이겠지? 그래도 할아버지는 너에게 이렇게 말하고 싶다.

가족이 아니더라도 누구에게나 공손해야 한다고 말하는데, 그 공손이 언제나 우리의 말과 행동의 모범이 되는 예(禮)라는 것을 벗어날 수 없었다고 했다.

어떠한 경우도 예(禮)를 벗어나면 정당한 말과 행동으로도 좋은 소리를 듣지 못했다.

요사이의 속된 말로 앙꼬 없는 찐빵이 되는 것이다. 예(禮)에는 친구와 친구사이의 예(禮)가 있고, 부모와 자식 간의 예(禮)가 있고, 형제간의 지켜야 할 예(禮)가 있고, 남 · 녀 간에 지켜야 할 예(禮)가 있다.

요즘은 예(禮)라는 말 자체를 잘 이해할 수 없으니, 아마도 서양문화가 우리의 고유문화를 혼탁하게 하였는지도 모른다.

옛날의 우리문화는 예에 살고 예로 죽어갔는지도 모른다. 예가 아니면 따르지 말라고 할 정도였다.

지난번에도 이야기 했지만, 도덕시간에 예(禮)에 대하여 조금만 친근하게 가르쳐주면, 살아가는 데 많은 도움이 될 터인데, 시험보기 위한 도덕을 하고 있으니 조금은 안타깝다.

아마 교육부나 학교가 모르는 바는 아니겠지만, 나름대로 사정이 있겠지라고 생각한다.

혁아, 너는 요즘 애들에 비하여, 참 예(禮)와 범절이 바른 사람이라고 생각한다. 할아버지가 크게 교육시킨 것은 아닌데 타고난 천성이 곱나 보다.

논어 태백 편에 나와 있는 예(禮)의 단적인 예를 한 번 읽어보아라.

'子曰 恭而無禮則勞 愼而無禮則葸 勇而無禮則亂 直而無禮則絞(자왈 공이무례즉로하고 신이무례즉시하고 용이무례즉란하고 직이무례즉교니라)' (공자께서 말씀하셨다. 공손한데 예가 없으면 몸만 고달프고, 신중한데 예가 없으면 겁쟁이 소리를 듣고, 용감한데 예가 없으면 질서를 어지럽히고, 솔직하되 예가 없으면 성질만 급한 것이 된다.)

얼마나 옛날 사람들이 생활에 예(禮)가 중요하다고 생각했는지 알 수 있지 않겠느냐.

- 葸(시) xǐ ① 눈휘둥그레질 시 ② 두려워할 시
- 勇(용) yǒng ① 날랠, 날쌜 용
- 亂(란) luàn ① 어지러울 란 ② 난리 란
- 直(직, 치) zhí ① 곧을 직(剛直 강직) ② 바로, 곧 직 ③ 번, 번들 직(當直 당직) ④ 값 치
- 絞(교) jiǎo ① 목맬 교(絞殺 교살) ② 염포 효(絞布 교포) ③ 급할 교 ④ 비방하다 ⑤ 헐뜯다
- 勞(노) láo ① 헛수고 노(徒勞 도로)

호중아,

어떻게 잘 지내고 있느냐?

언제나 몸이 건강해 보이지 않으니 할아버지는 걱정이다.

건강한 육체에 건전한 정신이 깃드는 것이다. 사실 공부도 중요하고 여러가지 중요한 게 많지만, 건강만큼 중요한 것은 없다. 그러니, 부모가 깨끗하게 세상에 내놓은 자기의 몸을 잘 관리하여 건강하게 자라는 것도 부모에 대한 효도일 수 있다.

내 몸은 부모님이 주신 분신이다

그러니, 언제나 건강에 유의하여야 한다. 첫째가 부모님이 주신 귀중한 자기의 몸을 부모님 마음 상하지 않게 잘 보살펴야 한다.

논어 태백 편에 보면, 이런 문구가 적혀있다. 잘 읽어보아라.

'曾子有疾 召門弟子曰 啓予足 啓予手 詩云戰戰兢兢 如臨深淵 如履薄氷 而今而後 吾知免夫小子(증자유질하사 소문제자왈 계여족하며 계여수하라 시운전전긍긍하여 여림심연하며 여리박빙이라하니 이금이후에야 오지면부와라 소자아)' (증자가 위독하여 제자들을 불러 모으고 말씀하셨다. 내 손발을 만져 보아라. 시경에 조심하고 또 조심하여 깊은 연못에 서있는 듯하고 살얼음판을 걷는 듯하였는데 나는 지금에야 책임을 다하였노라. 잘있거라 제자들아.)

옛날 사람들은 자기 몸을 다치게 하거나 병이 들게 되면, 그 자체가 불효한 것이라고 생각했다. 지금처럼 예쁘게 성형을 하고 몸단장을 하는 경우는 거의 볼 수 없었다. 어떻든 지금도 부모가 제일 크게 걱정하는 것은 혹시나 자식이 아프면 어쩌나 하는 것이다. 부모의 마음은 예나 지금이나 다름이 없는데, 자식의 마음만 변하지 않았나 생각이 드는구나.

이제 며칠이 지나면 수능이 끝난다. 결과에 따라 대학에 가겠지만, 너의 능력만큼 최선을 다했으면 됐다. 그리고, 또 새로운 사회, 즉 대학에 들어가서 제 2의 인생을 준비하여야 한다.

시험 끝나고 한 번 보자.

- 曾子(증자) zēng zi 공자의 제자. 이름이 삼(參), 자는 자여(子與). 증점의 아들이다.
- 臨深淵(임심연) : 깊은 못가에 서 있음.
- 薄氷(박빙) bó bing 살얼음
- 而今而後(이금이후) ěrjiněrhòu 지금 이후
- 召(소) zhào, shào ① 부를 소 ② 초래할 소
- 啓(계) qǐ ① 열, 가르칠 계 ② 인도할 계 ③ 여쭐, 아뢸 계
- 戰(전) zhàn ① 싸울 전 ② 두려워할 전
- 兢(긍) jīng ① 조심할 긍 ② 삼갈 긍
- 深(심) shēn ① 깊을 심 ② 깊이 심
- 淵(연) yuān ① 못 연 ② 깊을 연
- 履(리) lǚ ① 신 리 ② 밟을 리
- 薄(박) báo ① 엷을, 얇을 박 ② 작을, 적을 박 ③ 야박할 박 ④ 메마를 박 ⑤ 다가올 박 ⑥ 싱거울 박
- 氷(빙) bīng ① 얼음 빙 ② 얼 빙
- 免(면) miǎn ① 면할, 벗을 면 ② 허가할 면 ③ 내칠 면

승원아,

이 뜻이 무엇이겠느냐. 너는 대학생이니 이 깊은 뜻을 알고 있는지 모르겠다.

논어 태백 편에 보면, 이런 글귀가 나온다.

'曾子曰 鳥之將死 其鳴也哀 人之將死 其言也善(증자왈 조지장사에 기명야애하고 인지장사에 기언야선이니라)' (증자가 말하였다. 새는 죽기 직전에 그 우는 것이 슬프고 사람은 죽기 직전에 그 말이 착하다,)

항상 선한 마음으로 살아라

새가 죽을 것을 알았을 때 자기의 목소리 중에서 가장 아름다운 목소리를 내서 애처롭게 운다고 한다. 이제 이 세상을 떠나는 마당에 아껴놓을 게 무엇이 있겠느냐.

정말 내가 울어보고 싶은 만큼 본인 이외의 모든 사물이 놀랄 정도의 목소리를 내서 자기의 존재를 나타내고 싶음이 아니겠느냐.

사람도 임종의 시간이 가까워온다는 것을 알면 착한 말만 한다고 한다. 왜 그럴까.

이제까지의 세상은 탐욕의 세상에서 전쟁을 하면서 살았다. 이제 죽어가는 마당에 무슨 바람이 더 있겠는가?

아마도 욕심의 세상에서 벗어나려고 하는 것이다. 그러니, 새도 죽는 순간에 최상의 목소리를 내지 말고 아예 처음부터 좋은 목소리를 내야 하며, 사람도 눈을 감으려 할 때 '아, 하나도 가져갈 게 없구나.' 하고 깨닫기 전에 항상 선한 마음을 갖는 것이 더 좋지 않을까 한다.

처음부터 이러한 깊은 철학을 알았더라면, 생활이 훨씬 더 보람차고 재미있었을 것인데, 돌이킬 수 없을 때 후회하는 것은 바보짓이다.

할아버지는 이렇게 생각하는데, 너는 어떻게 생각하는지 들어보고 싶다.

물론, 할아버지도 알고 있으면서도 잘 되지 않더라.

그래도 너희들에게는 바라고 싶은 것이 할아버지의 마음이다.

- 鳥(조) niǎo ① 새 조
- 將(장) jiàng ① 장수 장(將相 장상) ② 장차 장(將來 장래) ③ ~로써 장 ④ 나이 장 ⑤ 나아갈 장
- 死(사) sǐ ① 죽을 사 ② 목숨걸 사(死守 사수)
- 鳴(명) míng ① 울 명 ② 새울 명
- 哀(애) āi ① 슬플 애 ② 불쌍히 여길 애(哀憐 애련)
- 善(선) shàn ① 착할 선 ② 좋을, 훌륭할 선 ③ 친할, 사이좋을 선 ④ 잘할 선
- 鳥之將死(조지장사) : 새가 장차 죽으려고 할 때

사랑하는 나의 손자, 손녀들아,

어떤 친구가 진실한 친구인지 가끔 생각하여 보아라. 정말 살아가면서 진실한 친구 한 사람을 갖는다는 것이 얼마나 어려운지, 세상을 살아보면 알 수 있다.

사람의 마음은 갈대와 같고 이익에 흔들리지 않는 사람이 없으니, 어찌 좋은 친구를 얻기가 쉽겠는가. 사회생활에서 나의 앞길을 열어줄 수 있는 사람도 친구요, 나의 가는 길을 방해하는 사람도 친구일 수 있다.

진실한 친구가 있는가

이처럼 사람을 만나 친구로 사귀는 것은 매우 중요한 일이다. 요사이는 옛날과 다르게 친구라는 말이 그리 중요하지 않는 것처럼 느껴지기도 하지만, 그래도 옛날이나 지금이나 친구의 중요성은 똑같다고 본다.

논어 태백 편에 보면, '나는 이런 친구들과 벗하고 지낸다' 고 친구 자랑을 한 부분이 보인다. 그때의 친구와 지금의 너의 친구를 비교하여 보아라.

'曾子曰 以能 問於不能 以多 問於寡 有若無 實若虛 犯而不校 昔者吾友嘗從事於斯矣(증자왈 이능으로 문어불능하며 이다로 문어과하며 유약무하며 실약허하며 범이불교를 석자오우상종사어사의러니라)' (증자가 말하였다. 능력이 있는데 능력이 없는 사람에게 물으며, 많이 아는데 적게 아는 사람에게 물으며, 있어도 없는 듯하며, 내실이 있는데 겸허하며, 남의 지적에 화내지 아니하며, 지난날 나의 벗이 일찍이 모든 일을 이에 좇아 행한 바 있다.)

세상에 태어나서 정말 나의 모든 것을 맡길 수 있는 친구 한 사람만 두었다고 해도 그 사람은 성공한 사람이다.

할아버지도 그 많은 사람들을 사귀고 친구처럼 대하고 있지만, 정말 이 사람이구나 하는 사람은 한 사람도 없으니, 아마 세상을 헛살았는지도 모르겠다.

이제 와서 새롭게 좋은 친구를 얻는다는 것은 쉽지 않은 것 같고, 그나마 알고 지내는 사람들과 평범하게 지금처럼 잘 지내고 싶을 뿐이다.

- 寡(과) guǎ ① 적을 과 ② 홀어머니 과(寡婦 과부)
- 若(약) ruò ① 같을 약 ② 너 약 ③ 만약 약 ④ 어조사 약 ⑤ 땅이름 야(반야)
- 實(실) shí ① 열매 실 ② 실제, 사실 실 ③ 참될 실(眞實 진실)
  ④ 옹골찰 실(充實 충실)
- 虛(허) xū ① 빌, 헛될 허 ② 약할 허 ③ 별이름 허
- 犯(범) fàn ① 범할, 어길 범 ② 죄, 죄인 범
- 校(교) xiào ① 학교 교 ② 교정할 교 ③ 장교 교
- 昔(석) xī ① 옛, 옛날 석 ② 어제 석
- 問於不能(문어불능) : 자기보다 능력이 뒤떨어지는 사람에게도 물어봄.
- 問於寡(문어과) : 견문이 적은 사람에게도 물어봄.
- 有若無(유약무) yǒu ruò wú 도를 얻었으나 밖으로 나타내지 않음.
- 實若虛(실약허) shí ruò xū 덕이 있으나 없는 것처럼 함.
- 犯而不校(범이불교) fàn ér bú xiao 침해를 당해도 따지고 다투지 않음.
- 吾友(오우) wú yǒu 나의 벗

매사에 서둘지 않는 승원아,

요즈음 신문이나 방송을 들어보면, 정말 눈이 없었으면 살 것같고 귀가 없었으면 하는 생각이 많이 든다. 방송에 나오는 갈대 인생들을 보면, 가끔 목에서 뭐가 넘어오려고 한다. 일본이 우리나라를 침략해서 임진왜란이 일어날 거라는 파와 일어나지 않을 거라는 두 파로 나누어졌다.

같이 함께 일본을 갔는데, 어떻게 두 사람이 완전히 다른 시각으로 볼 수 있다는 말이냐.

물론 그럴 수도 있다. 그러나, 보는 눈이 중심에서 흩어지지 않고 본 것인지 자기의 입신을 위해서 본 것인지다.

사람을 제대로 보는 눈을 키워라

한 사람은 자기의 입신처지를 위하여 임금에게 듣기 좋은 말을 하여 우선 편안한 마음을 갖게 하였으나 훗날 큰 참화를 가져왔고, 한 사람은 전쟁이 곧 있을 것 같으니 준비해야 한다고 하는데 어느 누구도 편들어주지 아니하였다.

그 참담한 세상의 인심에 얼마나 가슴에 피를 토했겠느냐. 그 결과는 죄 없는 백성들만 다 저 세상으로 보내고 그들은 부귀를 누렸다.

임진왜란의 주역이었던 선조, 이산해, 유성룡, 정철은 서로 관직을 바꾸면서 부귀영화를 누리고 선조는 이를 이용해서 왕권을 유지하였고, 죄 없는 백성은 목숨을 바쳤다.

우린 지금 어떤 상태에 놓여 있는가.

언론에 나와서 이야기 하는 사람들을 보면, 힘 있는 사람들의 입맛에 맞는 말만 하려고 하고, 우리의 미래에 대해서는 쓴 소리를 하는 사람이 별로 없다. 여기서 증자는 한 나라를 맡길 만큼의 임금을 보좌할 충신을 찾은 것이다.

주(周)나라를 일으킨 주공의 예를 들고, 조선의 수양대군의 예를 들어서, 두 나라를 비교해 볼 법하다.

주공은 성왕을 잘 보좌하여 주왕실을 보존했으나 수양은 왕위를 찬탈하여 왕위에 올랐으니, 다 나름대로의 뜻이 있겠지만 말이다.

논어 태백 편에 이런 구절이 나온다.

'曾子曰 可以託六尺之孤 可以寄百里之命 臨大節而不可奪也 君子人與君子人也(증자왈 가이탁육척지고하며 가이기백리지명이오 임대절이불가탈야면 군자인여아 군자인야니라)' (증자가 말하였다. 어린 임금의 뒷일을 부탁하고 나라의 명운을 맡길 만하며, 죽는 한이 있어도 의지를 빼앗을 수 없다면 이런 사람은 군자인가? 군자니라.)

- 託(탁) tuō ① 의탁할, 의지할 탁 ② 부탁할 탁 ③ 핑계할 탁
- 孤(고) gū ① 외로울 고 ② 고아 고
- 寄(기) jì ① 부칠, 보낼 기 ② 맡길 기 ③ 붙일, 의지할 기(寄生 기생)
- 臨(림) lín ① 임할 림 ② 대할 림
- 節(절) jié ① 마디, 단락 절 ② 절개 절 ③ 병부 절 ④ 때, 시기 절 ⑤ 조절할 절
- 奪(탈) duó ① 빼앗을 탈 ② 잃을 탈
- 六尺之孤(육척지고) : 5세 이하의 고아, 나이 어린 임금
- 百里之命(백리지명) : 사방 백 리되는 나라의 운명
- 大節(대절) : 나라의 운명을 좌우할 큰 사건.
- 不可奪(불가탈) : 지조를 꺾을 수 없음.

정치에 관심이 많은 큰손자 승원아.

논어 태백 편에 나와 있는 공자님의 이 말씀으로 너는 어떻게 이해되는지, 네 나름대로 공자님의 생각을 해석해 보아라.

'子曰 民 可使由之, 不可使知之(자왈 민은 가사유지오 불가사지지니라)' (공자께서 말씀하셨다. 백성들은 편리하게 이용하면 좋고 모든 것은 알릴 필요는 없다.)(요즘은 해석이 분분할 수 있으나 의미는 있다)

리더의 눈을 가져라

국가에는 대통령이 있고, 배에는 선장과 선원이 있고, 또 그 배를 타고 가는 손님들이 있다. 선장과 선원들은 손님을 안전하게 모시기 위해서 최선을 다해야 한다.

그리고 손님들이 배에 탔을 때, 안전수칙 등 일반적인 상황에 대하여 이야기하여 준다. 이 배의 선장은 선장만이 알아야 하는 비밀이 있고, 손님과 함께 알아야 할 비밀이 있을 수 있다.

옛날의 임금은 백성을 배부르게 먹이고, 다음 교육을 시켜 잘 살게 하여 주면 된다고 생각했다.

국가는 국민을 잘살 수 있게 행복하게 살 수 있도록 정책을 펴야 하고, 모든 정책의 핵심까지 모두 국민에게 상세히 억지로 알릴 필요까지는 없다고 했다.

한 국가를 움직이는데, 우리나라처럼 남과 북이 대치하고 있는 상황에서 1급, 2급, 3급, 4급… 7급 등의 비밀취급인가가 있듯이, 모든 정책은 다 소상히 알릴 수는 없다.

그러나 알아서 문제가 되지 않는 것은 알리되, 국가의 존망이나 이해관계에 큰 문제가 있을 때는 꼭 알릴 필요가 없다고 생각한다.

알려도 이해하지 못하는 경우가 많으며, 큰 고통만 따를 수도 있다.

한 국가, 한 조직을 이끄는데 사실 그 자리에 가서 근무하지 않으면 알지 못하는 것들이 많이 있다.

그러나 그 위치에 가보지도 않고 짐작만 하고 계속 불평하는 것보다는 무엇이 문제가 있는가, 도와줄 것이 있는가 등 좋은 쪽으로 생각해보면 안 될까.

- 由(유) yóu ① 따라오게할 유 ② 말미암을 유 ③ 까닭 유 ④ 오히려 유 ⑤ 어조사 유(~부터, ~에서)
- 知(지) zhī ① 이치를 알다, 이유를 알다 ② 알 지 ③ 주관할 지(知事 지사) ④ 아는사이 지

조환,

할아버지가 하는 말 잘 이해할는지 모르겠다.

초등학생이면서도 사회생활의 이해는 대학생 수준이니, 이런 말이 무슨 의미인지 잘 이해할 수 있을 것이다.

용기 있는 사람, 용감한 사람들이 그 용감함을 정당하지 않은 쪽으로 쓰는 경우가 있다.

용감하면서도 세상의 불평과 불만으로 가득 차 있는 용기, 이러한 사람들은 결국 큰 문제를 일으킨다.

그래도, 세상을 살다 보면, 별의별 사람이 다 있다. 상대방의 자존심을 크게 건드리면, 자칫 화를 입을 수도 있으니 조심해서 처신해야 한다.

친구를 사귐에 주의해라

'저 사람은 쓸모없는 사람, 나쁜 사람' 이라고 해서 바로 문전에서 박대하면 큰 봉변을 당할 수 있다.

정말 마음에 들지 않고 문제가 있다고 하면, 상대방이 알 수 없을 만큼 매일 만난 사람이면 일주일에 한 번씩 만나다가 한 달에 한 번씩 만나다가 천천히 멀어져서 자연스럽게 인간관계를 정리하면서, 그 사람으로부터 원한을 사지 않아야 한다.

그래서 대인관계가 중요한 것이다. 논어에도

이러한 구절이 나온다. 한 번 읽어보고 뜻을 다시 음미하여라.

'子曰 好勇疾貧 亂也 人而不仁 疾之已甚 亂也(자왈 호용질빈이 난야오 인이불인을 질지이심이 난야니라)' (공자께서 말씀하셨다. 용감한데 가난을 싫어하면 난리를 일으키고, 어질지 못한 사람을 너무 드러나게 미워하는 것도 난리를 일으키는 것이다.)

언제나 상대를 배려하고, 가까이 해서는 안될 친구는 아예 처음부터 사귀지 말아야 하고, 충고할 필요가 없다.

- 疾(질) jí ① 병, 질병 질 ② 미워할, 꺼릴 지 ③ 빠를 질
- 甚(심) shèn ① 심할, 더욱, 매우 심
- 亂(란) luàn ① 어지러울 난 ② 난리 난
- 好勇(호용) hǎo yǒng 용맹을 좋아함.
- 疾貧(질빈) jí pín 빈천함을 싫어함.
- 疾之已甚(질지이심) jí zhì yǐ shèn 매우 미워함.
- 已(이) yǐ ① 이미, 벌써 이 ② 그칠, 말 이 ③ 너무, 매우 이 ④ 뿐, 따름 이

우리 집의 장손 태헌아,

할아버지와 가장 많은 대화를 하고, 가족의 뿌리랄까, 집안문제에 대하여는 어린이 답지 않는 마음을 가지고 있으니 할아버지는 참 좋다.

더욱이, 지난 여름 방학 때 고아원 아이들을 수영장에 데려와 함께 식사도 하고 수영도 하면서 친구처럼 즐겁게 노는 것을 보고, 할아버지 기분은 너무 좋았다.

교만하고 인색하지 마라

요즘 사람들은 조금만 잘 살거나 조금만 더 많다는 등. 남과 비교해서 자기가 조금만 더 나으면 잘난체하는 경우가 허다하다.

이런 사람은 배우지 않음만 못하다. 또 남보다 잘 살고 많이 알면서도 주위 어려운 이웃을 위해서 협조나 도움도 주지 않는 경우가 많이 있다.

살아가면서 교만과 인색은 사람이 할 일이 아니며, 또 우리 집안사람들이 제일 싫어하는 부분이니 손자 태헌이가 마음속에 깊이 새기도록 하여라.

논어 태백 편에 나오는 이 글귀를 한 번 음미해 보아라.

'子曰 如有周公之才之美 使驕且吝 其餘 不足觀也已(자왈 여유주공지재지미오도 사교차린

이면 기여는 불족관야이니라)' (공자께서 말씀하셨다. 설사 주공같은 재주가 있더라도 교만하고 인색하면 나머지는 보잘 것이 없다.)

옛날에도 이러한 사람들은 사람 취급을 하지 않았다. 살다 보면 종종 이러한 사람들과 마주치게 된다.

얼마나 저주스러운가 보아라. 그게 바로 허상이다.

우리 태헌이에게는 그런 분위기가 없고, 요리조리 보아도 인자함만 보이니, 우리 집의 대들보가 될 만하여 할아버지의 마음이 편안하다.

- 驕(교) jiāo ① 교만할 교 ② 잘난체할 교
- 且(차) jū, qǐe ① 또, 또한 차 ② 장차 차 ③ 구차할 차
- 吝(린) lìn ① 인색할 린 ② 아낄 린
- 餘(여) yú ① 남을, 나머지 여 ② 다른, 딴 여
- 驕且吝(교차린) : 교만하고 인색함.

승원아,

너는 대학생이다. 이제 너의 앞날에 대하여 깊이 생각해야 할 것이다.

대학에 다니는 목적이 무엇인가, 왜 좋은 대학에 가야 하는가, 대학을 나와서 나는 어떻게 될 것인가, 또 어떻게 세상을 살아가야 할 것인가.

앞으로 너는 대학에 다니고, 군대에 가고, 취직하고, 사회인이 된다. 여기서 제일 중요한 것이 실질적으로 취직이다.

이것이 중요하다.

미래를 위한 계획이 중요하다

취직을 하기 위해서는 너는 어떠한 각오를 가져야 하는지 보아라.

물론 할아버지가 늘 '공부해라, 취직해라, 좋은 직장을 가져라' 하는 것이 너희들이 듣기에 불편할 줄 안다. 그래도 할아버지는 너희들의 20~30년 뒤가 보이니 말이다.

지금부터, 수천 년 전 공자시대에도 공자님께 3년 정도 배우고 나면 공자님 제자들 대다수가 다 벼슬길에 나가려고만 하고 있었다. 지금 같으면 취직에 대한 연구일 것이다.

논어 태백의 한 구절이다.

'子曰 三年學 不至於穀 不易得也(자왈 삼년학에 불지어곡을 불이득야니라)' (공자께서 말씀하셨다. 제자들이 3년을 배우고 나면 취직해서(벼슬해서) 나갈 궁리만 하더라.)

수천 년 전이나 지금이나 의식주의 해결에는 안전한 직업을 구하는 것이 이렇게 제일 중요했나 보다.

이렇게 제자들이 벼슬길에만 가려고 하니, 공자께서 '너희들은 학문을 닦고 난 다음 취직을 하여야지, 다 배우지 않고 벼슬길에 나가서 거기서 배우겠다고 하면 잘못된 판단을 가져올 수가 있다.

다 배우고 난 후 벼슬길로 나가거라.' 하셨다. 그때나 지금이나 취직은 어려웠던 모양이다.

- 穀(곡) gǔ ① 봉록, 벼슬 곡 ② 곡식 곡 ③ 복, 행복 복
- 於(어) wū ① 어조사 어(~에, ~보다, ~에서) ② 탄식할 오(嗚呼 오호)
- 易(이, 역) yì ① 바꿀, 바뀔 역(貿易 무역) ② 쉬울, 편할 이
- 不易得(불이득) : 얻기가 힘듦, 하기가 쉽지 않음.

호중아,

너의 아버지와 어머니가 너를 위하여 얼마나 밤낮으로 고생을 하는 줄 아느냐. 아마 지금은 너희들이 그렇게 고생하는 부모에게 감사의 마음을 갖지 않고 있을 수도 있다.

할아버지도 내 자식을 낳아서 길러보며, 그때야 비로서 '우리 부모님이 이렇게 고생하셨구나.' 하는 생각이 들더라. 우리 옛말에 '너도 다음에 네 자식 낳고 살아보아라. 그러면, 이 어미아비 속 알게 될 것이다' 하였는데 그 말이 꼭 맞더라.

사회적 지위의 비밀

그러니, 지금부터라도 부모에게 효도하여라.

다른 면에서 본다면, 특정한 어떤 위치에 올라 가 보지도 않은 사람들이 불평불만을 많이 하는 경우가 있다.

그 자리는 그 자리에 가 본 사람만이 알 수 있는 비밀이 있다. 그래서, 모든 관공서는 비밀취급인가가 있는 것이다.

더욱이, 우리나라처럼 남북이 분단된 나라에서는 말이다. 대통령이 되어보아야 전임 대통령의 속을 알 수 있지, 그렇지 않고 그 자리에 가보지도 않은 사람들이 너무 깊이 왈가왈부하고 있다.

그래서, 남의 비평을 함부로 해서는 안 된다.

네가 알 수 없는, 알아서는 안 되는 비밀이 존재할 수 있기 때문이다.

어려움에 처해보지 않는 사람은 그 상황에 이르지 않고서 잘 이해하지 못한다. 어떠한 자리든 말하기 힘든 일들은 있기 마련이다.

논어 태백 편의 이 글귀를 읽어보고 너의 의중을 다시 헤아려 보아라.

'子曰 不在其位 不謀其政(자왈 불재기위하얀 불모기정이니라)' (공자께서 말씀하셨다. 그 자리에 서보지 아니하고(근무하다) 함부로 그 일에 대하여 왈가왈부 하지 말아라.)

남의 잘못이라고 하는 점이 나에게는 없는지, 또 그 잘못을 나는 범하지 않아야 되는데, 그게 그렇게 쉽지 않다. 세상은 눈으로 본다고, 귀로 들었다고 다 잘 알 수는 없을 것이다.

그러나 입은 자유인이기에 필요 없는 말을 많이 내뱉을 수 있으니, 조심하도록 하여라.

- 謨(모) mó ① 꾀할 모 ② 꾀, 술책 모(無謨 무모)
- 其位(기위) qī wèi 그 지위
- 其政(기정) qī zhèng 그 지위와 직분에 따른 정사, 정무

성실하고 열심히 공부하는 마리아야,

너는 태어나서 철들기 시작하고 초등학교 들어가서 오늘까지 공부공부 하는 말을 귀가 아플 정도로 들었다.

그래도 우리 마리아는 불평하지 않아 불만이 없는 줄 알았는데, '할아버지, 나도 때로 stress 받아' 라는 이야기에 '알았다! 이제 공부공부 안 하마' 하였다.

마리아는 공부를 더 잘해야 된다고 어린 시절에 영국 유학을 갔다 왔으니, 얼마나 배움에 열망이 가득 차 있겠느냐. 그래도, 쉬지 않고 열심히 해주어서 감사하다.

모든 시작에는 끝이 있다

정말 공부만큼 쉬지 않고 꾸준히 해야만이 성공할 수 있는 것이 어디 있겠느냐. 어찌 보면 열심히 꾸준히 노력했느냐, 그러하지 못했느냐가 네 인생 성공의 key가 아닌가 생각한다.

모든 일은 시작과 끝이 있다.

시작은 누구나가 할 수 있다. 그러니, 끝까지 성공적으로 갈 수 있느냐다. 씨앗을 심어 싹을 트게 하고, 꽃을 보고, 열매를 맺어 수확할 수 있어야 한다.

씨앗이 열매를 맺어 수확하기까지는 많은 어려움이 있다. 병충해도 막아야 하고, 태풍도 피해야 하고, 적당한 비료도 주어야 하는 등 열매를 맺기 위해서는 부단한 노력이 필요하다.

그래서, 할아버지는 공부공부 하는 것인데, 너희들이 듣기에는 부담이 되리라고 본다.

논어 책 태백 편에 보면 이런 문구가 나온다.

잘 음미하여 보아라.

'子曰 學如不及 猶恐失之(자왈 학여불급이오 유공실지니라)' (공자께서 말씀하셨다. 공부는 남들을 따라잡지 못하면 어떨까 하는 마음으로 해야 하며, 배운 것도 잊어버릴까 두려워하는 마음을 가져야 한다.)

- 猶(유) yóu ① 오히려, 그래도 유 ② 비슷할 유 ③ 망설일 유
- 不及(불급) : 따라가지 못함.

성실의 대명사, 노력의 상징 승원아,

옛날에 글을 배웠던 선비들은 삶의 즐거움을 어디 가서 찾으면서 공부했겠느냐. 지금처럼 과학의 실험도 없고 컴퓨터도 없고 그런 세상이었다.

이들은 일반상식과 교육을 세상에 돌아다니는 이런저런 이야기들을 통합해서 듣고, 그것을 종합해가면서 지식을 터득했다. 이것을 시와 더불어 즐겼다고 한다.

논어 태백 편에 보면, 이런 글귀가 보이더라.

쉬지 말고 꾸준히 노력해라

'子曰 興於詩 立於禮 成於樂(자왈 흥어시하며 립어례하며 성어악이니라)' (공자께서 말씀하셨다. 학문은 시(詩: 평범한 일상생활의 규칙)에서 시작하고 예에 맞게 생활하며 악(樂)에서 완성해야 한다.)

모든 말과 행동을 규율에 맞게 예(禮)에 어긋나지 않게 하면서 서로서로 협조하고 협동하면서 살아가는데 이를 예(禮)에 근거해서 살았으며, 또 다른 하나는 악(藥)에서 배움의 모든 것이 충전이 된다고 했다.

이렇게 시와 예와 악의 과정을 통해서 학문을 완성시켰다고 한다.

지금처럼 교육의 전 과정을 거치고, 또 컴퓨

터가 교수 이상의 교육을 시키고 있기 때문에, 무엇에 의해서 학생들이 학문을 완성하는지 모르겠다.

큰 손자 승원이가 그래도 차근차근 열심히 공자님 말씀대로 교육의 단계를 밟아가서 기쁘다.

승원아,

쉬지않고 꾸준하게 노력하는 사람만이 성공의 열매를 얻을 수 있다.

- 興(흥) xīng ① 일어날, 흥할 흥 ② 일으킬, 시작할 흥 ③ 흥겨울 흥
- 詩(시) shī ① 시 시(운문 문체의 하나)

子罕第九

살다 보면 절대라는 말은 없다

장손자 태헌아,

이해가 되지 않더라도 여러 번 읽어보면 뜻이 들어온다. 옛날 선비들도 한 문장을 백 번 읽으면 저절로 이해가 된다고 했다.

좋은 글귀를 외우다 보면 스스로 그 글귀에 따라 행동하게 된다.

논어에도 **浸潤之讒**(침윤지참)이라는 글귀가 나온다.

마른 수건 끝에 물을 적시면 시간이 지나면 이 수건 전체가 물에 젖는다는 말이다. 또 옛날 속담에 빈 입에 염불한다는 속담도 있다.

좋은 글귀나 명언은 자주 외우도록 하여라. 이런 것을 습관화 하면, 너도 모르게 좋은 말과 좋은 행동이 나오게 된다.

논어 자한 편에 있는 이 글귀도 공자님께서 가능하면 이러한 것은 하려 하지 않으셨던 글귀이다. 잘 새겨 읽고 외워 보아라.

'子絕四 毋意 毋必 毋固 毋我(자절사러시니 무의 무필 무고 무아러시다)' (공자께서는 네 가지를 절대 하지 않으셨다. 사사로움이 없고, 억지가 없고(이김질이 없고), 고집이 없고, 아집도 없으셨다.)

살아보면 절대라는 말은 없다. 그래서 공자님

께서도 가능하면 쓰시지 않는다고 했다. 사사로운 뜻이 없으셨으며, 기필함이 없으셨으며, 집착함이 없으셨으며, 이기심이 없으셨다.

할아버지는 우리 태헌이에게 네 가지 당부를 하고 싶다.

첫째, 어떠한 일에도 분노하지 말거라.
분노는 우리 몸의 세포를 죽이는 일이다.
둘째, 남의 험담을 하지 말거라.
그 사람은 어쩔 수 없는 그 사람의 형편이 있을 수 있다.
셋째, 부모 형제 자매와 좋은 관계를 유지해라.
이는 하늘이 준 인연이니 천륜을 무시해서는 안 된다.
넷째, 매사에 서두르지 말고 좋은 결론이 나올 때까지 꾸준히 최선을 다해야 한다.

- 絕(절) jué ① 끊을 절 ② 뛰어날 절(絕妙 절묘)
- 意(의) yì ① 뜻 의 ② 생각, 마음 의 ③ 한숨쉴 희 ④ 사사로운 마음, 사욕의 ⑤ 대체로보아 의
- 必(필) bì ① 반드시 필 ② 꼭 필
- 毋(무) mǔ ① 말 무(금지의 뜻) ② 없을 무(無와 같음)
- 毋意(무의) : 억측하지 않음.
- 固(고) gù ① 굳을, 단단할 고 ② 진실로 고 ③ 완고할 고 ④ 고집, 집착 고

믿음의 대명사 혁아,

할아버지가 논어에 나오는, 공자님이 '상대방이 누구든지 상대의 질문에 어떻게 답을 하셨는지' 의 문구가 있기에 여기 적어둔다. 그리고 네 나름대로 앞으로 몇 번이고 되새겨 보아라.

'子曰 吾有知乎哉 無知也 有鄙夫問於我 空空如也 我叩其兩端而竭焉(자왈 오유지호재아 무지야로다 유비부문어아하되 공공여야라도 아고기양단이갈언하노라)' (공자께서 말씀하셨다. 나는 원래부터 지혜가 있는 사람이 아니다.

상대의 말을 경청해라

어리석은 사람이 있어 나에게 질문하거든 나는 최선을 다하여 모든 가능성을 열어놓고 답을 찾았노라.)

'공자님께서 말씀하시기를 내가 뭐 아는 것이 있느냐? 나는 아는 것이 없노라. 그러나 시골의 무식한 사람이 나에게 물어와도 나는 그 옳고 그름의 양단을 들어서 다 말해주노라.' 하였다.

언제나, 겸손한 마음으로 네가 알고 있는 것을 논리적으로 설명해 주어야 한다. 그러나 네 개인의 생각을 상대방에게 주입시키려고 해서는 안 된다.

상대방의 지식의 높낮이를 크게 구분해서도 안 되며, 길 가는 천한 사람이든, 높은 사람이든, 차별해서 답해 주는 태도는 절대 해서는 안 된단다.

여기에 자한 편에 나오는 한 줄의 글을 소개하는 것이니 천천히 하나하나 음미하면서 여러 번 읽어보아라.

한문은 한 자 한 자가 큰 의미를 가지고 있다. 쉬운 자라도 꼭 네 나름대로 해석하면서 뜻을 살펴라.

때로는 상대가 말도 안 되는 소리를 할 때가 있다.
그 사람이 그 말을 왜 했는지도 한 번 뒤로 생각해 보거라.
상대방의 말을 귀 기울여 들어야 한다.
그게 앞으로 나아가는 지름길이다.

- 吾(오) wú ① 나 오 ② 자신 오
- 鄙(비) bǐ ① 더러울 비 ② 시골 비 ③ 낮출 비
- 夫(부) fū ① 사내 부 ② 남편 부 ③ 대체로, 대개 부(발어사로 쓰임)
- 問(문) wèn ① 물을, 물음 문 ② 방문할 문
- 空(공) kōng ① 빌 공 ② 하늘 공 ③ 헛될, 부질없을 공
- 叩(고) kòu ① 두드릴 고 ② 꾸벅거릴 고 ③ 물을 고
- 端(단) duān ① 끝, 가 단 ② 실마리, 처음, 근본 단
- 鄙夫(비부) : 비천한 사람, 무식한 사람.
- 空空如(공공여) : 성실하고 우직함.
- 兩端(양단) liǎng duan 아는 것을 모두 들춰냄.
- 竭(갈) jié ① 다할 갈 ② 없어지다 ③ 제거하다

깔끔하고 스마트한 호중아,

너는 다재다능한 사람이다.

그러나, 할아버지가 볼 때, 아주 특출한 점이 나타나지 않으니, 너가 '이것 만은 누구보다도 자신 있습니다.' 하는 그런 걸 하나 가져라.

세상이 너를 필요로 하는 사람이 되어야 한다. 너만이 남보다 더 잘할 수 있는 무엇인가를 계발해야 한다.

사람은 열심히 하고 때를 기다리면 그때가 온다. 어찌 보면, 사람의 출세는 열심히 하고 때를 기다려 자기를 찾아주는 사람이 있을 때 가능한 것이다.

자신의 능력을 키우고 때를 기다려라

너 자신 스스로 누구나가 갖고 싶어 하는 보석이 되어야 한다. 그래야 값진 가격으로 팔려갈 수 있다.

옛날 제나라의 시조 강태공이라는 사람도 낚시를 강에 넣고 시대가 오기를 기다렸다고 한다.

강태공은 지략이 뛰어난 사람이었는데, 주나라 문왕과 무왕에게 그의 실력을 인정받아 등용되고, 그 지혜를 빌려 주나라 문·주왕은 은나라를 패망시키고 천하를 통일한다.

그 대가로 제나라를 받아 제나라의 초대왕이 된다.

논어 자한 편에 보면, 공자님께서도 이렇게 말씀하셨다.

'子貢 曰 有美玉於斯 韞匵 而臧諸 求善賈而沽諸 子 曰 沽之哉 沽之哉 我 待賈者也(자공이 왈 유미옥어사하니 온독이장제잇가 구선가이고제잇가 자왈 고지재 고지재나 아는 대가자야로라)' (자공이 말하였다. 여기에 귀한 옥이 있다면 궤짝속에 숨겨 놓을 것인가, 좋은 가격을 구하여 팔것인가? 공자께서 말씀하셨다. 팔아야 한다, 팔아야 한다. 그러나 나는 제값을 쳐줄 사람을 기다린다.)

- 美(미) měi ① 아름다울 미 ② 맛날 미 ③ 좋을 미(美名 미명)
- 玉(옥) yù ① 구슬 옥 ② 아름다울, 훌륭할 옥 ③ 임금 옥(玉璽 옥새)
- 斯(사) sī ① 이 사 ② 이것 사
- 韞(온) yùn ① 감출 온 ② 활집 온 ③ 싸다 온
- 匵(독) dú ① 상자 독 ② 궤 독
- 藏(장) cáng ① 감출, 간직할 장 ② 창고, 곳집 장 ③ 내장 장
- 諸(저, 제) zhū ① 모든, 여러 제 ② 어조사 제
- 沽(고) gū ① 팔 고 ② 살 고
- 待(대) dāi, dài ① 기다릴 대 ② 대할 대
- 賈(가, 고) gǔ, jiǎ ① 장사 고(賈人 고인) ② 살, 초래할 고 ③ 값 가(價 = 賈)
- 美玉(미옥) měi yù 아름다운 옥(여기서 공자 자신을 말함)
- 韞匵(온독) yùn dù 궤속에 넣어둠(정치하지 않음)
- 藏諸(장저) : 깊이 감추어 둠(제는 조사임)
- 善賈(선고) : 보옥의 진가를 아는 상인
- 沽之哉(고지재) : 팔아야지

할아버지는 우리 집의 기둥인 태헌이에게 기대가 크다.

큰 나무는 싹부터 알아본다고 했다. 할아버지가 보는 눈은 언제나 정확하다.

나는 내 손자 태헌이가 큰 바위 얼굴이 되리라고 확신한다.

사람이 사회생활을 하다 보면, 주(主)가 되느냐, 종(從)이 되느냐 하는 문제에 부딪힌다.

언제나, 네가 주(主)가 되는 무대를 만들어야 한다. 너가 가는 자리가 위대한 자리가 되어야 한다. 너가 가는 곳마다 변화의 힘이 그 조직이나 사회에 혁신의 힘이 될 수 있어야 한다.

언제나 네가 주가 되는 삶을 살아라

옛날 공자님께서도 논어에 보면, 이렇게 말씀하셨다.

'子曰 君子居之 何陋之有(자왈 군자거지면 하루지유리오)' (공자께서 말씀하셨다. 군자가 머물면 어찌 누추함이 있겠는가.)

공무원이든 사회인이든 '그 사람이 근무했던 자리는 언제나 큰 변화가 되어 크게 발전했어.' 그런 말을 들을 수 있어야 한다.

좋은 자리를 가는 것보다 가서 좋은 자리로 만들어야 하고, 남보다는 무엇이든지 네가 먼저 솔선수범하고, 남들이 싫어하는 일이라도 모두를 위하는 일이라면, 앞에 나설 수 있어야 한다.

옛말에 내가 하기 싫은 일은 남에게도 시키지 말라고 했다.

내가 가고 싶지 않은 위치를 누가 가고 싶어 하겠느냐.

그래도 모두를 위한다면 그런 자리라도 스스로 택하도록 하라.

- 居(거) jū ① 살 거 ② 있을 거 ③ 어조사 거
- 陋(루) lòu ① 더러울 루
- 何陋之有(하루지유) : 어찌 누추하겠는가

어리면서도 세상의 모든 일을 꿰뚫어 보는 어린 천재 환,

학교 공부는 조금 뒤떨어지지만, 다른 방면에는 모두 천재적 기질을 발휘하니 앞으로 크게 되리라고 본다. 그러나, 크게 되는 복을 타고 났어도, 노력을 하지 않으면 아무 소용이 없다.

기회는 모든 사람에게 똑같이 주어지고, 또한 교실에서 선생님에게 가르침을 받았어도, 긴 시간이 지나고 보면, 그 열매의 크기는 다를 수 있다.

시간은 너를 기다려주지 않는데, 마냥 놀고 있다가는 세상 뒷전으로 밀려나기 마련이다.

기회와 노력의 열매는 다르다

초등학생은 초등학생답게, 중학생은 중학생답게, 고등학생은 고등학생답게, 대학생은 대학생답게 자기를 위해 주어진 24시간을 잘 이용하는 사람은 출세할 수 있지만, 이 시간을 놓치는 사람은 꼭 시간이 지나버린 후 늙고 병들 때 '아이고, 내가 젊었을 때 조금만 열심히 했더라면 이렇지는 않았을 텐데.' 라고 후회하지만 무슨 소용이 있겠느냐.

시간은 흘러가는 물과 같다. 한 번 흘러간 물은 다시 그 자리에 있지 않다. 오늘 흐르는 물은 어제의 물이 아니다.

사랑하는 환아, 시간이 돈이고 황금이다. 시

간을 귀하게 여겨라. 여기 열심히 공부하지 않는 아이들에게 공자님께서 하신 말씀 적어둔다.

'子在川上 曰 逝者如斯夫 不舍晝夜(자재천상 왈 서자여사부인저 불사주야로다)' (공자께서 시냇가에서 말씀하셨다. 흘러가는 것이 이와 같구나. 낮과 밤을 쉬지 아니하는구나.)

옛날 어르신들은 늘, 성공하려면 촌음(寸陰)을 아껴 쓰라고 했다.

- 在(재) zài ① 있을 재 ② 살 재 ③ 처할 재
- 川(천) chuān ① 내 천
- 逝(서) shì ① 갈 서 ② 죽을 서
- 舍(사) shè ① 집 사 ② 쉴, 놓을 사
- 晝(주) zhòu ① 낮 주
- 夜(야) yè ① 밤 야
- 川上(천상) : 흐르는 냇가
- 逝者(서자) : 흘러가고 있는 것
- 如斯夫(여사부) : 이와 같도다
- 不舍晝夜(불사주야) : 끊임없이, 밤낮으로 쉬지않고

자기의 인생은 본인 하기 나름이다

우리 서은이는 옛날 격언처럼 공부하니, 할아버지의 마음이 너무 흐뭇하다.

성공의 어머니는 노력이라고 했다. 모든 것은 너 하기에 따라서 달라지는 것이다.

옛날 입시생들이 하는 말이 있다. 한 시간 남보다 더 자면 떨어지고 한 시간 덜 자면 합격한다고. 그만큼 노력이 중요하다는 말이다.

노력이란 오늘만 하고 내일은 쉬고 그렇게 하는 것이 아니고, 쉬지 않고 꾸준히 해야 한다.

어찌 보면, 태어나서 죽을 때까지 열심히 노력하는 사람은 보람 있는 삶을 살았다고 이야기 할수 있다.

그런데, 내 손녀 딸 서은이가 꼭 이처럼 꾸준히 쉬지 않고 노력하여 공부도 잘하고 착한 학생이어서 할아버지는 언제나 기분이 up되어 있다. 나를 즐겁게 하는 손녀딸에게 할아버지가 논어 자한 편에 나오는 한 구절을 소개해주마.

'子曰 譬如爲山 未成一簣止 吾止也 譬如平地 雖覆一簣進 吾往也(자왈 비여위산에 미성일궤하여 지도 오지야며 비여평지에 수복일궤나 진도 오왕야니라)' (공자께서 말씀하셨다. 비유하면 산을 만드는 데 한 삼태기가 부족하여 멈추는 것도 내가 멈추는 것과 같으며, 비유하면 평지에 비록 한 삼태기를 쌓아나아가는 것도 내가 나아가는 것과 같다.)

세상 사는 모두가 네 하기에 달려 있다. 성공하는 것도, 실패하는 것도 말이다.

성실과 노력이 몸에 배어버린 우리 서은이의 앞날에는 언제나 너의 이름처럼 상서로운 은혜와 인자함이 함께할 것이다.

무럭무럭 잘 자라거라, 내 귀여운 손녀딸아.

- 譬(비) pì ① 비유할 비 ② 깨달을 비
- 山(산) shān ① 뫼 산 ② 무덤 산(山所 산소) ③ 절 산(山門 산문)
- 成(성) chéng ① 이룰, 이루어질 성
- 簣(궤) kùi ① 삼태기 궤 ※대나무나 지푸라기로 엮어 만든 바구니
- 止(지) zhǐ ① 그칠, 멈출 지 ② 막을, 금할 지 ③ 머무를 지
- 平(평) píng ① 평평할 평 ② 다스릴 평 ③ 고를 평 ④ 쉬울 평 ⑤ 보통 평
- 地(지) dì ① 땅 지 ② 곳 지 ③ 자리 지
- 雖(수) shuí ① 비록 수
- 覆(복, 부) fù ① 엎을, 뒤집을 복 ② 되풀이할 복 ③ 덮을 부
- 也(야) yě ① 어조사 야 ② 또한 야
- 譬如(비여) : 비유하건대
- 平地(평지) : 땅을 메우는 것(평지를 만들다)

좋은 욕심을 가져라

사람의 욕심은 끝이 없나보다. 환아,

환이 너가 어릴 때 언어가 빨리 터지지 않아 할아버지가 무척 걱정했다. 유치원 갈 나이가 되어 가는데, 말을 하지 않으니 오죽 답답했겠느냐.

그때는 '공부를 잘해라' 그런 말 할 것도 없이 말만 할 수 있다면 좋겠다고 생각했는데, 요즘은 환이에게 공부를 잘해야 된다고 꾸중하니, 할아버지의 욕심이구나. 그래도 사회는 경쟁이니 공부는 사회생활의 무기이다.

군대로 말하면 총이나 칼이다. 할아버지도 이처럼 욕심이 많나 보다. 그래도 요즘 환이의 실력이 날마다 달라지고 더욱이 중국어까지 열심히 하고 있으니 너무 기쁘다.

우리 가족 중에 중국에 대하여 많이 공부하는 사람이 한 사람 탄생한 것 같다. 세상에 태어나서 남보다 더 많이 아는 사람, 사회가 필요로 하는 사람이 되면 좋겠다. 꽃이 피어 좋은 열매를 맺듯이 말이다.

환이야, 똑같은 조건에서 공부하여도 다 다른 결과가 나오지 않는 것을 보았지? 한 교실에서 한 선생님에게 똑같은 시간에 배웠는데 시험을 치러보면 100점부터 0점까지 다 다른 결과가 나온다.

왜 그렇겠느냐 생각해 보아라. 100점짜리는 선생님 말씀을 잘 듣고 다시 또 예습, 복습하지만 0점짜리는 그와 반대다.

네가 지금 이해할 수 있을는지 모르지만, 할아버지가 논어 자한 편에 나오는 문장을 하나 적어주마.

잘 읽고 뜻을 살펴라.

'子曰 苗而不秀者有矣夫 秀而不實者有矣夫(자왈 묘이불수자유의부며 수이불실자유의부인뎌)' (공자께서 말씀하셨다. 싹이 텄어도 꽃을 피우지 못하는 것이 있으며, 꽃을 피웠어도 열매를 맺지 못하는 것도 있다.)

- 苗(묘) miáo ① 싹, 모종 묘
- 秀(수) xiù ① 이삭팰 수 ② 빼어날, 뛰어날 수
- 而(이) ér ① 말이을 이 ② 너 이 ③ 뿐 이
- 實(실) shí ① 열매 실 ② 실제, 사실 실 ③ 참될 실
- 矣(의) yǐ ① 어조사 의

우리 환이가 늘 입에 닳도록, 혼자 중얼거려 말했던 청출어람이란 말, 기억나지?

학생은 언제나 공부해서 나를 가르치는 선생님보다도 내가 더 훌륭하고 많이 알아야겠다는 포부를 가져야 한다.

그리고, 자기가 전공하는 분야에서 아 그분 말씀이지요? 하고 회자될 수 있을 만큼 유명한 사람이 되어야 한다.

스스로 즐겨서 해야 최고가 될 수 있다

학문을 하든, 농사를 짓든 스스로 좋아서 해야 그 분야에서 최고의 인물이 되는 것이다. 그렇게 되려면 어떻게 하여야 되는 것인가는 네가 깨달아야 한다.

환아, 논어 자한 편에 보면 이와 비슷한 글귀가 있다. 네가 다시 한 번 음미해 보아라.

'子曰 後生 可畏 焉知來者之不如今也(자왈 후생이 가외니 언지래자지불여금야리오)' (공자께서 말씀하셨다. 훗날 태어난 사람이 무섭다. 그 사람이 미래가 오늘의 내 모습보다 더 나을지 어떻게 알겠는가.)

공자께서 말씀하셨다.
열심히 공부하는 후배들이 두렵게 생각된다.

그들의 장래가 나의 지금보다 훨씬 훌륭하지 못하리라고 어느 누가 장담하겠는가?

그러나 40~50세가 되어도 알려짐이 없다면 이 또한 두려울 게 없다.

- 可(가) kě ① 옳을, 가할 가 ② 허락할 가 ③ 가히 가
- 畏(외) wèi ① 두려워할, 꺼릴 외 ② 조심하다
- 焉(언) yān ① 어찌 언(의문이나 반어의 뜻을 나타냄) ② 어조사 언
- 後生(후생) hòu shēng 후배
- 可畏(가외) kě wèi 두렵다

호중아,

생활을 하다 보면 갖고 싶은 물건도 많고, 내가 남을 위하여 일을 하다 보면 그 자체가 남에게 피해를 주는 경우가 있다.

어떤 일이든 남을 못살게 굴거나 남에게 거짓말을 해서 남을 해쳐 나에게 이익이 돌아오는 일은 절대 해서는 안 된다.

내 노력의 대가이어야 한다. 언제나 내 노력의 산물이 나의 것이 되어야지, 남을 해쳐 나의 것을 만들어 자산이 되면 안 된다.

본인 스스로의 노력으로 원하는 것을 얻어라

또 세상을 살다 보면, 너의 수준에 맞지 않게 좋은 물건을 탐내는 경우도 있을 수 있다. 탐나면 네가 노력해서 얻으면 된다.

너의 노력의 대가로 얻어져야지 옳지 않은 과정을 통해서 얻어지는 것은 탐욕을 채우는 것이다.

가능하면, 남을 못살게 굴거나 남의 물건에 욕심을 내지 말거라.

모든 것은 너의 노력으로 해결하여라. 무엇이든지 하려고 마음먹으면 할 수 있다. 착하고 선한 방법으로 노력하면 되는 것이다.

논어 자한 편에 보면, 이런 문구가 있다.

'詩曰 不忮不求 何用不臧(시왈 불기불구면

하용불장이리오)' (시경에 이런 말이 있다. 남을 해치지 아니하고 남의 것을 탐하지 아니하면 어찌 착한 사람이라 하지 않겠는가.)

- 忮(기) zhì ① 해치다, 질투하다 기 ② 거스르다 기 ③ 뜻이굳다 기
- 何(하) hé ① 어찌, 어느 하 ② 누구 하 ③ 얼마 하
- 何用(하용) hé yòng 어찌, 어떻게
- 臧(장) zāng ① 착할, 좋을 장 ② 종, 노비 장 ③ 숨을, 숨길 장
- 求(구) qiú ① 구하다 ② 탐하다 ③ 욕심부리다 ④ 취하다

승원아,

할아버지가 적어주는 이 문구를 너의 마음속에 새겨두어도 좋다.

세상을 살다 보면, 우리는 사람들 속에서 살면서 서로 믿고 의지하고 생활한다. 더욱이 혈육이 아니더라도 정말 형제처럼 사이좋게 지내면서 살아갈 수가 있다.

세상은 그냥 큰 문제없이 살아갈 때는 서로 너무 좋아 별것도 나누어 줄 것처럼 하면서 살아간다. 그래서, '아, 나는 이렇게 좋은 친구가 있으니 행복하구나.' 라고 생각한다.

좋은 친구는 네가 어려울 때 빛이 난다

물론 이런 친구가 있다는 것은 무척 행복한 일이다.

그러나 인생사라는 것이 좋은 일만 있는 게 아니라, 정말 네가 어려운 일이 일어났을 때 네가 믿었던 친구가 발 벗고 나서서 자기 일처럼 해결해 주려고 노력한다면, 그 사람은 삶과 친구관계에서 성공한 것이다.

그러나, 편한 세상에서는 형제보다 가까웠던 친구도 세상에 큰 일이 일어나면 '언제 내가 이 사람을 알았던가?' 하고 멀어지는 경우가 있다.

사람이니까 그런 행동을 하고, 사람이니까 신뢰도 한다.

좋은 친구를 두는 행복이, 꼭 너에게 있을 거

라 생각한다. 어려움을 당했을 때 옆에 있어 고통을 함께하고 해결하려고 하는 것이 참 좋은 친구다.

좋은 친구에 대한 격언이 많이 있으니 비교하면서 읽어 보거라.

여기 그 유명한 글귀가 있으니 외워두어라. 논어 자한 편에 적혀 있다.

'子曰 歲寒然後 知松柏之後彫也(자왈 세한연후에 지송백지후조야니라)' (공자께서 말씀하셨다. 계절이 추워진 다음에야 소나무와 잣나무가 늦게 시드는 것을 알게 된다.)

이 뜻은 '공자께서 말씀하시기를 겨울이 다가오면은 소나무와 잣나무가 시들지 않고 푸르게 있다는 것을 알게 될 것이다.' 하였다.

- 歲(세) suì ① 해, 새해 세 ② 나이, 연령 세 ③ 세월, 시일 세
- 寒(한) hán ① 찰, 추울 한 ② 어려울 한 ③ 가난할 한
- 然(연) rán ① 그럴, 그러할 연 ② 그러면 연 ③ 어조사 연 ④ 그러나 연
- 松(송) sōng ① 솔, 소나무 송
- 柏(백) bǎi ① 잣나무 백 ② 측백나무 백
- 彫(조) diāo ① 새길 조 ② 꾸밀 조 ③ 시들 조
- 歲寒(세한) : 날씨가 추워짐

승원아,

그래도 네가 대학생이니 할아버지와 사회적 대화가 되는 것 같다. 요즘 새 정부가 들어서면서 적폐청산에 온 힘을 기울이고 있다. 적폐란 있을 수도 없고 있어서도 안 되는 것인데 계속 TV자막에 나오는 것을 보면, 어찌 이런 세상이 있었는가 하는 생각이 든다.

세상에서 leader로 살아가기 위해서는 자기 밑에 부하직원을 두어야 하고, 더욱 대통령이라고 하면 측근이라고 부르는 사람이 있기 마련이다.

소신 있는 사람이 되라

옛날에 중국의 황제는 한 나라를 움직이는 데 쓸 만한 신하 세 사람이면 된다고 했다.

주나라 황제는 열 사람이면 이 큰 중국 땅을 잘 다스릴 수 있다고 했다.

그런데, 이 적폐라고 하는 일에 대하여 떳떳하게 '나는 이것이 옳다고 생각하여 대통령께 충성해서 한 일이며, 국민과 나라를 위해서 노력했으나 결과가 좋지 않다 할지라도 지금도 나는 이것이 옳다고 생각합니다.' 하는 소신이 있는 측근이 한 사람도 없더라.

'대통령께서 하신 대로 적었습니다.', '대통령의 지시였습니다.

'이러니 아마도 적폐라는 말이 왜 나왔는지,

주위 사람을 어떻게 채용했기에 이런 일들이 일어났는지 도저히 이해가 안 된다.

어느 누구 한 사람이라도 '저분은 죄가 없습니다. 제가 잘못 모셔서 그렇게 되었습니다.' 하는 측근이 없으니, 겨울비가 내릴 수밖에 없구나.

승원아 너는 신념에 차있으면, 아니면 아니고 옳으면 옳다고 할 수 있어야 한다. 청와대 근무할 때는 옳고 재판받을 때는 받아 적기만 했다고 하는 것은 신념도 용기도 의리도 없으니 너는 이렇게 살면 안 된다.

논어 자한 편에 보면, **'予與其死於臣之手也 無寧死於二三子之手乎(여여기사어신지수야론 무녕사어이삼자지수호아)'** (공자께서 말씀하셨다. 내가 가신(家臣)의 손에 의하여 남 보란 듯이 장사 지내는 것보다는 차라리 조용히 여러 제자들의 손에서 장사 지내지는 것이 좋지 않겠느냐.)라고 하였다.

- 臣(신) chén ① 신하 신 ② 낮출 신
- 手(수) shǒu ① 손 수 ② 스스로, 몸소 수 ③ 재주, 수단 수
- 寧(녕) nìng, ning ① 평안할 녕 ② 차라리 녕 ③ 어찌 녕 ④ 문안할, 친정갈 녕
- 死(사) sǐ ① 죽을 사 ② 목숨걸 사
- 且(차) jū, qiě ① 또한 차 ② 우선 차 ③ 구차할 차

마리아야,

나는 네가 원대한 꿈을 갖기를 바란다.

할아버지는 네가 무엇이든지 해낼 수 있는 능력을 갖고 있다고 생각한다.

너는 의지가 강한 사람이다.

네게 있는 재산이나 너의 물건을 남들이 욕심내서 가져갈 수 있지만, 가슴속에 품고 있는 너의 포부와 희망은 어느 누구도 탐낼 수 없다. 그렇지만 이러한 희망과 기대는 너 스스로 밀고 나가면 성취되나 네가 포기하면 거품처럼 사라지는 것이다.

정신이 물질을 앞선다

네가 세상을 살아가면 정신적인 것과 물질적인 것, 이 두 가지를 소유하게 된다.

물질은 너가 소유하고 싶다고 해서 소유하고, 싫다고 해서 소유하지 않은 게 아니다. 그러나, 정신적인 것은 네가 소유하겠다고 의지를 가지면 갖고 살아갈 수 있다. 이것만이 유일한 너의 재산이다.

논어 자한 편에 보면, 그런 비슷한 문구가 나오더라.

'子曰 三軍 可奪帥也 匹夫 不可奪志也(삼군은 가탈수야어니와 필부는 불가탈지야니라)' (공자께서 말씀하셨다. 삼군의 장수는 얼마든지 바꿀 수 있으나 필부의 강인한 의지는 빼앗을 수 없다.)

여기 적어두니 한 번 읽어 보아라.

- 軍(군) jūn ① 군사, 병사 군 ② 군무, 병무 군
- 奪(탈) duó ① 빼앗을 탈 ② 잃을 탈 ③ 관직을 삭탈하다 ④ 잃다
- 帥(수, 솔) shùai ① 장수 수 ② 거느릴 솔(率)
- 匹(필) pǐ ① 짝 필 ② 상대할 필 ③ 혼자, 하나 필(匹夫 필부) ④ 필 필(세는 단위)
- 志(지) zhì ① 뜻 지 ② 적을, 기록할 지
- 夫(부) fū ① 장부 부 ② 남편 부 ③ 대체로 부

鄉黨第十

승원, 호중, 혁, 환 그리고 장손 태헌,

읽어보아라.

논어 향당 편에 보면, 이런 문구가 나온다.

'賓退 必復命曰 賓不顧矣(빈퇴어든 필복명왈 빈불고의라하시더라)' (공자님께서 손님 대접하는 사람이 되셨을 때 손님이 돌아가면 반드시 복명하기를 '손님께서 미련 없이 돌아가셨습니다.' 라고 했다.)

아부하지 마라, 에티켓을 갖춰라

이 말은 항상 사후 결과를 보고하여 윗사람을 안심시켜야 윗사람도 편안하고 아랫 사람을 믿고 맡길 수 있다는 말이다.)라고 씌어 있다.

사회생활을 하면 처음부터 윗자리에 근무하기는 쉽지 않다.

윗자리에 들어간다 하더라도 또 윗 상사가 있기 마련이다. 언제나 상사의 마음을 잘 살피는 것은 예의 중의 예이다.

남의말 하기 좋아하는 사람들은 상사에게 예의를 갖추어 깍듯이 하면 아부한다고 하는데, 아부일 수도 있겠지만, 그것은 아부가 아니고 요샛말로 에티켓이라고 생각한다.

윗사람에게 잘하는 것은 우리 전통으로 내려오는 예의이다.

가끔 우리는 형이라는 말을 사용하고 윗사

람에게 가까우면 '형님' 그렇게 말하는데, 형님이라 부르는 세 가지의 type이 있다.

그 첫째가, 혈연의 형이다. 나이가 많은 경우이다.

둘째는 학형이다. 나이에 관계없이 학교의 선배이면 형이라 부른다.

셋째는 사회의 형이다. 직장이라는 system에서는 더 높은 지위에 있는 사람이 나이에 상관없이 형님이다.

꼭 이렇게 해야 하는 것은 아니지만, 통상적으로 서로가 잘 모르고 있을 때 이렇게 하면 손해 보는 일은 없다.

옛날에도 국빈이나 손님이 왔다가 떠난 후에 윗사람에게 손님이 방문했던 목적을 이루고 갔는지 등등 자세하게 보고하여 주었다.

손님을 맞이했든, 귀빈이 오셨든, 다녀간 후에 윗사람에게 자세한 동정을 보고 하는 것을 습관화시켜라.

특히, 윗사람을 찾아온 손님이나 귀빈에 대한 여러 가지 동정을 살펴 보고하는 것도 습관화시켜라.

그러면, 상사로부터 신뢰를 받을 수 있을 것이다.

- 賓(빈) bīn ① 손 빈 ② 손님 빈
- 退(퇴) tuì ① 물러날 퇴 ② 물리칠 퇴
- 必(필) bì ① 반드시 필 ② 꼭 필
- 命(명) mìng ① 목숨 명 ② 운명, 운수 명 ③ 명령할 명 ④ 이름지을 명 ⑤ 표적 명
- 顧(고) gù ① 돌아볼 고 ② 지난날들 생각할 고 ③ 다만 고 ④ 도리어 고

모든 일에는 시기와 때가 있다

서은아,

하루 종일이 너무 바쁘구나.

어떻게 음식을 잘 챙겨 먹고 학교에 다니는지 모르겠다. 학교 끝나면 학원, 학원 끝나면 저녁 늦게 돌아오니 할아버지는 즐거우면서도 걱정이다.

내일 11월 7일은 너의 생일날이라 오늘 할아버지가 네 생일선물과 cake를 사서 가져갔는데, 저녁 10시가 넘어야 집에 온다고 하니, 저녁은 잘 챙겨 먹고 있는지 걱정이구나.

너의 어머님이 잘 알아서 하고 있으니 할아버지는 걱정하지 않지만, 그래도 저녁을 제때 먹지 못하니 걱정이구나. 이제 내년이면 또 중학생이 되니 건강에 신경을 써라. 어찌 되었건 생일 축하한다.

우리에게 가장 중요한 것은 의·식·주이다. 이 문제가 잘 해결되지 않으면 건강을 해칠 수도 있으니 주의하기 바란다.

요새는 냉장고가 있어서 365일 내내 싱싱한 음식을 맛볼 수 있다고 해도 수확한 지 오래된 음식은 좋지 않다. 그러니 가능하다면 그때그때 신선한 음식을 먹도록 하여라.

공자님께서 음식이나 의복을 아무렇게나 먹

고 입지 않으신 것이 잘 기록되어 있더라.

옛날 분들도 의식주에 대하여 이렇게 신경을 썼느니라.

논어 향당 편에 보면, **'不時不食(불시불식)'** (공자께서는 제철 음식이 아니면 드시지 아니하셨다.) 하였다.

다시 말해서, 계절 음식을 드셨다. 그 계절에 나오는 음식을 주로 즐겨 드셨다는 말씀이다. 감은 가을에 먹지, 여름에는 홍시가 있어도 드시지 않으셨다.

- 不(불, 부) bú, bù ① 아닐, 아니할, 못할, 없을 불
  ※다음에 오는 글자의 첫소리가 ㄷ, ㅈ이면 부
- 時(시) shí ① 때, 철 시 ② 그때, 당시 시 ③ 기회, 시 시
- 食(식, 사) shí, sì ① 밥, 음식 식 ② 먹을 식 ③ 녹, 녹봉 식 ④ 먹일, 기를 사 ⑤ 밥 사

손자 혁아,

요새 공부를 열심히 하여서 그러한지 너무 살이 빠져서 걱정이다.

지난번에도 병원 입원까지 하였으니, 할아버지의 걱정이 이만저만이 아니다. 어떻게 하면, 혁이가 건강하게 학교에 다닐 수 있게 할 것인가가 할아버지의 걱정이다.

내가 살아온 시간을 뒤돌아보면 아침·점심·저녁 세 끼를 꼭꼭 챙겨 먹는 것이 건강에 가장 좋은 방법인데, 요즘 애들은 먹을 것이 많아서 그러한지 밥을 잘 챙겨 먹으려고 하지 않는다.

무엇이 내 몸에 맞는지 생각해라

옛날이나 지금이나 건강을 지키는 자기 나름대로의 방법이 하나씩 있었는지도 모르겠다.

요즘 건강에 좋다는 목걸이나 팔찌를 몸에 치장을 하는데, 이렇게 하면 목도 관절도 아프지 않는다고 하니 우리 혁에게도 무엇을 하나 채워줄까 생각하는데, 너는 어떻게 생각하느냐.

논어 향당 편을 읽어보면 공자님께서도 상중이 아닐 때는 언제나 옥을 몸에 지니셨다는 말이다.

'去喪 無所不佩(거상하사는 무소불패러시

다)' (공자께서는 상중이 아닐 때는 옥을 항상 몸에 지니고 다니셨다.)

그래, 언제부터인가 할아버지도 꼭 목에 가벼운 옥 목걸이를 하고 다닌다.

우스운 이야기지만, 할아버지가 논어라는 책을 읽고 공자님 흉내를 내는 것이 두 가지가 있는데 하나는, 몸에 옥을 지니는 것이고, 또 하나는 생강을 먹는 것이다.

그렇게 하니 마음이 편하더라.

'성인께서도 아마 무엇인가 이유가 있어 그렇게 했겠지.' 라고 생각한다.

- 去(거) qù ① 갈, 지날 거 ② 버릴, 없앨 거(去勢 거세)
- 喪(상) sāng, sàng ① 죽을 상 ② 복입을 상 ③ 초상 상 ④ 잃을, 망할 상
- 佩(패) pèi ① 찰, 달 패(佩用 패용) ② 패물 패 ③ 지니다, 휴대하다 ④ 두르다

귀여운 내 손녀 서은아,

할아버지의 할머니 이야기를 들어보아라. 이것은 우리 가족의 역사다.

전해 내려오는 구절이나 습관은 수천 년을 흘러서 오늘까지 전해 내려오는 것이 많이 있으니 참 신기하기도 하다.

나는 어릴 적부터 할머니 옆에 따라 다니면서 여러 가지를 목격했는데, 할머니께서는 밖에서나 어떤 특정장소에서 음식을 드실 때는 언제나 드시기 전에 음식을 조금 분리해서 '퇴고시라' 하신 후에 꼭 음식을 드시었다.

퇴고시라의 의미

나는 왜 그러시는지 그 말뜻이 무엇인지도 모르고 그냥 지나쳐 지냈었다.

논어를 공부한 후에야 수천 년 전에 행해졌던 이러한 습관들이 자연스럽게 오늘에까지 이르게 되었다고 하니, 구전이나 행동, 습관은 무서운 것이라고 생각이 든다.

이처럼 우리 조상들은 자기의 입에 들어가기 전에 조상에게 감사하고, 이 음식을 먹게 해준 모든 이에게 감사하는 마음의 예를 먼저 갖추기 위해서 먹기 전에 제사지내는 존경의 마음으로 '퇴고시라' 했는지도 모르겠다.

논어 향당 편에 보면, **'雖蔬食菜羹 瓜(必)祭**

齊如也(수소사채갱이라도 과(필)제하시되 제여야러시다)' (공자님은 비록 거친 밥과 나물국이라도 반드시 고시레 하셨고 반드시 큰제사를 모시는 것처럼 하였다.)라고 하였다.

- 蔬(소) shū ① 나물 소 ② 채소 소
- 菜(채) cài ① 나물 채 ② 채소 채
- 羹(갱) gēng ① 국 갱
- 瓜(과) guā ① 오이, 참외 과
- 必(필) bì ① 반드시 필 ② 꼭 필
- 菜羹(채갱) : 나물국

일곱 명의 손자, 손녀들아,

할아버지도 좋은지 나쁜지 모르지만, 건강을 위한 습관들이 있다.

여러 가지가 있지만, 전에 말했던 것처럼 옥구슬을 몸에 지니는 것과 생강을 다른 음식보다 약처럼 조금씩 먹고 있다.

건강습관을 지켜라

아마, 나는 공자 신봉자 인지도 모르겠다. 음식을 먹고 난 후나 아니면 음식에 생강을 넣거나 식후 먹는 것을 습관화하고 있다.

그러면 좋다고 하니 의사인 나도 확실한 증거 없이 지금도 먹고 있다. 아마 생강은 냄새를 제거하기도 하고 또 다른 우리가 모르는 어떤 약리작용이 있지 않을까 생각한다.

옛날에는 생강차 먹는 것을 소홀히 했지만, 요즈음은 주로 생강차를 마신다.

논어 향당 편에 나와 있는 이 문장을 한 번 보아라.

'不撤薑食 不多食(불철강식하시며 불다식이러시다)' (공자님은 생강 드시는 것을 멈추지 아니하셨으며 모든 음식은 과식하지 않으셨다.)

논어 책을 읽어보면, 공자님께서 먹고, 입

고, 주무시고 하는 것도 그냥 대충 하는 것이 아니셨으며, 음식도 여러 가지 면을 고려해서 드셨고, 옷 입는 것도 예에 벗어나지 않게 하셨으며, 주무시는 것도 아무렇게나 주무시지 않으셨다. 어느 것 하나 예에 벗어나는 것이 없었기 때문에 그것이 건강을 지켜주었는지 모른다.

당시에 73세의 나이는 지금으로 하면 90살이 넘는 나이일 것이니 장수하신 편이다.

너희들도 할아버지처럼 건강을 지키기 위한 습관들을 만들어 가기를 바란다.

- 撤(철) chè ① 걷을 철 ② 치울 철 ③ 그만두다 ④ 제거하다
- 薑(강) jiāng ① 새앙 강 ② 생강 강
- 多(다) dūo ① 많을 다

내 사랑하는 손자들.

승원, 호중, 혁, 환, 태헌이가 함께 할아버지의 경험이랄까, 술에 대한 이야기를 적어볼까 한다.

요새 대학에 들어가더니 큰 손자 승원이도 술 마시고 밤늦게 귀가하더라.

술은 음식이 아니다. 음료수도 아니다.

상대와의 문제 · 분위기 · 사회생활의 양념으로 쓰이는 것이 술이다. 술을 마시면 장점도 있고, 단점도 있다.

술의 독과 약

풀리지 않을 문제도 술을 마시면서 허심탄회하게 이야기하면 풀리는 경우도 있지만, 술을 과음하여 쓸데없는 말이나 행동을 하게 되어서 만사를 그르치는 경우도 있다.

술로 인해서 목숨도 잃고 직장도 잃는 경우도 있다. 술을 마셔야 되느냐, 마셔서는 안 되느냐는 본인이 알아서 판단할 일이다.

공자님께서도 술을 마시지 말라고 하시지는 않으셨다.

사람마다 주량이 다르니, 자기가 알아서 실수하지 않을 정도까지만 마시라고 했다. 잘 마시면 약이 되고 잘못 마시면 독이 되는 것이 술이 아닌가도 생각된다.

논어 향당 편에 보면, 술을 마시지 말라고는 하지 않았다.

'唯酒無量 不及亂(유주무량하시대 불급란이러시다)' (공자님께서 오직 술에 대해서는 양을 정하여 마시지는 않았지만 술먹고 술주정 할 만큼은 마시지 않았다.)

- 唯(유) wéi ① 오직 유 ② 대답할 유
- 酒(주) jiǔ ① 술, 술자리 주
- 量(양) liàng ① 헤아릴 양
- 及(급) jí ① 미칠 급 ② 이를 급 ③ 몇, 외 급
- 亂(란) luàn ① 어지러울 난 ② 난리 난

사람이 우선이다

서은아,

가까운 사이일수록 한마디의 말이 따뜻함과 차가움으로 인해 인간관계가 서운해질 수 있다.

네가 좋아하는 물건을 어머니가 가지고 있다가 넘어져서 그 물건이 버리게 되었다고 하자. 그때 어머니가 그 물건을 들고 있다 잘못하여 넘어져서 너의 좋아하는 인형이 조금 망가졌다고 하자.

이때 어머니가 넘어졌다 일어나는데

'어머니 어디 다치신 데는 없어요? 다행이네요.' 라고 말하는 것과

'아니, 어떻게 하다 넘어졌어, 조심해야지. 내 인형 버렸지 않아.' 라고 한다면 엄마는 어떻게 느낄까 생각해 보거라.

그러니 언제나 가벼운 사고라도 사람의 피해가 있는지 없는지 보고 난 후 그다음 문제는 꼭 말할 필요도 없다.

이 세상에서 가장 귀하게 여겨야 할 것이 사람의 생명이다.

어떤 일이 일어나더라도 사람이 다치지 않는지를 묻고, 다음 문제를 물어보도록 하여라. 논어 향당 편에 보면, 비슷한 이야기가 나온다.

한 번 읽어보고 의미를 생각하여 보아라.

'廏焚 子退朝曰 傷人乎 不問馬(구분이어늘 자퇴조왈 상인호아하시고 불문마하시다)' (마굿간에 불이 나자 공자님이 퇴근하여 말씀하셨다. 사람은 다치지 않았느냐 하시고 말에 대하여는 언급하지 않으셨다.)

역사의 흐름을 보면, 말 한마디 잘해서 영의정이 된 경우도 있고, 말 한마디 잘못하여 목숨을 잃은 경우도 있다.

- 廏(구) jiù ① 마굿간 구 ② 마구 구 ※廏와 같음 (jiu)
- 焚(분) fén ① 불사를 분 ② 불탈 분
- 朝(조) zhāo, cháo ① 아침 조 ② 조정 조 ③ 임금뵐 조 ④ 왕조 조
- 傷(상) shāng ① 상할, 다칠 상 ② 애태울 상(傷心 상심) ③ 비난할 상
- 馬(마) mǎ ① 말 마
- 問(문) mén ① 문 문(門戶 문호) ② 집안 문 ③ 배움터 문(同問 동문) ④ 구별, 분야 문
- 退潮(퇴조) tuì cháo 퇴근함

서은아,

너희들은 친구의 생일이거나 또 축하해야 할 일이 있으면 가끔은 선물을 주고 받을 것이다.

그 선물이 값진 것이든 아니든 선물은 그 사람의 마음의 정성이 담겨 있어야 한다.

또, 너도 친구에게 선물을 할 때는 너의 깊은 우정을 표시해서 선물을 해야 한다.

선물을 주고받는 것은, 어찌 보면 마음의 정을 서로 나누는 것이니, 아무 생각 없이 선물을 하면 안 된다. 또, 선물은 아무에게나 해서도 안 되며 해야 할 곳을 하지 않아서도 안 된다.

선물은 마음의 표시

사회생활에서 선물이 주는 의미가 클 수 있다. 그러나, 요즘 선물을 할 때에는 어느 정도 이상의 값있는 물건을 해서는 안 되게 법으로 정해져 있다.

법적으로 정해져 있지만, 스승의 날 선생님께 드리는 선물도 법에 저촉될 수 있으니, 할아버지 생각으로는 잘 이해되지 않지만, 법은 지키라고 만들어 놓은 것이니 지켜야 하겠지.

논어 향당 편에도 이런 비슷한 이야기가 나온다.

읽어 보거라.

'朋友之饋 雖車馬 非祭肉 不拜(붕우지궤는 수거마라도 비제육이어든 불배러시다)' (친구가 선물을 주면 그것이 비록 수레나 말이라 하더라도 절하지 아니하였으며 조상에게 제사 지낸 음식에 대해서는 예의를 갖추었다.)

- 朋(붕) péng ① 벗 붕
- 友(우) yǒu ① 벗 우
- 饋(궤) kuì ① 먹일 궤 ② 드릴 궤
- 車(거, 차) chē ① 수레 거(車馬 거마) ② 수레바퀴 차
- 非(비) fēi ① 아닐 비 ② 어긋날 비 ③ 나무랄 비 ④ 비방할 비
- 祭(제) jì ① 제사 제 ② 행사 제
- 肉(육) ròu ① 고기, 살 육 ② 몸, 육체 육
- 拜(배) bài ① 절 배 ② 삼갈 배 ③ 받을 배(拜命 배명)
- 선사(膳賜 : 보내준 음식이나 물품)

先進第十一

어린 손자 태현에게 공자님의 말씀을 전하려 하니 어떤 방식으로 전해야 할지 할아버지의 문장실력이 짧구나!

네가 이 글을 읽으면서 이해가 될는지 모르겠다.

늘 하는 이야기하지만, 이해하지 못하고 무슨 뜻인지 모르더라도, 긴 세월을 두고 여러 번 읽어 보아라.

그러면 답이 들어온다.

늘 예습과 복습을 해라

태헌이는 영리하기 때문에 남의 말을 잘 이해한다. 네가 학교에서나 학원에서 선생님과 공부를 할 때, 선생님의 말씀을 잘 이해하면 그 수업시간이 즐겁고 재미있다.

그러나, 이해하지 못하고 있으면 짜증만 날 수 있다.

선생님의 말씀을 잘 이해하기 위해서는 예습과 복습이 필요하고, 선생님의 말씀을 귀 기울여 들어야 한다. 선생님과 네가 통하는 실력이 되어야 한다.

논어 선진 편에 보면, 공자님께서 안회를 가르치면서 기뻐하신 글이 있다.

읽어보아라.

'子曰 回也非助我者也 於吾言 無所不說(자

왈 회야는 비조아자야로다 어오언에 무소불열이온여)' (공자께서 말씀하셨다. 안회는 나를 보조하는 사람이 아니다. 내 말에 기뻐하지 아니한 적이 없다.)

선생님은 언제나 학생을 위하여 무엇이든 잘 가르쳐 주려고 노력하시고 부모님은 언제나 착하고 건강한 아들, 딸이 되기를 바라는 마음이란다.

옛날 옛날 공자님께서도 자기가 가르친 제자가 선생님의 말을 잘 이해하니 얼마나 마음이 기쁘고 흐뭇했겠느냐.

- 回(회) huí ① 돌 회 ② 돌이킬 회 ③ 번, 횟수 회
- 助(조) zhù ① 도울 조
- 者(자) zhě ① 놈 자 ② 사람 자 ③ 것 자
- 言(언) yán ① 말씀 언 ② 말 언
- 所(소) suǒ ① 바, 것 소 ② 곳, 처소 소(所在 소재)
- 說(열, 설) shuō, shuì ① 기쁠 열(說樂 열락) ② 달랠 세 ③ 말씀 설

환아,

할아버지가 일러주는 글을 잘 읽어보아라.

논어 여러 곳에서 반복되어 나오는 글이지만 너무 중요하다. 이것 때문에 세상일을 일으킬 수도 있고, 실패로 돌아갈 수도 있다.

속담에 '나무관세음보살, 하루에 세 번만 하면 극락에 간다.' 고 했다. 노는 입에 염불한다고 하더라.

좋은 말은 늘 입에 붙어있어야 행동으로 이어지는 것이다.

항상 생각하고 마음속에 새겨라

공자의 제자 중 남용이라는 사람은 하루에 세 번씩 '옥에 티가 있으면 갈아서 없앨 수 있지만, 말이 한 번 잘못 나오면 다시 고칠 수가 없다.' 는 말을 반복하였다고 한다.

할아버지는 골프 운동을 할 때 사람들이 여러 가지 말을 하는데, 나는 '사무사(思無邪)' 하면서 스윙한다.

언제나 마음속에 명심하는 글을 하나 가져라.

할아버지는 손님들과 술을 마실 때 술잔을 입에 대고 나는 '이 순간에 실수하면 끝이다.' 하면서 마신다. 항상 무언가를 생각하면서 마음속에 새겨라.

논어 선진 편에 비슷한 이야기가 있으니, 읽

고 더 공부하여라.

'南容 三復白圭 孔子以其兄之子 妻之(남용이 삼복백규어늘 공자이기 형지자로 처지하시다)' (남용이 시경 백규편을 하루에 세 번 반복하자 공자가 조카 사위를 삼았다.)

'詩大雅抑之篇 曰 白圭之玷 尙可磨也 斯言之玷 不可爲也 南容 一日 三復此言(시대아억지편에 왈 백규지점은 상가마야어니와 사언지점은 불가위야라하니 남용이 일일에 삼복차언이라)' (시경대아 억편에 말하기를 하얀 구슬의 티는 갈아버릴 수 있으나 말의 실수는 한번 나오면 다시 담을 수 없다고 하였는데 남용이 하루에도 세 번 이 말을 암송하였다.)

- 南(남) nán ① 남쪽, 남녁 남
- 容(용) róng ① 얼굴, 모양 용 ② 넣을, 담을 용(容量 용량) ③ 받아들일 용
- 白(백) bái ① 흰, 흰색 백 ② 깨끗할 백 ③ 밝을 백 ④ 아뢸 백(告白 고백) ⑤ 빌 백(餘白 여백)
- 圭(규) guī ① 홀 규 ※ 천자가 제후를 봉할 때 주던 신표
- 以(이) yǐ ① 써 이 ※ ~로써, 以熱治熱(이열치열) ② ~부터 이(以來 이래) ③ 깨달을 이 ④ 생각할 이
- 兄(형) xiōng① 형, 맏, 언니 형 ② 높일 형(老兄 노형)
- 妻(처) qī, qì ① 아내 처 ② 시집보낼 처
- 玷(점) zhàn ① 이지러지다 ② 잘못하다 ③ 더럽히다

승원아,

종교를 갖는 것은 갖지 않는 것보다는 좋다고 생각한다.

그러나 가끔 보면, 너무 종교에 몰두하는 사람들이 있다. 하루 생활이 모두 종교를 믿는데 매진하는 사람들이 있다.

물론 삶과 죽음, 또는 종교에 대하여 고민하여 보지 않으면, 젊음이 없다고 볼 수도 있다. 그러나, 이러한 것에 너무 깊이 빠져서는 안 된다.

논어 선진 편에 보면, 공자님이 이렇게 말씀하셨다.

언제나 현실 오늘이 중요하다

'季路問事鬼神 子曰 未能事人 焉能事鬼 敢問死 曰 未知生 焉知死(계로문사귀신한대 자왈 미능사인이면 언능사귀리오 감문사하나이다 왈 미지생이면 언지사리오)' (자로가 귀신 섬기는 것을 묻자 공자께서 답하셨다. 살아계신 사람도 잘 섬기지 못하는데 어떻게 귀신을 섬긴단 말이냐. 자로가 죽음에 대하여 묻자 공자께서 답하셨다. 살아가는 것도 알기 어려운데 어떻게 죽음을 알 것이냐.)

자로가 귀신 섬기는 법을 묻자, 공자가 대답하였다. '살아있는 사람을 잘 섬기는 방법도 모르는데 어찌해서 너는 귀신 섬기는 방법에 대하여 묻느냐.' 하였다.

내일보다는 오늘이 중요하고, 귀신보다는 살아있는 사람이 더 중요하다. 현실, 오늘, 현재를 중요시하면, 그다음은 저절로 해결된다.

필요 없이 종교에 빠질 필요도 없고 생과 죽음에 대하여 너무 고민할 필요도 없다.

어찌 보면, 종교도 나를 위해서 있는 것이지, 하느님을 위해서 있는 것은 아니다. 가끔 어떤 사람들은 보이지 않는 하느님을 위해서 자기를 바치는 사람들도 있다.

세상의 모든 것은 나를 중심으로 내가 북극성이 되어야 한다.
중요한 것은 살아계시는 부모님이다.
부모님을 잘 모시는 사람은 조상도 잘 모실 수 있다.
언제나 현실, 오늘이 중요하다는 것을 다시 한 번 강조하고 싶구나.

- 季(계) jì ① 계절 계 ② 끝, 막내 계
- 路(로) lù ① 길 로
- 季路(계로) : 공자의 제자(자로)
- 焉(언) yān ① 어찌 언(焉敢生心 언감생심) ② 어조사 언
- 鬼(귀) quǐ ① 귀신, 넋, 도깨비 귀 ② 별이름 귀
- 能(능) néng ① 능할 능 ② 능통할 능
- 敢(감) gǎn ① 감히, 함부로 감 ② 용감할 감
- 焉知死(언지사) : 어찌 죽음을 알 수 있겠는가

사랑하는 나의 일곱 손자, 손녀들은 보거라

논어 선진 편에 보면, 아주 중요한 이야기가 나온다.

우리의 일상생활에서 여러 가지로 적용이 되는 이야기이니 잘 이해하여라.

'子曰 過猶不及也(자왈 과유불급야)' (공자께서 말씀하셨다. 지나친 것은 미치지 못하는 것과 같다.)

생활의 미덕, 중용을 배워라

어떤 일을 하든지 너무 지나쳐서는 안 된다. 부부관계에 있어서도 너무 사랑하는 것처럼 해도 안 되고, 그렇다고 너무 무덤덤해도 안 된다. 어떠한 일이든지 중용의 미덕이랄까, 가운데 정도 하여야 한다.

너무 겸손해도 오해를 받을 수 있고, 너무 오만해도 오해를 받는다.

생활의 미덕은 더하지도 덜하지도 않아야 한다. 인간관계에서도 너무 차가워도 안 되며 너무 뜨거워도 안 된다.

물론, 과유불급이 해당되지 않는 부분도 있을 수 있지만, 일반적인 우리의 생활에서는 과유불급에 대하여 한 번씩 더 생각해 보아야 한다.

너무 친절해도 '왜 저 사람이 저럴까?' 하는

오해가 있을 수 있고, 너무 불친절해도 오해를 받을 수 있다. 다시 말하지만, 생활의 미덕은 중용을 취하는 것이다.

논어 선진 편에서는 **'道 以中庸爲至 賢智之過 雖若勝於愚不肖之不及 然其失中則一也(도 이중용위지하니 현지지과 수약승어우불초지불급이나 연기실중즉일야니라)'** (도(道)는 중용이 최선이다. 어질고 지혜로움이 지나친 것이 비록 어리석고 어질지 못한 것보다 나은 것 같아도 중심을 잃은 것은 똑같다.)라고 하였다.

- 過(과) guō ① 지날 과 ② 허물, 실수 과 ③ 건널, 지낼 과
- 猶(유) yóu ① 오히려 유 ② 같을, 비슷할 유 ③ 머뭇거릴, 망설일 유
- 及(급) jí ① 미칠, 이를 급 ② 및, 와 급
- 道(도) dào ① 길 도 ② 이치, 도리 도 ③ 방법, 수단 도 ④ 도 도(구역단위) ⑤ 말할 도(道破 도파)
- 至(지) zhì ① 이를, 다다를 지 ② 지극할 지 ③ 하지, 동지 지
- 賢(현) xián ① 어질, 어진사람 현
- 若(약) rùo ① 같을 약 ※若此(약차) : 이와 같이 ② 너 약 ③ 만약 약 ④ 어조사 약
- 勝(승) shèng ① 이길 승 ② 나을, 훌륭할 승
- 愚(우) yú ① 어리석을 우 ② 나 우(자기의 겸칭)
- 肖(초) xiào, xiāo ① 닮을 초 ② 작을 초

꾸준하고 성실함이 성공의 지름길

마리아야,

할아버지가 공부 이야기는 너에게 하지 않으려고 해도 펜을 들면 마리아가 왜 자꾸 생각나는지 모르겠다. 공부를 열심히 잘하는 손녀딸이지만 더 잘하기를 바라는 욕심이 아닐까 한다. 공부란 무엇인가. 어떻게 하여야 하는가. 옛날 사람들도 오늘날 우리들처럼 공부를 하였을까. 그때나 지금이나 다 열심히 공부하였단다. 그러나, 공부하는 과목이 지금처럼 영어, 수학, 과학 그런 과목들이 아니었다. 그때는 그 시대에 맞는 것을 공부하였으며, 그중 가장 중요한 게 예(禮)였다.

공자님께서도 말씀하시기를 세상에 영리하고 공부 잘하는 사람들이 얼마나 많으냐. 그러나, 마지막 성공한 사람은 영리하고 민첩하고 눈치 빠른 사람보다도, 꾸준하고 성실하게 공부하는 사람이 성공하더라고 했다. 머리보다는 꾸준한 노력이 성공의 지름길이다. 지금처럼 쉬지 않고 꾸준하게 노력하면 좋은 결과가 있으리라 믿는다. 논어에 나와 있는 이 글귀를 읽어보아라.

'柴也 愚 愚者 知不足而厚有餘 家語 記其足不履影 啓蟄不殺 方長不折 執親之喪 泣血三年 未嘗見齒 避難而行 不徑不竇 可以見其爲人矣 (시야는 우하고, 우자는 지불족이후유여라 가

어에 기기족불리영하고 계칩불살하고 방장불절하며 집친지상에 읍혈 삼년하야 미상현치하고 피난이행에 불경불두라하니 가이견기위인의니 라)' (공자가 제자 시(柴)는 어리석다고 하였다. 어리석다는 것은 공부는 부족해도 마음씀이 여유로운 것을 말한다. 공자가어에 보면 이런 말이 있다. 시는 발로 선생의 그림자를 밟지 아니하고 갓 태어난 벌레도 죽이지 아니하고 갓 자란 나뭇가지도 꺾지 아니하였다. 부모님이 돌아가시자 피눈물로 3년상을 하였는데 한 번도 치아를 보인 적이 없다. 피난하는데 지름길을 택하지 아니하고 바른길로 다녔으니 그 사람됨을 볼 수 있다.)

- 柴(시) chái ① 나무 시 ② 울타리 시
- 愚(우) yú ① 어리석을 우 ② 낮출 우
- 姓(성) xìng ① 성, 씨족 성 ② 백성 성
- 字(자) zì ① 글자 자 ② 사랑할, 기를 자(字牧 자목)
- 羔(고) gāo ① 염소 고 ② 양새끼 고
- 厚(후) hòu ① 두터울 후 ② 짙을, 진할 후
- 記(기) jì ① 기록할, 적을 기 ② 문어, 글 기 ③ 기억할 기
- 足(족) zú ① 발 족 ② 넉넉할 족 ③ 지나칠 족
- 影(영) yǐng ① 그림자 영 ② 초상 영(影幀 영정) ③ 적을 영
- 啓(계) qǐ ① 열, 가르칠 계 ② 인도할 계 ③ 여쭐, 아뢸 계 ④ 열다, 열리다
- 蟄(칩) zhé ① 벌레 칩 ② 숨을 칩
- 殺(살) shā, shà ① 죽일 살 ② 없앨 살 ③ 감할 쇄(相殺 상쇄) ④ 심할 쇄(殺到 쇄도)
- 方(방) fāng ① 모, 각 방 ② 방위, 방향 방 ③ 곳, 장소 방(近方 근방) ④ 방법 방 ⑤ 바야흐로 방
- 折(절) shé ① 꺾을 절 ② 일찍죽을 절 ③ 자를, 쪼갤 절(折半 절반)
- 執(집) zhí ① 잡을 집 ② 맡아볼 집 ③ 고집할 집
- 喪(상) sāng, sàng ① 죽을 상 ② 복입을 상 ③ 초상 상 ④ 잃을, 망할 상(喪失 상실)
- 泣(읍) qì ① 울음 읍 ② 눈물 읍
- 血(혈) xiě, xuè ① 피 혈
- 齒(치) chǐ ① 이 치 ② 나이 치 ③ 늘어설 치
- 避(피) bì ① 피할 피 ② 면할 피
- 難(난) nán, nàn ① 어려울 난 ② 난리, 재앙 난
- 徑(경) jìng ① 지름길 경 ② 곧을 경
- 竇(두) dòu ① 구멍 두 ② 협문 두 ③ 쪽문 두

서은아,

논어 선진 편에 보면, 이런 글이 씌어 있다.

'子曰 論篤 是與 君子者乎 色莊者乎(자왈 논독을 시여면 군자자호아 색장자호아)' (공자께서 말씀하셨다. 말을 조리 있게 한다고 해서 모두 군자이겠는가? 말만 번지르르한 사람일 수도 있다.)

학교에서 수업할 때도 마찬가지이고, 중요한 대화를 할 때도 마찬가지다.

말과 행동이 한결같아야 한다

훌륭한 사람이 말을 한다고 하더라도 그 속에 포함되어 있는 뜻이 무엇인가를 깊이 생각하여야 한다.

더욱이, 이해관계가 있거나 중요한 문제일 때에는 그 말속에 핵심이 무엇이고, 그 사람이 무엇을 말하고자 하는지 잘 파악하여야 한다.

말속에 어떠한 진실이, 혹은 악의가 숨어있는지도 살펴야 한다. 또, 말은 번지르르 하게 하며 외모는 훌륭하지만 하나도 실천하지는 않는 사람도 많이 있다.

그 사람은 자기가 한 말에 대하여 책임을 질 수 있는 사람인지 보아라.

대부분의 사람들이 말과 행동이 다른 경우가 있다. 외모가 잘나고 똑똑하다고 해서 꼭 행동이 따라가는 것은 아니다.

또 배우지 못하고 무식해도 말과 행동이 일치하는 사람도 많단다.

말 잘하고 외모 번지르르한 사람 치고 언행이 일치한 사람은 드물다고 했다.

정말 성실한 사람은 언어나 용모가 그 내면과 일치해서 말과 행동이 한결같아야 하는 사람이다.

- 論(론) lùn ① 논의할, 논할 론 ② 서술할 논 ③ 말하다 논 ④ 따지다
- 篤(독) dǔ ① 두터울 독 ② 진심이 깃들어 있다 ③ 오로지하다
- 是(시) shì ① 옳을 시 ② 이 시
- 與(여) yǔ ① 찬성함, 편드는것 여
- 色(색) sè, shǎi ① 빛 색 ② 여색 색 ③ 얼굴빛 색 ④ 모양, 상태 색
- 莊(장) zhuāng ① 장중할, 엄숙할 장 ② 마를, 단정할 장 ③ 별장 장
- 論篤(논독) : 말이 도리에 맞음.
- 色莊(색장) : 겉모양만이 장중함.

顏淵第十二

서은아,

할아버지가 논어 책에서 나오는 말을 근거로 해서 너에게 이런저런 이야기를 들려주는데, 우리 서은이는 어떻게 생각할까?

할아버지가 70 평생을 살아오면서 경험했던 일이나, 논어를 읽고 이해되는 부분도 있지만, 우리 손자들에게 가르칠 것인가 늘 한 번씩 생각하게 된다.

공자의 논어는 인(仁)이 주가 되고, 인(仁)은 마지막 예(禮)로 종결지어진다. 지금은 네가 잘 이해하지 못할 것이다.

사사로운 사욕을 버려라

중학생 때, 고등학생 때, 대학생 때, 사회인이 되어서 아니 나이 들어서 읽어보면, 그 문장의 의미가 다르게 해석될 수도 있다. 여기 논어 안연 편에 있는 구절 하나를 적어두니 잘 읽어보아라.

'顔淵 問仁 子曰 克己復禮爲仁 一日克己復禮 天下歸仁焉 爲仁 由己 而由人乎哉(안연이 문인한대 자왈 극기복례위인이니 일일극기복례면 천하귀인언하나니 위인이 유기니 이유인호재아)' (안연이 인(仁)에 대하여 묻자 공자께서 말씀하셨다. 자기 생각을 버리고 예로 돌아가는 것이 인이 되니 하루만이라도 극기복례하면 온 세상이 인(仁)으로 돌아올 것이다.

일을 하는 것이 자기로 말미암은 것이지 다른 사람으로 말미암은 것이 아니다.)

논어의 사상은 극기복례라고 했다. 스스로 사사로운 사욕을 버리고 언, 행을 하면 결국 예의 종착역에 이르는 것이니, 무슨 일이든 사욕을 가지고 행하면 안 된다고 했다.

그러나, 지금 사람들은 극기복기(克己復己) 사사로운 사욕을 버릴 수 있어 예로 돌아가는 것이 아니라, 다 자기에게로 돌아가야 한다고 생각할 것이다.

아마 세상의 흐름이 옛날과 조금 달라져가고 있는지도 모르겠다. 그래도, 언제나 함께 하는 것이 중요하다.

그래서, 인간은 사회적 동물이라고 했는지도 모르겠다.

내가 있고, 너가 있고, 가정이 있고, 사회가 있고, 국가가 있고, 세계(국제)가 있는 것이지 않겠느냐.

- 顔(안) yán ① 얼굴, 낯 안 ② 빛, 색채 안
- 淵(연) yuān ① 못 연 ② 깊을 연
- 顔淵(안연) : 공자의 제자
- 仁(인) rén ① 어질 인 ② 씨앗 인 ※杏仁(행인) : 살구씨
- 克(극) kè ① 이길 극
- 己(기) jǐ ① 몸, 자기 기
- 歸(귀) guī ① 돌아올, 돌아갈 귀 ② 따를 귀 ③ 시집갈 귀(于歸 우귀)
- 哉(재) zāi ① 어조사 재(감탄, 가조, 반어의 뜻을 나타냄) ② 비롯할 재
- 一日(일일) : 단 하루라도
- 由己(유기) : 나에게 달려있는

태현아,

할아버지가 지금까지 살아오면서 가장 힘든 것은 나 스스로를 이기는 것이다. 내가 나를 극복하기가 가장 어렵다.

어떤 일이 분명히 해서는 안 되는 일인 줄 알면서도, 이제 절대 하지 않으려고 굳게 마음을 먹지만, 그게 잘 되지 않는다.

하루에도 몇 번씩 '극기, 극기' 하지만 당장 눈앞에 다가오는 사사로운 잡념 때문에, 나 스스로를 깨우치지 못한다.

나 스스로를 이길 수 있도록 노력해라

대부분의 사람들은 무엇이 옳고 무엇이 그른 줄은 안다. 잘못된 모든 일은 반성과 더불어 다시는 해서는 안 되지만, 그렇게 쉽게 되지 않는다.

어떤 일은 사사로운 이익이 관여되지 않는, 자기를 위한 좋은 일이라 하더라도 이것을 이겨내지 못하는 경우가 있다.

대부분의 학생들이 공부를 열심히 하면 훌륭한 사람이 된다는 것을 알면서도 잠자고, 놀고 나서 여유의 시간에 공부하면 안 된다는 것을 안다.

이제는 그렇게 해서는 안 된다고 하면서 스스로 이것을 이기지 못한다. 자기를 이기는 사람만이 성공할 수 있다.

외물에 유혹됨이 없어야 극기할 수 있다.

논어 안연 편의 이 문장을 한 번 읽어 보거라.

'謝氏曰 克己 須從性偏難克處克將去(사씨왈 극기는 수종성편난극처극장거니라)' (사씨가 말하였다. 자기를 이긴다는 것은 모름지기 자기 생각하기에 도저히 이렇게 해서는 안 된다는 것을 이긴 데에서 시작된다.)

- 須(수) xū ① 모름지기 수 ② 필요할 수
- 性(성) xìng ① 성품, 성실, 바탕 성 ② 성 성
- 偏(편) piān ① 치우칠, 기울 편
- 克(극) kè ① 이길 극 ② 능할 극
- 處(처) chǔ, chù ① 곳, 장소 처 ② 살다, 머물 처
- 謝(사) xiè ① 사례할 사 ② 거절할 사 ③ 사죄할 사 ④ 바뀔 사

도리를 아는 사람이 되라

우리나라의 유명한 Y대학을 다니는 승원아.

고등학교를 졸업하고 대학에 갔으니 극기복례라는 말을 사회나 도덕시간에 많이 들었을 것이다.

어찌 보면, 사사로운 자기 욕심에 사로잡히지 말라고만 하는 것 아니겠느냐.

옛날 사람들은 이렇게 사사로운 욕심을 버리고 보는 것, 듣는 것, 말하는 것, 행동하는 것, 이 모든 것을 예(禮)를 중심으로 해서 움직여야 한다고 했다.

예(禮)라는 것이 특별한 것이 아니다. 네가 인간이 할 수 있는 최대한 아니 최소한의 도리인 것이다.

어찌 보면, 너무 보수적이고 덜 진취적이어서 문제가 있을 수 있지만, 그래도 말조심, 행동조심 등 하면서 살다 보면 삶의 질은 윤택해 질수도 있다.

젊은 너희들에게 반드시 극기복례 하라고 할 수는 없지만, 이전 에서도 이야기 했듯이, 너희들은 가능하면 극기복례해서 올바른 자기를 찾아야 하지 않겠느냐.

여기 논어에 있는 공자의 말씀을 적어둔다. 읽어 보거라.

'顔淵 問克己復禮之目 子曰 非禮勿視 非禮

勿聽 非禮勿言 非禮勿動(안연이 문극기복례지목한대 자왈 비례물시하며 비례물청하며 비례물언하며 비례물동이라하니)' (안연이 극기복례의 조목을 물었는데 공자께서 대답하셨다. 예가 아니면 보지 말고, 예가 아니면 듣지 말고, 예가 아니면 말하지 말고, 예가 아니면 행동하지 말아야 한다.)

- 勿(물) wù ① 말 물(금지의 뜻) ② 없을, 아닐 무
- 視(시) shì ① 볼 시 ② 보일 시
- 聽(청) tīng ① 들을 청 ② 받아들일 청 ③ 판결할 청
- 目(목) mù ① 눈 목 ② 볼 목 ③ 조목 목 ④ 요점 목 ⑤ 우두머리 목

착하고 성실한 우리 서은이는 너무 완벽하기 때문에 할아버지가 논어 이야기를 해줄 필요를 별로 느끼지 못한다.

그래도, 할아버지가 하는 이야기는 귀담아 두면 살이 되고 피가 되는 너의 지혜가 될 수 있다.

세상만사는 다 위치가 있다. 순리가 있다.

해는 동쪽에서 떠서 서쪽으로 지듯이 말이다. 사실, 공부도 순리대로 풀어나가면 잘 풀린다.

세상 순리를 따르라

세상살이의 모든 문제에는 순리가 있는 것인데, 가끔 우리는 빨리 가기 위해서 지름길을 택하는 경우가 있다.

옛말에 순리를 따르면 복이 오고, 다시 말해 큰 문제가 생기지 않으며, 순리를 역행하면 위기가 온다고 했다. 세상은 순리대로 살아가면 행복하고자 하는 일을 할 수 있을 것이다.

요즘 세상은 순리보다는 역 순리대로 살아가면서 그 부작용이 사회악으로 변화되는 경우가 허다하다.

논어 안연 편에 나와 있는 몇 구절을 적어주마.

'程子曰 順理則裕 從欲惟危(정자왈 순리즉

유요 종욕유위라)' (정자가 말하였다. 순리를 따르면 여유있고 욕심을 따르면 위태로워진다.)

그리고, 지금처럼 하나하나 성실하고 열심히 공부하면 너의 앞길은 밝다.

할아버지는 초등학교때부터 너무 모범생인 네가 대견스럽다.

할아버지도 너처럼 공부는 잘하지 못했으나, 주위에서 무척 착한 사람이라 했는데, 우리 서은이도 그런 칭찬을 들으니 너무 기분이 좋다.

내 사랑하는 손녀 서은아, 더욱 더 열심히 해라.

그래도 건강도 챙기면서 해야 돼.

꼭, 세끼는 다 먹도록 해라.

할아버지의 부탁이다.

- 順(순) shùn ① 순할, 온순할 순 ② 따를 순 ③ 차례 순
- 理(리) lǐ ① 다스릴 리 ② 도리, 이치 리 ③ 깨달을 리 ④ 결 리(木理 목리)
- 則(즉, 칙) zé ① 곧 즉(~하면 곧) ② 법, 법칙 칙(法則 법칙)
- 裕(유) yù ① 넉넉할 유 ② 관대할 유
- 危(위) wēi ① 위태로울 위 ② 두려워할 위 ③ 높을 위
- 惟(유) wéi ① 생각할 유 ② 늘어세울 유 ③ ~이 되다 유 ④ 오로지 유 ⑤ 생각컨대 유

매년 변화를 보이는 환아,

읽어 보거라. 좋은 습관이 너를 위대하게 만든다는 것을 알아야 한다. 할아버지가 늘 이야기 하지만, 청출어람이라는 사자성어를 네가 늘 암송하지 않았느냐. 늘 마음속에 착한 습관을 기르도록 노력하여라. 좋은 습관이 너의 몸에 배어야 한다.

좋은 습관을 가져라

자연스럽게 어른을 만나면 인사를 한다든지, 공부할 때 바른 자세를 한다든지, 선생님의 말씀에 경청한다든지, 부모님이 부르시면 '예' 하고 대답한다든지, 앞을 똑바로 보고 걷는다든지, 여러 가지 좋은 습관이 너의 천성으로 변할 수 있게 하여라. 하루, 한 달, 일 년 하게 되면 그 좋은 습관이 너의 천성이 되어 네가 예의바른 사람, 남들에게 칭송받는 사람이 될 것이다.

이렇게 하다보면, 너는 커서 할아버지나 너의 선생님보다 더 훌륭하고 남이 우러러보는 사람이 될 것이다.

옛날 논어 책에 보면, 그런 글이 나온다. 한 번 읽어 보거라.

'程子曰 習與性成 聖賢同歸(정자왈 습여성성하면 성현동귀하리라)' (정자가 말하였다. 좋은 습관이 성품을 이루면 성현과 같아진다.)

- 習(습) xí ① 익힐 습 ② 버릇 습
- 成(성) chéng ① 이룰 성 ② 이루어질 성
- 聖(성) shèng ① 성인 성 ② 임금, 천자 성 ③ 성스러울 성
- 賢(현) xián ① 어질, 어진사람 현
- 同(동) fóng ① 한가지 동 ② 화합할 동

내 손자 태헌아, 읽기만 하거라.

아직 너는 이 말이 무슨 말인지 알지 못할 것이다. 논어 안연 편에 보면, 송사에 대한 글귀가 있다.

'子曰 聽訟 吾猶人也 必也使無訟乎(자왈 청송이 오유인야나 필야사무송호인저)' (공자께서 말씀하셨다. 재판에서 판단 내리는 것은 내가 다른 사람과 같으나 나라면 반드시 재판 자체를 하지 않게 하는 것이다.)

송사에 휘말리지 마라

그러나, 할아버지도 모대학 이사로 재직 시 송사에 휘말린 적이 있다. 송사의 옳고 그름은 요새 같으면 판사라는 사람이 법에 따라 판결을 한다. 송사는 민사나 형사나 상대가 있다. 어느 쪽이 옳다고 하더라도 다 이유가 있다. 그러나, 그 판결이 있는 그대로 솔로몬의 지혜가 아니고는 이루어질 수 없다. 100% 승복할 수 없는 일도 판사의 판결이면 정당한 법의 판결이 되니, 승복할 수밖에 없다. 물론, 여기서 판사가 본인의 사적 감정이 들어가면 그 사람은 하늘에 죄를 짓는 것이다. 송사는 휘말리지 않는 것이 좋다. 승소하는 사람은 원수를 한 사람 만들고 패하는 사람은 돈과 명예를 잃는다. 가능하다면 송사는 피하는 게 좋다. 그리고 송사에 휘말리는 일이 없도록 노력하여야 한다.

- 聽(청) tīng ① 다스릴 청 ② 들을 청 ③ 받아들일 청 ④ 판결할 청
  ※ 聽訟(청송) : 송사를 심사함
- 訟(송) ① 송사할 송 ② 시비할, 따질 송

나의 손자, 손녀들아

사람이 살다 보면, 근심, 걱정이 없는 사람은 없다. 불안하고, 때론 두려운 생각이 들 때가 많다. 복잡한 사회생활을 하다 보면, 성인처럼 살 수가 없다.

어제인가 TV에 보니 검사 한 사람이 국정원 사건에 연루되었다 하여 스스로 목숨을 저버리고 자살한 것을 보고 너무 애석했다.

근심도 두려움도 모두 내 맘속에 있다

세상에는 떳떳한 사람만 사는 것이 아니다. 떳떳하고 떳떳하지 않고는 재판을 받아보면 알고, 또 훗날 역사가 말해주기도 한다.

또 문제가 되어서 한직으로 쫓겨났다가 세상이 바뀌면 좋은 자리로 오는 수도 있는데, 왜 그렇게 극단적인 선택을 했는지 모르겠다.

정직하고 착한 사람은 두려워하지도 않고, 조심하지도 않는다고 했지만, 막상 험난한 사회의 경쟁 속에 뛰어들면 공자님의 말씀이 틀릴 수 있다.

조심도 하고, 두려워도 하고 이러한 문제들을 부딪쳐서 차고 나갈 수 있는 용기도 있어야 한다.

두려움의 원인도, 근심의 원인도 물론 나에게 있지만 오늘을 살아가는 슬기는 이러한 것을 이

겨내는 자기 자신의 대담력이다.

논어 안연 편의 한 글귀를 소개하니 읽어보고 너희들 나름대로 정리하여 생각하여라.

'司馬牛問君子 子曰 君子 不憂不懼(사마우문군자한대 자왈 군자는 불우불구니라)' (사마우가 군자는 어떤 사람입니까 하고 묻자 공자께서 대답하셨다. 군자는 근심하지 아니하고 두려워하지 않는다.)

- 司(사) sī ① 맡을 사 ② 관청 사
- 牛(우) niú ① 소 우 ② 별이름 우
- 憂(우) yōu ① 근심할 우 ② 상제될 우
- 懼(구) ① 두려워할 구

사랑하는 내 일곱 손자, 손녀들이 함께 읽어주기를 바란다.

너희들이 대학을 졸업하고 사회라는 큰 바다에 나갔을 때, 중요한 게 나와 다른 사람과의 관계이다.

나와 관계가 잘 설정되면, 편안하고 신뢰있는 사회생활을 할 수 있고 그렇지 못하면 혼자 외로운 생활, 다시 말해 친구가 없는, 아니 동료가 없는 생활을 할 수 있다.

관계의 중요성

다른 사람과의 친교를 맺음에는 상대를 언제나 배려하는 마음을 가져야 한다. 가능하다면, 그 사람이 말하고자 하는 요점이 무엇인가 잘 파악하여야 한다.

그래서, 그 사람이 무엇을 원하고 있는가 말하고자 하는 깊은 뜻이 무엇인가를 늘 생각하면서 상대의 이야기에 경청해야 한다. 그리고, 존경하는 마음을 언제나 나타내라.

더 나아가서, 공경하면 어느 조직에 있든 그 사람은 신뢰받는 사람이 될 것이다.

논어 안연 편에 나와 있는 이 글귀를 잘 읽어보아라.

'子夏曰 君子 敬而無失 與人恭而有禮 四海之內皆兄弟也 君子何患乎無兄弟也(자하왈 군자

경이무실하며 여인공이유례면 사해지내개형제야니 군자하환호무형제야리오)' (자하가 말하였다. 군자는 매사에 조심성이 있어서 실수하지 아니하고 사람을 대할 때 공손하게 예절이 있으니 온 세상 사람들이 모두 형제와 같이 생각한다.)

- 敬(경) jìng ① 공경할 경 ② 삼갈 경
- 失(실) shī ① 잃을 실 ② 잘못할 실
- 恭(공) gōng ① 공손할 공 ② 삼갈 공
- 海(해) hǎi ① 바다 해 ② 클, 넓을 해
- 內(내) nèi ① 안, 속 내 ② 아내, 부녀자 내 ③ 몰래 내(內通 내통)
- 皆(개) jiē ① 다, 모두, 함께 개
- 患(환) huàn ① 근심, 근심할 환 ② 병환 환

마리아야,

할아버지가 철학적인 이야기를 해줄 터이니 보아라.

옛날 사람들은 운명, 사람이 살고 죽는 것은 처음 태어날 때부터 타고나는 것이니, 어찌 네 몸이라 한들 함부로 죽고 살고 한단 말이냐라고 말씀하셨다.

요사이는 높으신 분들도 자살을 하더라만, 이 것은 결코 해서는 안 될 일이다.

하늘로 갈 때는 병들어 죽게 되면 그때 가는 것이다.

하늘은 스스로 노력하는 자를 돕는다

또 부귀영화도 너에게 달려있으니 하늘의 뜻이다. 네가 노력한 만큼 하늘이 돕는다.

하늘은 스스로 노력하는 자를 돕지, 복권처럼 그냥 주워지는 게 아니다.

모든 것이 본인 하기에 따라 생과 사, 부귀영화가 결정되는 것이니, 모든 일에 최선을 다하고, 그 결과를 기다리는 것이다.

두려워하고 걱정할 필요가 하나도 없다.

하늘이 알아서 다 해준다,

네가 노력한 만큼.

아무런 노력도 하지 않고 잘 되리라고 생각하는 것은 크게 잘못된 것이다.

논어 안연 편에 보면, 이런 글귀가 있다.

'子曰 死生有命 富貴在天(자왈 사생이 유명이요 부귀재천이라)' (공자께서 말씀하셨다. 죽고 사는 것은 운명에 있고 부귀영화는 하늘에 달려 있다.)

이 말씀은 숙명이나 운명에 빠지라는 의미가 아니고 최선을 다하여 살아가는데 하늘의 도움이 아주 조금은 필요하다는 말이다.

- 命(명) mìng ① 목숨 명 ② 운명 명 ③ 명령할 명(天命 천명) ④ 이름지을 명 ⑤ 표적 명
- 富(부) fù ① 부유할 부 ② 젊을 부
- 貴(귀) guì ① 귀할 귀 ② 높일 귀

승원아,

요즘 정치를 보고 무엇을 어떻게 느끼느냐.

〈2017년 11월 10일, 트럼프 대통령 한국 방문〉 미국 대통령이 한국을 방문했으니, 떠들썩할 수밖에 없다.

요즘 북핵문제니, 사드문제니, FTA 문제니 산적해 있는 현안들이 우리의 난제로 남아 있다.

요즘 같으면, 나는 정치에 별로 관심이 없었으면 해서 가능한 TV를 보려고 하지 않고, 보더라도 Sport만 본다.

결과에 대한 책임을 질 줄 알아야 한다

사실 정치란, 크게 보면 국민을 잘 살고 편안하게 하면 된다. 국민이 불안한 생각을 하고 있으면, 잘하는 정치는 아니다.

요즘 여러 개의 당들이 더했다, 뺐다, 곱했다 난리가 아니더라.

그런데, 이런 상태를 누가 만드느냐 하면 바로 우리들 자신이다.

우리가 우리 손으로 뽑는 사람들이 이 지경이니, 벌을 받으면 원인을 제공한 1차 책임자인 투표자 국민에게 있다.

물론 잘할 줄 알고 뽑았겠지만 말이다.

논어 안연 편에 보면, 이런 글귀가 있다. 읽

어 보아라.

'齊景公 問政於孔子 孔子對曰 君君 臣臣 父父 子子(제경공이 문정어 공자한대 공자대왈 군군 신신 부부 자자니이다)' (제나라 경공이 공자에게 정치에 관해서 묻자 공자께서 대답하셨다. 임금이 임금답고, 신하가 신하답고, 부모가 부모답고, 자식이 자식다운 것이다.)

- 對(대) dùi ① 대답할 대 ② 마주할 대 ③ 짝 대 ④ 대 대(사물의 대립등)
- 君(군) jūn ① 임금 군 ② 그대, 자네 군(諸君 제군) ③ 높일 군 ④ 군자 군 ⑤ 봉작 군
- 臣(신) chén ① 신하 신 ② 낮출 신
- 父(부) fù ① 아버지 부 ② 웃어른 부 ③ 남자 부
- 子(자) zǐ ① 아들 자 ② 작위 자 ③ 열매, 씨앗 자 ④ 높일 자(君子 군자)

현명한 리더가 되라

호중아,

요즘 정치 이야기는 하지 않으려고 했는데, 논어 책을 읽다 보니 정치하는 법에 대하여 언급되어 있더라.

안연 편에 보면, 이런 글귀가 있다.

'季康子問政於孔子 孔子對曰 政者 正也 子帥以正 孰敢不正(계강자문정어공자한대 공자대왈 정자는 정야니 자솔이정이면 숙감부정이리오)' (계강자가 공자께 정치에 관해서 묻자, 공자께서 다음과 같이 말씀하셨다. 정치라는 것은 바로잡는 것이니 그대가 올바름으로써 다스린다면 누가 감히 부정한 짓을 할 것인가.)

정치인 또는 leader가 되면 아래에 많은 사람들을 돌보아야 하고, 또 그 사람들로부터 존경받는 인물이 되어야 한다.

요즘 정치인 중에서 존경받는 사람이 한 사람이라도 나온 적이 있느냐. 우리나라를 대표했다는 역대 대통령들의 마지막 가는 길이 어디인가 생각해 보았느냐.

논어 한 번 읽어보고 이렇게 했더라도 당쟁에 꼬이면 또 어쩔 수 없다.

아마 조선시대부터 내려오는 우리의 '피' 일

런지도 모른다.

정치란 그런가보다 하면서 신경 끄고 사는 게 좋다.

가능하면 우리 집안은 정치인은 멀리하면서 사는 것이 모두를 편하게 하는 길이다.

- 康(강) kāng ① 편안할 강
- 季康子(계강자) : 노나라의 대부
- 正(정) zhèng ① 바를, 옳을 정 ② 바로잡을 정 ③ 본 정 ④ 정월 정 ⑤ 과녁 정
- 政(정) zhèng ① 정사 정 ② 다스릴 정
- 帥(솔, 수) shuài ① 거느릴 솔 ② 장수 수
- 孰(숙) shú ① 누구 숙 ② 어느 숙 ③ 무엇 숙
- 敢(감) gǎn ① 감히 감 ② 함부로 감 ③ 용감할 감
- 子(자) zǐ ① 아들, 자식 자 ② 남자 자 ③ 사람 자 ④ 당신 자

손자 조혁,

읽어 보거라,

친구 따라 강남 간다는 말이 있다.

이 말이 좋은 말일 수도 있지만, 그렇지 못한 경우도 있다.

열심히 하는 친구 따라 공부해서 대학에 들어가는 경우도 있고, 친구의 꼬임에 빠져 자기의 갈 길을 잃어버린 경우도 있으니, 친구라는 것은 서로가 진실함을 가지고 교제하여야 한다.

좋은 친구는 큰 부를 갖는 것과 같다

친구로 사귀었는데 진실성이 부족하면 냉철하게 충고하고 옳은 길로 인도해 주어야 한다. 만일 친구가 이 말을 듣고 따라하면 좋지만, 그렇지 않으면 훗날 화를 입을 수 있으니, 관계를 정리하는 편이 좋다.

논어 안연 편에도 보면, 비슷한 글귀가 나온다.

'子貢 問友 子曰 忠告而善道之 不可則止 毋自辱焉(자공이 문우한대 자왈 충곡이선도지호되 불가즉지하여 무자욕언이니라)' (자공이 어떤 친구를 사귈까요 하자 공자께서 대답하셨다. 진심으로 충고하고 잘 인도하되 친구가 받아들이지 아니한다면 곧 멈추어서 친구로 사귀지 말아라.)

무턱대고 친구를 사귀어서는 안 된다. 공부를 잘해도 좋고, 행실이 착해도 좋고, 무엇이든지 그 친구에게서 배울 점이 있어야 한다.

친구의 잘못된 점을 보고 그것은 아니야 하고 깨달을 수 있어야 한다.

좋은 친구를 갖는다는 것은 큰 부를 갖는 것과 같다.

- 貢(공) gòng ① 바칠 공 ② 공물 공
- 子貢(자공) : 공자의 제자
- 忠(충) zhōng ① 충성 충 ② 진심 충 ③ 정성 충
- 告(고, 곡) gào, gù ① 고할 고 ② 고소할 고 ③ 뵙고 청할 고 ④ 뵙고 청할 곡
- 而(이) ér ① 말이을 이 ② 너 이 ③ 뿐 이(而已 : ~뿐임)
- 善(선) shàn ① 착할 선 ② 좋을 선 ③ 원할 선 ④ 잘할 선 ⑤ 옳게여길 선
- 毋(무) wǔ ① 말 무 ② 없을 무 ③ 아닐 무
- 辱(욕) rǔ ① 욕될 욕 ② 욕되게 할 욕 ③ 더럽히다, 욕되게하다 욕 ④ 모욕당하다 욕

子路第十三

늘 정의감에 불타는 승원아,

네가 큰 손자이기 때문에 많은 편지를 너에게 보낸다.

요즘(2017. 11. 10) 언론에 회자되는 정치에 대하여 어떻게 생각이 되느냐.

가끔 너와 대화를 하다 보면, 너무 정의감에 불타 있을 때가 있어 걱정이 될 때도 있다.

사실 정치란 정치하는 사람들의 몫인데 요즘 정치인들이 하는 정치를 왜 이렇게 하는 것인지 잘 모르겠다. 그래도 예전에는 이런 정도는 아니지 않았나 생각이 든다.

솔선수범하고 부지런하여라

공자의 제자 자로가 정치를 어떻게 하느냐고 공자님께 물으니 솔선수범하고 부지런하면 된다고 했다.

사실 정치하라고 일꾼을 뽑아준 것은 우리를 대신해서 잘해주라는 것인데, 정말 우리의 생각과는 다른 방향으로 가고 있으니 한심하기 짝이 없다.

보수도 좋고 개혁도 좋고 진보도 좋지만, 국민의 마음을 편하게 하는 것이 제일 중요한데 말이야.

승원아 정치에 대하여 토론은 하지만, 어느 한쪽에 치우치지 말아라. 가끔 정치는 선동이니까 여기 논어 자로 편에 나오는 글귀 중 하나 적어주마.

'子路問政 子曰先之勞之' (자로문정한대 자왈선지노지니라) (자로가 정치에 관해서 물었는데 공자께서 대답하셨다. 솔선수범하고 먼저 행동할 것이니라.)

- 問(문) wèn ① 물을 문 ② 방문할 문 ③ 찾을 문
- 勞(로) láo ① 수고할 로 ② 지칠 로 ③ 위로할 로
- 之(지) zhī ① 갈 지 ② ~의 지 ③ 이 지(대명사)
- 先之勞之(선지로지) : 솔선수범한다. 백성들보다 먼저 일한다.

현실 정치를 폭넓게 이해하는 호중에게,

요즘 한창 난리를 피우고 있는 정치 이야기를 하마.

공자의 여러 제자들이 정치에 대하여 물어온 적이 있다.

정치하는 것을 단적으로 이것이라 하고 말할 수는 없다. 그러나, 일단 정치의 leader가 되면 적어도 명분을 세우는 일에는 신경을 써야 한다.

leader가 모든 것을 하려고 하면 안 된다.

명분있는 행동을 해라

각 부문마다 전문가가 있으니, 파트마다 잘할 수 있도록 맡기면 된다. 다시 말해서, 국방은 국방부 장관에게 알아서 맡기면 된다.

또 일을 하다 보면 잘못도 있게 된다. 고의든 고의가 아니든 말이다. 이때 아주 큰일이 아닌 사소한 일은 용서해주는 아량을 보여야 한다.

그다음으로 훌륭한 인재를 뽑아 쓰면 되는 것이다.

우리나라 역대 대통령 중에 이렇게 공자의 말씀을 따라 한 사람이 있었는지 생각해 보아라. 어찌 보면 정치는 명분 싸움이다.

옛날 조선시대 예송논쟁을 한 번 기억해 보아라.

'子曰必也正名乎' (자왈필야정명호인뎌) (

공자님의 제자 자로가 정치를 하신다면 어떻게 하실 것인지 묻는 말에 공자께서 대답하셨다. 반드시 명분을 바르게 할 것이다.)

우리나라는 세계에서 유일하게 분단되어 있는 나라다. 그러니 정치하는 사람들이 이제까지 그 정치의 명분 첫째를 반공에 두었는지도 모르겠다.

요즘은 또 세상이 달라져 가고 있다.

옛날에는 종북이면 힘을 얻지 못했는데 새 정부 들어서는 명분이 조금씩 달라 이제는 평화통일이 아니더냐 다 그때그때 시대 상황에 따라서 싸움의 명분을 달리한다.

즉 본인들이 유리한 쪽으로 말이다. 어찌 되었든 백성은 배불러야 하고 편안해야 하는 것이 제일인데 말이다.

- 名(명) míng ① 이름 명 ② 평판 명 ③ 명분 명 ④ 공적 명
- 也(야) yě ① 잇기 야 ② 어조사 야(이다, ~느냐, ~도다) ③ 발어사 ④ 또한
- 乎(호) hū ① 어조사 호 ② ~느냐 ③ 그런가 호 ④ 아!(감탄사)

혁아,

할아버지의 논어 이야기 중에서 공자와 제자 번지가 주고받은 말을 들어보아라.

또 여기에 숨어있는 선생과 제자의 물어보고 답하는 것이 어떤 의미가 있는가도 알아보아야 한다.

아직은 어리니 이해하기 힘들 것이다. 그리고 한문도 어렵다. 그러나, 옛날 사람들은 너 나이 정도 되면 이 정도 글을 잘 이해하고 해석할 수 있었다. 이런 게 과거시험의 문제일 수도 있으니까.

자기분야에 전문성을 키워라

번지가 공자님께 '선생님 저에게 농사짓는 법을 가르쳐 주세요.' 했다.

사실 공자는 사람 농사(인재 등용) 짓는 법은 알지만, 농사는 잘 알지 못한다. 그래서, 공자가 제자를 꾸짖는 장면이 나온다.

여기에 논어에 나오는 구절을 적어 두니 자세히 읽고 뜻을 살펴보아라.

'樊遲請學稼 子曰 吾不如老農 請學爲圃 曰 吾不如老圃' (번지청학가한대 자왈 오불여노농호라 청학위포한대 왈 오불여노포호라) (번지가 농사짓는 법을 배우고자 물어보니 공자께서 말씀하시기를 나는 평생 농사짓는 사람만 못하다. 번지가 밭농사에 대하여 묻자 공자께서 대답하셨다. 나는 평생 밭농사에 종사하는 사람만 못하다.)

- 樊(번) fán ① 새장 번 ② 울타리 번 ③ 어수선할 번
- 遲(지) chí ① 더딜, 늦을 지 ② 기다릴 지
- 請(청) qǐng ① 청할 청 ② 부탁할 청 ③ 물을 청
- 稼(가) jià ① 농사 가 ② 심을 가 ③ 곡식을 심는일 가
- 農(농) nóng ① 농사 농 ② 농부 농 ③ 백성 농
- 圃(포) pǔ ① 채마밭 포 ② 남새밭 포 ③ 농사일하는 사람 포

승원이, 호중이, 마리아, 혁, 환, 서은, 태헌아 함께 읽어보아라

너희 모두 논어에 나오는 글귀 하나를 적어 줄 테니 잘 음미해서 보아라.

'子曰誦詩三百 授之以政 不達 使於四方 不能專對 雖多 亦奚以爲' (자왈송시삼백호대 수지이정에 불달하며 시어사방에 불능전대하면 수다나 역해이위리오) (공자께서 말씀하셨다. 시경 삼백 편을 줄줄 외우더라도 정치를 맡겼는데 잘하지 못하고 멀리 심부름을 보냈는데 임기응변을 잘못하면 비록 많이 배웠다 하더라도 어디에 써먹을 것이냐.)

배움을 실생활에 활용해라

우리는 학교에서 공부를 한다.

'왜 내가 공부를 하지' 라고 생각해 본 적이 있느냐.

아무리 수학을 잘하고 영어를 잘 한다고 하더라도 그 학문이 실제적으로 유용하게 쓸 수 없다면 아무 소용이 없다.

옛말에, 시경 서경을 통달하여도 실제 맡겨 주면 아무것도 하지 못하더라는 속담이 있다. 무엇이든지 실사구시다. 우리의 생활에서 그 배움이 유용하게 쓰여야 한다.

너가 깨쳐서 그 배움이 너에게 살이 되고 피

가 되어 너가 생활하는 데 도움이 되어야 한다.

인격을 수양하는 데도 쓰여져야 하고, 취직시험에 합격하는 데도 쓰여져야 한다. 그러기 위해서, 남보다 더 노력해야 한다.

무엇이든 배운 것을 현실생활에 활용해야지 배운 것 따로 사회생활 따로이면 배움에 가치가 없어지지 않겠느냐?

배워서 행하는것이 어려운데 요즘은 배움 자체가 여러 가지 면에서 어려우니 행함에는 더욱 힘들거라 본다.

배움이 실생활에 활용될 수 있도록 최선을 다하여라.

- 授(수) shòu ① 줄 수 ② 전수하다 수 ③ 제수(除授)하다 수
- 誦(송) sòng ① 외울 송, 압송할 송 ② 읊을 송 ③ 말하다, 여쭈다 송
- 使(시, 사) shǐ ① 보낼 시 ② 부릴 사 ③ 하여금 사
- 奚(해) xī ① 어찌, 왜 해 ② 무엇 ③ 어디, 어디에 해
- 以爲(이위) : 여기다, 생각하다

마리아야,

실사구시(**實事求是**)란 말을 들어보았느냐? 할아버지가 가장 많이 쓰고 실천하려고 하는 격언이 바로 실사구시이다.

옛날 사람들은 시경이나 서경을 모두 외우게 했다고 한다. 그 내용을 깊이 들어다 보면, 정치는 이렇게 하여라 하는 이야기가 적혀 있다. 그런데, 시경 서경을 다 줄줄 외운다 하더라도 막상 정치를 맡겨주면 잘하지 못하는 사람들이 있다는 것이다.

살아가는데 필요한 도구는 배움이다

입으로만 줄줄 외우면 무엇하느냐, 실전에 써먹을 수 있어야지. 전쟁터에 나가서도 책을 통해 총 쏘는 방법에 통달한 사람이 막상 총을 쥐여주니 사용하지 못하는 것과 무엇이 다르겠느냐. 공부는 실전에 써먹기 위해서 있는 것이지 자랑하기 위해서 있는 거 아니다.

옛날 속담에 배워서 남 주나? 하는 말이 있다. 배워서 내가 살아가는 데는 많은 도구가 필요한 데 그 도구가 많을수록 좋다. 하나하나의 도구를 갖추는 것은 배움을 통해서이다.

여기 논어에 나오는 정자의 이야기를 적어둔다. 읽어 보아라.

'程子曰窮經 將以致用也 世之誦詩者果能從

政而專對乎 然卽其所學者 章句之末耳 此學者之大患也' (정자왈궁경은 장이치용야니 세지송시자과능종정이전대호아 연즉기소학자는 장구지 말이니 차학자지대환야라) (정자가 말하였다. 공부를 하는 것은 실생활에 도움이 되고자 하는 것인데 세상에서 시경을 외우는 사람들은 과연 능히 정치에 참여하거나 외교에서 임기응변을 할 수 있겠는가. 그렇다면 그 사람들이 배운다고 하는 것은 글자 해석을 잘하는 것에 불과해서 이것을 배우려는 사람들이 잠시 생각해 보아야 할 일이다.)

- 窮(궁) qióng ① 궁할 궁 ② 궁리할 궁 ③ 다하다 궁
- 經(경) jīng ① 경서 경 ② 날실 경 ③ 지낼 경 ④ 법, 도리 경 ⑤ 다스릴 경
- 將(장) jiǎng ① 권면할 장 ② 칭찬할 장 ③ 도울 장
- 致(치) zhì ① 다다를 치 ② 부를 치 ③ 보낼 치 ④ 운치, 경치 치
- 世(세) shì ① 세대 세 ② 세상 세 ③ 때, 시대 세 ④ 맏 세
- 誦(송) sòng ① 욀 송 ② 암송할 송
- 果(과) guǒ ① 과실 과 ② 결과 과 ③ 결단할 과 ④ 과연 과
- 專(전) zhǔan ① 오로지 전 ② 마음대로할 전
- 章(장) zhāng ① 글 장 ② 장 장 ③ 법, 법식 장 ④ 도장 장
- 句(구) jù ① 글귀, 구절 구
- 末(말) mò ① 끝 말 ② 보잘것없을 말
- 耳(이) ěr ① 귀 이 ② 따름, 뿐 이
- 窮經(궁경) : 요즘 말하면 공부

조환,

할아버지 이야기 들어보아라.

언젠가 네가 너희 반 반장이 되고 싶다고 말한 적이 있다.

네가 너희 반에서 반장이 되었다고 하면 어떻게 행동해야 할 것인가를 반 아이들에게 이야기해 본 적이 있느냐.

모름지기 leader란 스스로 모범이 되는 행동을 하면 다른 학생들이 너를 따를 것이지만, 그렇지 않으면 어떤 이야기를 해도 너의 말을 듣지 않는다.

덕목 있는 리더가 되어라

앞으로 살면서 네가 leader가 될 기회가 여러 번 있을 것이다.

무엇을 leader의 덕목으로 삼아야 할 것인가 한 번 생각해 보아라.

공자님 말씀에, 배우지 않고 벼슬에 나간 후 배우면 잘못을 행할 수 있으니, 배운 후 벼슬에 나가는 것이 옳다고 했다.

무조건 leader부터 하려고 하지 말고, 내가 이 정도면 leader가 될 수 있는가를 생각해 보아라.

여기 공자의 말씀을 적어두니 참고하기 바란다.

'子曰其身 正 不令而行 其身 不正 雖令不

從' (자왈기신이 정이면 불령이행하고 기신이 불정이면 수령불종이니라) (공자께서 말씀하셨다. 자신이 바르면 아랫사람에게 명령하지 아니하여도 행하여지고, 자신이 바르지 아니하면 비록 아랫사람에게 명령하여도 따르지 않는다.)

- 其(기) qí ji ① 그 기 ② 어조사 기
- 身(신) shēn ① 몸 신
- 令(령) lìng ① 명령할 령 ② 하여금 령
- 雖(수) suì ① 비록 수
- 從(종) cóng ① 좇을, 따를 종 ② 일할 종 ③ ~에서, ~부터 종

착하고 성실하고 듬직한 손자 혁아,

할아버지가 이렇게 정리하여 말하면 네가 이해할 수 있을까?

옛날에 공자와 그의 제자 염유가 주고받은 이야기가 있다.

'冉有曰旣庶矣 又何加焉 曰富之' (염유왈기서의어든 우하가언이리잇고 왈부지니라) (염유가 말하였다. 백성이 많으면 무엇을 해야 합니까? 공자가 말씀하셨다. 백성을 부유하게 해 주어야 한다.)

정치인의 도리

즉, 한 국가가 존재하기 위해서는 백성이 많이 있어야 한다.

그럼 백성이 많이 있기만 하면 되느냐?

그다음에는 백성이 잘살게 하여야 한다고 하였다.

'그럼 잘 산다면, 다음은 무엇을 해야 합니까?' 물으니 교육을 시켜야 한다고 하였다.

※富而不教卽近於禽獸故 必立學校 明禮義以教之 (부이불교즉근어금수고로 필립학교하야 명예의이교지라) (부유한데 가르치지 않으면 짐승에 가까우므로 반드시 학교를 세워서 예의를 밝혀 가르쳐야 한다.)

세계에서 교육열이 가장 높은 나라가 우리나라라고 한다. 그래서 세계의 강국 대열에 이 작은 나라가 들어가는지도 모른다.

국민이 많아야 하고, 잘 살아야 하고, 배불리 먹을 수 있어야 하고, 많이 배울 수 있어야 한다. 이러한 뒷받침을 해주는 것이 정치의 몫이다.

- 旣(기) jì ① 이미 기
- 庶(서) shù ① 여러 무리 서 ② 거의, 가까울 서 ③ 바랄 서 ④ 첩의아들 서
- 又(우) yòu ① 또 우 ② 거듭 우
- 加(가) jiā ① 더할 가 ② 보탤 가

승원아,

할아버지가 너와 정치, 정치인에 대하여 가끔 토론한 적이 있다.

왜 저 사람 저러지? 말도 않고! 등등. 너가 주장하는 바가 너무 강하더라.

작금의 우리 정치인이나 정치는 격랑의 시기라고 생각하고 무엇이 옳고 무엇이 그르다고 단정짓지 말아라.

역사는 정의라는 이름으로 쓰여지는 것이 아니고 승리의 볼펜으로 쓰여진다.

물론 언론의 기사도 그런 경우가 허다하다.

소탐대실하지 마라

공자가 정치에 대하여 언급한 것이 너무 많기 때문에, 딱 부러지게 정치는 이거다! 라고 하는 것이 없고, 묻는 제자의 성품과 품격에 따라서 대답은 다르게 하여 주었으니, 그 의미가 무엇이겠느냐.

leader의 철학도 관찰하고 여러 가지를 보아 말씀하였을 것이다.

공자 제자 자하라는 사람이 읍장이 되어 나가게 되었는데, 공자님께

'어떻게 정치하면 훌륭한 정치를 할 수 있을까요' 하고 물어보니, 다음과 같이 이야기했다.

이는 논어 자로 편의 한 구절이니 읽어보아라.

'子曰 欲速則不達 見小利則大事不成' (자왈욕속즉불달하고 견소리즉대사불성이니라) (공자께서 말씀하셨다. 빨리하고자 하면 도달할 수 없고 작은 이익을 보면 큰일을 이룰 수 없느니라.)

- 欲(욕) yù ① 하고자할 욕 ② 바랄 욕
- 速(속) sù ① 빠를 속 ② 빨리 속
- 達(달) dá ① 통달할 달 ② 이를 달 ③ 출세할 달
- 利(리) lì ① 이로울 리
- 則(즉)(칙) zé ① 곧 즉 ② 법 칙

정직함이 무엇이냐? 혁아,

어떤 것을 정직이라고 할 수 있겠느냐?

옛날에 공자의 제자 한 사람이 공자에게 이렇게 물었다.

'선생님 우리 아는 사람 중에 자기 아버지가 양 한 마리를 훔쳤는데, 그 아들이 그걸 보고 관청에 고발하였습니다. 정말 정직하지요.' 하고 물으니,

공자께서 이렇게 대답하셨다.

정직함이란

'孔子曰 吾黨之直者 異於是 父爲子隱 子爲父隱 直在其中矣' (공자왈 오당지직자는 이어시하니 부위자은하며 자위부은하나니 직재기중의니라) (공자께서 말씀하셨다. 우리가 말하는 정직함은 이와 다르다. 부모가 자식을 위하여 숨겨주고 자식이 부모를 위하여 숨겨주는 것이니 정직함은 그 속에 있는 것이다.)

'아버지와 자식이 서로 숨겨주는 것은 천리(天理)와 인정(人情)의 극치이다.'

순임금의 아버지도 죄수였으나 순임금이 아버지를 업고 도망갔다.

그래도 순임금이 되었다. 부자간의 천륜이 정직의 기본일 수도 있다고 말씀하셨다.

정직하게 살아라 하는 의미가 무슨 의미이겠

느냐, 이 문장을 읽으면 이해가 되느냐?

물론 여기에는 앞뒤의 문장이 더 있다.

네가 찾아서 읽도록 해라.

- 黨(당) dǎng ① 무리, 동아리 당 ② 마을 당 ③ 일가, 친척 당
- 直(직) zhí ① 곧을, 바를 직 ② 바로, 곧 직 ③ 번 직(當直 당직) ④ 값 치
- 異(이) yì ① 다를, 달리할 이
- 於(어) wū ① 어조사 어, ~에, ~에서, ~보다 ② 탄식할 오
- 是(시) shì ① 이 시 ② 옳을 시
- 隱(은) yǐn ① 숨을, 숨길 은 ② 불쌍히여길 은

부화뇌동 하지마라

사랑하는 일곱 손자, 손녀들 보아라,

세상을 살아가는 데 영리한 사람 아니면 정직한 사람이라고나 할까.

남의 말에 귀 기울여 듣고, 그의 말이 신빙성 있고 신뢰할 수 있는 말인가를 따져보아 그의 말을 따라서 일을 행하기도 한다. 정직하지 못하고 가야 할 길이 아니면 아무리 가까운 친구라 하더라도 함께 묻어 부화뇌동(**附和雷同**)하지 않아야 한다.

즉, 옳지 않은 일에는 참견하지 말아야 한다. 그러나, 사리를 잘 판단하지 못하는 사람은 가볍게 처신하며, 옳지 않은 일에 쉽게 따라가며, 좋은 일에도 의심을 품거나 융합하지 않으려 한다.

여기는 논어 자로 편의 이 글귀를 다시 한번 음미하여 보아라.

'子曰 君子 和而不同 小人 同而不和' (자왈 군자는 화이불동하고 소인은 동이불화니) (공자께서 말씀하셨다. 군자는 조화롭게 어울리되 생각 없이 따라가지 아니하고 소인은 아무 생각 없이 따르기만 하고 조화롭게 어울리지 못한다.)

너희들이 학교를 졸업하고 사회생활을 하

게 되면 학교에서 배웠던 것과 너무 동떨어진 일들과 당면하게 될 수도 있다.

이러한 일에 직면했을 때 너희들은 깊이 관찰하고 서두르지 말고 면밀하게 분석하면서 직면해야 한다.

학생 신분을 가질 때의 사회와 사회인이 되었을 때의 세상은 한 세상이면서도 아주 다른 세상이 앞에 펼쳐지니 처음은 어리둥절할 수가 있다.

매사에 침착하고 성실해야만 이 어려운 사회생활에 승자가 될 수 있다.

憲問第十四

사랑하는 내 손자, 손녀들아,

할아버지는 가끔 고민 아닌 고민, 걱정 아닌 걱정을 할 때가 많이 있다. 세상을 살다 보면, 별별 일들이 많이 있는데, 혹시나 내 사랑하는 손자, 손녀들이 지혜가 없이 용기만 있어 돌출하여 어려움을 겪지나 않을까 하는 걱정, 어떻게 교육을 시키면 그때그때 어려운 상황을 헤쳐갈 수 있을 것인가? 이러한 걱정을 하게 된다.

언행을 조심해라

안정된 세상, 법과 질서가 확립될 때는 말과 행동이 확실해도 크게 제약을 받지 않지만, 사회 질서가 확립되지 않는 상황에서는 잘못하면 본인에게 큰 화로 돌아올 수 있는 말과 행동을 조심해야 되는데 어떻게 잘할 수 있을까 걱정이 앞설 때가 있다.

논어 헌문편에 보면, 이런 글귀가 있으니 참고하도록 하여라.

'子曰邦有道 危言危行 邦無道 危行言孫' (자왈방유도엔 위언위행하고 방무도엔 위행언손이니) (공자께서 말씀하셨다. 나라에 도(道)가 있을 때는 말과 행동을 자유롭게 주장하되 나라에 도가 없으면 말과 행동을 조심해야 한다.)

- 邦(방) bāng ① 나라 방 ② 국가 방
- 危(위) wéi ① 준엄할, 고결할 위 ② 위태할 위 ③ 두려워할 위 ④ 높을 위
- 孫(손) sūn ① 겸손할 손 ② 손자 손 ③ 후손 손
- 危言危行(위언위행) : 말과 행동을 정직하게 하라

앞, 뒤를 구별할 줄 아는 손자 조환아,

참된 마음씨를 갖고 살아가더라도 가끔 자기도 모르게 잘못을 범하는 경우가 있을 수 있다. 이는 그렇게 살면 안 된다든지 그 일을 하면 안 되는데 하면서도 성인이 아닌 이상 실수를 범할 수는 있다.

어떻든 착한 마음씨를 가지고 있는 사람이 100가지 일 중 99가지는 착한 일을 하였지만 하나의 실수를 할 수 있다.

잘잘못을 구별해라

그러나, 착하지 못한 사람들은 자기가 100가지 일 중에서 99가지를 잘못하면서도 그 스스로 자기가 잘못하고 있는지를 모를 수 있다. 그러나 착한 사람의 한 가지 잘못이 때로는 사회에 회자되고, 잘못된 사람의 한 가지 착한 일이 사회에 회자되어서는 안 되는데, 세상사는 그럴 수도 있단다. 이러한 사회는 병들어가는 사회이다.

논어 헌문편에 보면, 이런 글귀가 있다.

'子曰 君子而不仁者 有矣夫 未有小人而仁者也' (자왈 군자이불인자는 유의부어니와 미유소인이인자야니라) (공자께서 말씀하셨다. 군자도 어질지 못할 때가 있으나 소인이 어진 경우는 없다.)

- 矣(의) yǐ ① 어조사 의(단정, 한정, 의문, 반어, 감탄에 쓰임)
- 者(자) zhě ① 놈 자 ② 사람 자 ③ 것 자
- 未(미) wèi ① 아닐 미 ※아직 ~하지 아니함
- 仁(인) rén ① 어질 인

호중아,

너는 친구들과도 잘 어울려 놀기 때문에 할아버지가 크게 걱정을 하지 않는다.

왜 친구들이 우리 호중이를 잘 따르는가 한 번 생각해 보았다.

친구들에게 먹을 것을 사주어서 그럴까?

놀기를 좋아해서 그럴까?

공부를 잘해서 그럴까?

좋은 친구를 사귈려면

물론 이런 부분이 없는 것은 아니지만, 우리 호중이는 상대를 배려하면서 상대방에게 좋은 말을 하고, 듣기 싫은 말은 잘하지 않는다. 그래서 친구들이 따르는구나 하고 할아버지는 생각한다.

사회생활 물론 집에서도 마찬가지다.

너 이외의 사람에게 마음에 부담이 갈 수 있는 말은 하지 않으려고 노력해야 한다.

이것이 좋은 친구를 얻는 길이다.

논어 헌문편에도 이런 비슷한 말이 있다.

'子曰 有德者 必有言 有言者 不必有德 仁者 必有勇 勇者 不必有仁' (자왈 유덕자는 필유언이어니와 유언자는 불필유덕이니라 인자는 필유용이어니와 용자는 불필유인이니라) (공자께서 말씀하셨다. 덕이 있는 사람은 반드시 좋은 말을 하지만, 좋은 말을 하는 사람이 반드시 덕이 있는 사람은 아니다. 어진 사람은 반드시 용감하지만, 용감한 사람이 반드시 어진 사람은 아니다.)

- 德(덕) dé ① 덕 덕 ② 어진, 현자 덕 ③ 복, 행복 덕
- 必(필) bì ① 반드시 필 ② 꼭 필
- 有(유) yǒu, yòu ① 있을 유(yǒu) ② 또 유(yòu : 十有五年)
- 勇(용) yǒng ① 날랠, 날쌜 용

성실하고 귀여운 마리아야 !

사람이 사람을 사랑하는 것과 사람이 동물을 사랑하는 것이 무엇이 다르다고 생각하느냐?

물론, 지금은 세상이 달라져 사람이 사람을 사랑하는 것보다 사람이 짐승(개나 고양이) 등을 사랑하는 정도가 심하니 무어라 말할 수 없지만, 사실 사람이 사람을 사랑할 때는 공경해야 하며 상대가 원하는 것은 뭐든지 다 해줄 수 있는 마음을 가져야 한다.

옛날에는 개를 좋아하면 그냥 좋아만 하면 되었는데, 요사이는 조금 다르더라.

사랑의 무게

개 병원, 개 장례식장, 개 결혼식장 등이 있다고 하니 거꾸로 되어가는지도 모르겠다.

사랑의 대상이 개인지 사람인지 구별하기가 어렵구나

할아버지가 논어의 한 대목을 적어줄 테니 한번 읽어보아라.

'子曰 愛之 能勿勞乎 忠焉 能勿誨乎 蘇氏曰 愛而勿勞 禽犢之愛也' (자왈 애지란 능물로호아 충언이란 능물회호아 소씨왈 애이물로는 금독지애야오) (공자께서 말씀하셨다. 사랑한다고 해서 자식을 고생시키지 않을 것인가. 충성한다고 해서 바른말을 하지 않을 것인가. 소씨가 말하였다. 사랑한다고 해서 고생시키지 않는 것은 송아지에 대한 사랑이다.)

- 勿(물) wù ① 말 물(금지의 뜻을 나타냄) ② 없을, 아닐 물
- 焉(언) yān ① 어찌 언(의문이나 반어의 뜻) ② 어조사 언
- 誨(회) huì ① 가르칠 회 ② 일깨울 회 ③ 간언할 회
- 犢(독) dú ① 송아지 독(禽犢之情 : 금독지정) (禽犢之愛 : 금독지애)
- 也(야) yě ① 어조사 야 ② 또한 야

부자의 마음 빈자의 마음

내 사랑하는 손자, 손녀들아,

너희들이 가정을 꾸리거나 사회생활을 할 때, 자신의 노력 여하에 따라서 부유하게 살 수도 있고, 힘들게 살 수도 있다.

지금 너희들이 열심히 공부하면 여유롭고 평화롭게 부자로 잘 살 수 있지만, 노력하지 않으면 그렇지 못할 수도 있다.

가난하고 힘들게 살면서 자기가 학교 다닐 때나 일상생활을 하면서 착실하게 살아왔는지는 뒤돌아 보지 않고서, 왜 나는 남들처럼 잘 살지 못할까 그렇게 생각할 수도 있다.

물론 할아버지의 손자, 손녀 중에 이런 사람은 없으리라고 본다.

더욱이 잘 살면서도 교만을 부리지 않고, 겸손하게 살아가려고 노력해야 할 것이다. 이것이 잘 살면서 갖춰야 할 덕목이니라.

논어 헌문편에 보면 이런 글이 쓰여 있더라. 다시 한번 읽어보고 뜻을 새겨 보아라.

'子曰 貧而無怨 難 富而無驕 易' (자왈 빈이무원은 난하고 부이무교는 이하니라) (공자께서 말씀하셨다. 가난한데 원망이 없기는 어렵고 부자인데 교만하지 않기는 쉽다.)

대부분의 사람들이 가난하게 살면서 세상을 원망하는 경우가 허다하다.

자기의 반성보다는 그 원인을 다른 데로 돌리는 경우가 허다하다.

때로, 부자로 살면 교만할 수 있으니, 마음을 고쳐 교만하지 않으려고 노력해야 할 것이다.

- 貧(빈) pín ① 가난할 빈 ② 모자랄 빈
- 怨(원) yuàn ① 원망할 원 ② 원할 원 ③ 원수 원
- 難(난) nán ① 어려울 난 ② 난리 난 ③ 나무랄 난
- 富(부) fù ① 부유할 부 ② 젊을 부
- 驕(교) jiāo ① 교만할 교 ② 잘난체할 교
- 易(이) yì ① 바꿀 역 ② 역학 역 ③ 편할, 쉬울 이(容易 용이)

장손 태헌아,

사람이 살다 보면, 부귀영화를 누릴 수도 있고, 또 그렇지 못할 때도 있다.

어떤 사람은 열심히 살았는데도 부귀영화가 따르지 않았고, 조금 덜 노력한 것 같았는데 부귀영화를 누리는 것을 볼 것이다.

이러한 것들이 무엇 때문이었는지도 가끔 생각해보아라.

또, 네가 생활하면서 일어나는 모든 행동이나 말하는 것 등도 적절한 시점이 있어야 한다.

생활에 가장 중요한 시점

어떤 부탁을 할 때도 상대방이 가장 기분이 좋은 시점을 잡아서 부탁하여야 허락을 받아낼 수 있다.

살다 보면 시(時. timing)만큼 중요한 게 없더라

공부도 마찬가지다.

젊었을 때 많이 해야지 나이 들면 하기가 힘들다.

할아버지가 살아보니 생활에 가장 귀중한 것은 시점이더라. 때를 놓치지 마라.

어찌 보면, 모든 일이 시의적절해야 하고, 남의 일에 참견하는 것도 timing을 보아야

한다.

다시 말해서 낄 때 끼고 빠질 때 빠질 줄 알아야 한다.

논어 헌문편에 보면 이런 글귀가 있더라. 잘 음미해 보아라.

'夫子時然後言' (부자시연후언이니라) (공자님께서는 때를 맞춘 뒤 이야기하라 하셨다.)

- 夫(부) fū ① 사내 부 ② 남편 부 ③ 대체로 부
- 子(자) zǐ ① 아들 자 ② 첫째지지 자 ③ 작위 자 ④ 높일 자
- 時(시) shī ① 때, 철 시 ② 그때, 당시 시 ③ 기회 시
- 然(연) rán ① 그럴 연 ② 그러면 연 ③ 어조사 연
- 後(후) hòu ① 뒤, 나중 후 ② 자손 후 ③ 뒤 후
- 言(언) yān ① 말씀, 말할 언

태헌아,

네가 중학교나 고등학교에 가면 우리나라 역사를 배우게 된다. 역사를 배울 때 대부분 그 사건이나 시대적 배경을 외우기만 한다.

그런데, 너는 그렇게 배우는 것보다는 그 시대의 역사관과 교육관을 지금 네가 생각하는 역사관과 인생관들을 비교해서 보아라.

연산군을 몰아낸 중종반정, 광해군을 몰아낸 인조반정 등을 비교하면서, 당시의 역사적 배경을 잘 이해하여야 한다.

그렇게 하려면 많은 책을 읽어야 한다.

역사 공부를 해라

옛날 중국의 역사를 보면 진실한 친구라 할 때 관포지교라는 말을 쓴다

'子路曰 桓公 殺公子糾 召忽 死之 管仲 不死 曰未仁乎' (자로왈 환공이 살공자규하여늘 소홀은 사지하고 관중은 불사하니 왈미인호인저) (자로가 말하였다. 환공은 공자 규를 죽였는데, 공자 규의 부하인 소홀은 자살했고, 관중은 죽지 않았으니 어질지 아니하다.)

춘추시대 제나라 양공 때의 일인데, 정치가 아주 혼란했다.

포숙아는 공자 소백을 모시고 거나라로 망명했다. 소백은 양공의 이복동생이다.

이때 공손무지라는 사람이 양공을 살해했다. 관중과 소흘이라는 충신은 공자 규를 모시고 노나라로 피신했다.

양공이 죽었으므로, 다음 왕위 자리를 놓고 소백과 규가 서로 제나라로 먼저 들어가려고 했으나, 소백이 먼저 들어가 제나라의 군주가 되었다. 이 소백이 바로 그 유명한 제나라 환공(桓公)이다.

이렇게 되자, 공자 규를 모시고 노나라로 망명한 충신 두 사람 중 소흘은 자살을 하고, 관중은 친구인 포숙아의 추천으로 재상의 위치에까지 올라 제나라를 크게 부흥시켰다.

후세 사람들은 공자 규가 자살할 때, 함께 죽은 소흘은 충신이고 관중은 의리가 없다고 하는데, 공자께서는 그렇게 보지 않았다.

환공이 아니었다면 제나라는 당시 그렇게 융성하지 못했을 것이라고 했다.

'죽어 충신이 되는 것보다 살아 백성과 국가를 구했으니, 이 사람이 훌륭한 사람이 아니고 누가 훌륭한 사람이냐' 고 하였다.

우리 태헌이는 어떻게 생각하는지 궁금하다.

지금 시대에도 맞는 이야기인지 생각해보고 공부하여라.

- 桓(환) huán ① 굳셀 환 ② 머뭇거릴 환 ③ 모감주나무 환
- 殺(살, 쇄) shā, shài ① 죽일 살 ② 없앨 살 ③ 감할 쇄
- 糾(규) jiū ① 살필 규(糾明 규명) ② 얽힐 규 ③ 모을 규 ④ 꼴 규(새끼나 노를 꼼) ⑤ 이름 규
- 召(소) zhào ① 부를, 초대할 소
- 管(관) guǎn ① 대롱 관 ② 피리 관 ③ 주관할 관
- 忽(홀) hū ① 문득, 갑자기 홀 ② 소홀할 홀(忽待 홀대)
- 仲(중) zhòng ① 버금, 둘째 중(仲兄 중형) ② 거간 중 ③ 가운데 중
- 管仲(관중)

관대하고 포용력 있는 호중아,

요즘 우리 사회의 적폐 청산 문제로 세상이 시끄럽다.

늘 하는 이야기지만, 적폐란 있을 수 없고 있어서도 안 된다.

새 정부 탄생에서 적폐청산을 세상을 바로 세우는 기틀이라 하고, 여기에 관여했던 기관이나 인물들을 찾아서 고발하고 있다.

적폐에 관여했으면 관여한 대가만큼 벌을 받으면 된다.

무엇이 올바른지 생각해라

사람들이 벌을 받지 않고 사는 것이 좋지만, 살다 보면 어찌 되었든 법의 심판을 받을 수 있다.

그걸 받아들여야 하고, 또 자기 나름대로의 주장이 있으면 주장하고 법의 심판을 받으면 된다.

이전에도 이야기했지만, 환공이 공자 규를 죽이자 소홀은 따라 죽었지만, 관중은 죽지 않을뿐더러 당시 상대방 적군의 우두머리 아래 들어가서 큰 공을 세워 역사에 남는 사람이 되지 않았느냐.

2017년 10월인가 11월 언제인가 잘 기억은 나지 않지만, 검사 출신 엘리트 두 사람이 자살을 해 세상을 마감한 것을 보며 무척 안타까

워했다.

정말 그 자리가 싫으면 나와서 어려운 사람을 변론하여 주며 살아도, 유명한 변호사가 될 수 있고 인권변호사 ○○○라는 역사의 이름을 남길 텐데 아쉬움이 있다.

세상을 좁게 보지 말고 넓고 길게 보아라. 세상에 생명만큼 소중한 것은 없다.

호중아,

여기는 논어 헌문의 한 구절이다. 한번 읽어보아라.

'子曰 管仲 相桓公覇諸侯 一匡天下 民到于今 受其賜 微管仲 吾其被髮左衽矣' (자왈 관중이 상환공패제후하야 일광천하하니 민도우금히 수기사하나니 미관중이면 오기피발좌임의러니라) (공자께서 말씀하셨다. 관중이 환공을 도와서 제후에게 패권을 하게 하였고, 천하를 한번 바로잡아 백성들이 지금까지 그 혜택을 받고 있다. 관중이 없었더라면 나는 머리를 풀고 옷깃을 왼쪽으로 하는 오랑캐가 되었을 것이다.)

- 桓(환) huán ① 굳셀 환 ② 머뭇거릴 환 ③ 모감주나무 환
- 覇(패) bà ① 으뜸, 우두머리 패
- 諸(제) zhū ① 모든, 여러 제 ② 어조사 제
- 匡(광) kuāng ① 바로잡을 광 ② 두려워할 광
- 微(미) wēi ① 작을, 적을 미 ② 정묘할 미 ③ 천할 미 ④ 어렴풋할 미
- 被(피) bèi, pī ① 이불 피 ② 입을 피
- 髮(발) fà ① 터럭, 머리털 발
- 衽(임) rèn ① 옷섶 임 ② 치마자락 임

너무 힘들어하는 마리아를 보면서,

얼마 전에 세규 아빠와 함께 여행하는 중에 세규 아빠가 이런 말을 하더라.

광해군을 군이라 하지 아니하고 이제 왕으로 복권시켜야 하는데 어떻게 했으면 좋겠느냐고 물었다. 할아버지도 역사 의식이 짧으니 빠른 대답이 나오지 않았다.

광해군의 폐위된 죄목이 두 가지가 있다.

하나는 영창대군을 죽인 죄요, 또 하나는 인목대비를 가둔 죄인데,

진실을 보는 눈을 키워라

논어 헌문편에 보면 이런 대목이 나온다.

환공이 공자 규를 죽인 것은 비록 지나쳤으나 공자 규의 죽음은 실로 마땅하다.

관중이 처음에 공자 규와 함께 모의하였으니 마침내 공자 규와 함께 죽는 것도 마땅한 일이고, 동생 공자 규를 도와 나라의 정권을 잡으려 한 것이 의롭지 아니함을 알고, 스스로 죽음을 면해서 훗날 공을 쌓아 사면받은 것도 괜찮다고 하였다.

공자의 이런 말씀에 역사의식을 네가 첨부하여라.

할아버지도 광해군은 이제 왕으로 추대되어야 한다고 본다.

동인의 잔꾀나 서인의 무지와 선조의 능란한

정치력 속에 모든 책임을 뒤집어쓰고 광해군으로 추락하였다.

영창대군을 죽인 것이나 인목대비를 가둔 것은 국가의 기틀을 잡기 위한 것이었다고 하면, 광해로서는 충분한 설명이 될 수 있다.

그러나 칼자루가 넘어간 이상 온 국민이 분노할 수 있는 죄목을 붙여 왕위를 찬탈하였다.

'桓公 殺之雖過而糾之死 實當 仲 始與之同謀 遂與之同死可也 知輔之爭爲不義 將自免以圖後功 亦可也故 聖人 不責其死而稱其功' (환공이 살지수과이규지사는 실당이니 중이 시여지동모라가 수여지동사가야오 지보지쟁위불의하야 장자면이도후공도 역가야고로 성인이 불책기사이칭기공이라) (환공이 동생을 죽인 것은 비록 지나친 처사지만 동생 규는 죽어 마땅하다. 관중이 처음에 규와 함께 모의하였으니 함께 죽는 것도 옳은 일이다. 그러나 도운 것이 의롭지 않음을 깨닫고 일단 살아남아서 훗날의 성공을 도모하는 것도 또한 옳다. 그러므로 공자가 관중이 죽지 않은 것을 책망하지 아니하고 그 공을 칭찬한 것이다.)

- 實(실) shí ① 열매 실 ② 사실 실 ③ 참될 실(眞實 진실) ④ 옹골찰 실
- 當(당) dàng ① 마땅할 다 ② 맡을 당 ③ 잡힐 당 ④ 이, 그 당(該當 해당)
- 始(시) shǐ ① 비로소 시 ② 비롯할 시 ③ 처음 시
- 謀(모) móu ① 꾀할 모 ② 꾀, 술책 모
- 遂(수) suì ① 드디어, 마침내 수 ② 이룰, 이룩할 수 ③ 마칠, 다할 수
- 糾(규) jiū ① 얽히다 ② 꼬다 ③ 살피다, 이름 규
- 可(가) kě ① 옳을 가
- 輔(보) fǔ ① 도울 보 ② 덧방나무 보
- 爭(쟁) zhēng ① 다툴 쟁 ② 간할 쟁

- 自(자) zì ① 스스로 자 ② 자기 자 ③ 저절로 자(自然 자연)
  ④ 부터 자(自初至終 자초지종)
- 免(면) miǎn ① 면할 면
- 圖(도) tú ① 그림 도 ② 꾀할, 꾸밀 도 ③ 책, 서적 도
- 後(후) hòu ① 뒤, 나중 후 ② 자손 후 ③ 뒤로할 후
- 功(공) gōng ① 공 공 ② 상제, 복입을 공
- 亦(역) yì ① 또, 또한 역
- 故(고) gù ① 연고, 까닭 고 ② 옛, 오래될 고 ③ 죽을 고 ④ 짐짓을 고(故意 고의)
- 聖(성) shèng ① 성인 성 ② 임금, 천자 성 ③ 성스러울 성
- 責(책) zé ① 꾸짖을 책 ② 책임 책
- 稱(칭) chēng ① 칭할 칭 ② 저울질할 칭 ③ 칭찬할 칭 ④ 알맞을 칭

우리 손자들 모두 읽어 보아라,

내가 중심이 되는 세상을 살아라

지금처럼 많은 사람들과 사는 힘들고 복잡한 세상에서 자기의 성향에 맞지 않는다고 세상을 등지거나 사람을 피하면서 살 수는 없다. 어떠한 경우라도 그 어려움을 극복하고, 내가 중심이 되는 세상을 만들어야 하지 않을까 생각한다. 지금 사람과 옛날 사람들은 삶의 사고방식이 다를 수 있겠으나, 요즘 같으면 이렇게 할 수 없지 않을까 생각한다. 그래도 중심을 잡고 옳고 바른길을 갈 수 있도록 스스로 노력해야 한다. 그러나 공자는 올바른 세상이 아닐 때는 거기에 몸담는 것을 좋지 않게 보았다. 아래 공자님 말씀을 한번 읽어보아라.

'子曰 賢者 辟世 其次 辟地 其次 辟色 其次 辟言' (자왈 **현자는 피세하고 기차는 피지하고 기차는 피색하고 기차는 피언이니라**) (공자께서 말씀하셨다. 어진 사람은 험한 세상을 피하고, 그다음은 어지러운 땅을 피하고, 그다음은 예의 없는 사람을 피하고, 그다음은 이치에 어긋남을 피한다.)

- 辟(피, 벽) pì, bì ① 피할 피 ② 물리칠 벽 ③ 임금, 제후 벽 ④ 부를 벽
- 世(세) shì ① 대, 세대 세 ② 세상에 세 ③ 때, 시대 세 ④ 맏 세(世孫 세손)
- 天(천) tiān ① 하늘 천 ② 자연 천 ③ 임금 천
- 下(하) xià ① 아래, 밑 하 ② 내릴 하 ③ 물리칠 하(却下 각하)
- 太(태) tài ① 클 태 ② 심히, 매우 태
- 公(공) gōng ① 공평할 공 ② 여러 공 ③ 관청, 벼슬 공 ④ 높일 공
- 次(차) cì ① 다음, 버금 차 ② 차례 차 ③ 번 차
- 地(지) dì ① 땅 지 ② 곳 지 ③ 자리 지

반장이 된 손자 태헌아,

할아버지가 태헌이에게 leader가 되는 법에 대하여 이야기한 적이 없었구나!

할아버지도 1,000 bed가 되는 병원의 원장을 했었는데, leader라면 leader일 수 있다.

이 큰 병원을 잘 운영하려면 내 힘이나 내 지식으로 다 할 수 없다. 만일 모든 것을 내 뜻대로 하면 사적인 나의 병원이 될 수도 있고, 병원이 바른길로 가지 않을 수도 있다.

적재적소에 인재를 배치해라

나는 각 부서에서 올라오는 큰일에 대하여서만 YES나 NO로 결정하는 권한을 행사했다. 물론 나름대로의 공부는 하고 말이다.

간호 부분은 간호부장에게, 행정 부분은 총무부서에, 관리 부분은 관리부서에 맡겨서 운영해 나가면 좋은 병원이 되더라.

여기 논어 헌문 한 구절을 읽어 보아라.

'子言衛靈公之無道也 康子曰 夫如是 奚而不喪 孔子曰 仲叔圉 治賓客 祝 治宗廟 王孫賈 治軍旅 夫如是 奚其喪' (자언위령공지무도야러시니 강자왈 부여시로대 해이불상이니잇고 공자왈 중숙어는 치빈객하고 축타는 치종묘하고 왕손가는 치군려하니 부여시니 해기상이리오) (공자가 위령공의 무도함을 말했다.

강자가 말하기를 이와같이 무도한데 어떻게 망하지 않았습니까 했다. 공자께서 말씀하시기를 중숙어는 외교를 맡고 축타는 종묘의 제사를 맡고 왕손가는 국방을 맡았다. 이러할진데 어떻게 망하겠느냐.)

너도 반장으로서 친구들과 상의하여 반을 대표하는 사람이 되기를 희망한다.

- 衛(위) wèi ① 지킬 위 ② 막을 위
- 靈(령) líng ① 신령, 신령스러울 령 ② 영혼 령
- 康(강) kāng ① 편안할 강 ② 오거리 강
- 夫(부) fū ① 사내, 남편 부 ② 대체로, 대개 부
- 奚(해) xī ① 어찌, 무엇 해 ② 종 해
- 喪(상) sāng, sàng ① 죽을 상 ② 잃을 상 ③ 망하다 상, 멸망하다 상
- 仲(중) zhòng ① 버금, 둘째 중 ② 가운데 중 ③ 거간 중
- 圉(어) yǔ ① 옥 어 ② 감옥 옥
- 鮀(타) ① 문절망둑 타 ② 모래무치 타
- 廟(묘) miào ① 사당 묘 ② 묘당, 조정 묘
- 孫(손) sūn ① 손자 손 ② 후손 손
- 旅(려) lǚ ① 나그네 려 ② 여행할 려 ③ 군대 려 ④ 함께 려

혁아, 읽어 보아라.

우리 혁이는 아직 중학생이라 그러는지 몰라도 형들처럼 정치나 현실 이야기는 별로 하지 않으니, 할아버지는 좋을 때도 있고 너무 무관심하다는 생각이 들 때도 있다.

그러나 아직은 이런 데 눈을 뜨면 사리의 판단이 흐려질 수 있으니, 사회 지식이 어느 정도 있을 때 참여하면 좋겠다.

객관적인 눈을 길러라

요즘, 우리 사회가 뭔지 모르게 옳고 그른 것의 판단이 흐려지게 느낄 때도 있고, 잘못되었으면 인정하고 고치면 될 것이고, 그렇지 않으면 자신 있게 나가면 되는데, 이것도 아니고 저것도 아니다.

불필요한 일에는 입을 빨리 열고 꼭 해야 할 말은 입을 닫는다.

공자님께서도 도가 바르게 행해지지 않으면 입을 함부로 열지 말라고 하였는데, 그럼 도가 제대로 서 있지 않다는 이야기가 아니라, 서로가 입장이 다르니 이것이다 저것이다는 서로 의견의 차이가 있으니 네가 잘 생각해 보아라.

대통령을 가장 가까이에서 섬겼던 사람들의 요즘 언행에 대하여 들어보면 물론 언론이나 신문에 나오는 내용이고, 직접 육성이 아니기 때문에 뭐라고 말할 수는 없지만, 그들이 leader인 대통령을 잘못 모시지 않았나 하는 생각이 들더라.

논어 헌문편에 보면, leader를 모시는 공자의 말씀이 있다 한번 읽어 보아라.

'子路問事君 子曰 勿欺也 而犯之' (자로문사군한대 자왈 물기야오 이 범지니라) (자로가 임금 섬기는 것을 묻자 공자께서 말씀하셨다. 임금을 속이지 말고 임금의 잘못을 바로잡아야 한다.)

- 勿(물) wù ① 말 물(勿潔 물결) ② 없을 물 ③ 아닐 물
- 欺(기) qī ① 속일 기 ② 거짓 기
- 犯(범) fàn ① 범할, 어길 범 ② 죄, 죄인 범(임금님 앞에서 바른말을 하라)
- 勿欺(물기) : 최선을 다하라. 속이지 말라.

서은아,

너처럼 영리하면서 열심히 공부하니 할아버지의 마음이 얼마나 기쁜지 모르겠다. 다른 사람들은 할아버지처럼 기쁨을 느끼지 못할 수도 있을 것이다.

현시대는 공부가 인생의 전부이다라고 말할 정도인 것 같다. 열심히 공부하여야 출세하고, 공부의 결과가 대학과 취직의 결과와 연결되니 말이다.

옛날 사람들도 공부를 하는데, 물론 지금처럼의 공부는 아니지만, 지금과는 조금의 차이는 있을 수 있다.

나를 위한 공부를 해라

나 자신의 수양을 위해서 공부를 했던 옛날 사람들과는 조금 다른 학문이 오늘날 학문이다. 요즘은 학문이 나를 위한 학문, 나의 간판, 나의 이력서이기 때문에, 나를 내놓기 위한 학문이라고 해도 과언이 아니다. 나의 수양을 쌓기 위한 것은 두 번째로 밀려나 있는지도 모른다. 여기 헌문편에 보면, 배우는 사람들의 목적이 나와 있으니 한번 비교하여 보아라.

'子曰古之學者 爲己 今之學者 爲人' (자왈고지학자는 위기러니 금지학자는 위인이로다)(공자께서 말씀하셨다. 옛날의 공부하는 사람들은 자기를 위하여 배웠는데 오늘날의 배우는 사람들은 남에게 보여주기 위해서 공부한다.)

- 古(고) gǔ ① 예 고 ② 옛 고
- 今(금) jīn ① 이제 금 ② 오늘 금 ③ 바로 금
- 之(지) zhī ① 갈 지 ② 의(지) ~의뜻 ③ 이 지
- 曰(왈) yuē ① 가로 왈 ② 말하기를 왈

마리아야, 할아버지는 우리 마리아가 세계적인 외교관이 될 거라고 생각한다. 교육의 선진국 영국에서 공부했고, 어려서 여러 나라 학생들과 교류도 했으니, 충분한 자격을 갖추었다고 생각한다.

문제는 네가 이 길을 가는 데 필요하고도 충분한 조건이 무엇인가를 생각해보고, 하면 된다는 각오로 하면 된다. 꼭 외교관이 되라는 것은 아니다.

다른 직업을 갖더라도 최선을 다해라.

본분에 충실해라

네가 외교관이 되든, 의사가 되든 언제나 너의 지위와 너의 본분을 벗어나는 일을 해서도 안 되고, 하려고 생각해도 안 된다. 너에게 주어진 일에 충실하다 보면, 차근차근 위로 가면서 맡은 바 일을 하게 될 것이다.

서두를 필요는 없다.

본인에게 주어진 임무를 성실히 수행하는 사람처럼 착한 사람은 없다.

이런 사람들을 지금 사회가 요구하고 있다.

논어 헌문편에 보면, 이런 말이 쓰여 있다.

'曾子曰 君子 思不出其位' (증자왈 군자는 사불출기위니라) (증자가 말하였다. 군자는 그 지위에서 벗어난 생각을 하지 않는다.)

- 曾(증) céng ① 일찍, 이전에 증 ② 거듭 정
- 其(기) qī ① 그 기 ② 어조사 기
- 位(위) wèi ① 자리, 위치 위 ② 분 위

인, 지, 용

7명의 손자, 손녀들아,

할아버지 방에 걸려 있는 액자에 의제 허백련 선생께서 써놓은 군자의 3가지 도라는 인(仁) · 지(知) · 용(勇)이란 3글자를 보았지?

'子曰 君子道者三 我無能焉 仁者 不憂 知者 不惑 勇者 不懼' (자왈 군자도자삼에 아무능언호니 인자는 불우하고 지자는 불혹하고 용자는 불구니라) (공자께서 말씀하셨다. 군자의 도(道)가 세 가지인데 나는 능한 것이 없다. 어진사람은 근심하지 아니하고, 지혜로운 사람은 유혹에 넘어가지 아니하고, 용기있는 사람은 두려워하지 아니한다.)

첫째, 인(仁)이다.

누구나가 인자함을 근본으로 삼는 것은 인간의 참모습이다.

더욱 우리 집안의 덕목인 인자함이 내외에 함축하고 있어야 하니, 언제나 마음속 깊이 우리의 뿌리가 인이라고 생각하면서 생활하여라.

둘째, 지 · 용 이다.

지혜와 용기는 함께 필요하다고 본다.

지혜만 있고 용기가 없어도 안 되고, 용기만

있고 지혜가 없어도 안 된다.

인의 유비와 지혜의 관우와 용기의 장비가 함께 어우러지지 못해 그들은 3국을 통일하지 못했다.

언제나 인, 지, 용의 3덕을 함께 갖추도록 하여라.

- 三(삼) sān ① 석, 셋 삼 ② 거듭, 여러번 삼(再三 재삼)
- 能(능) néng ① 능할 능 ② 능력 능
- 惑(혹) hùo ① 매혹할 혹 ② 의심할 혹
- 勇(용) yǒng ① 날랠, 날쌜 용
- 懼(구) jù ① 두려워할 구 ② 겁낼 구

우리 손자들아,

할아버지도 스스로 잘못을 뉘우칠 때가 가끔 있다.

사람을 비교해서 누구는 잘하고 누구는 못한다고 한다. 그런데 어떤 사람과 비교할 때 그 비교의 기준이 어느 것이냐 하는 것이다.

사람을 비교, 평가하지마라

공부는 못해도 착한 사람이 있고, 부자는 아니어도 남의 것을 탐하지 않는 사람이 있듯이, 사람과 사람을 비교하는 것은 옳지 않은 것 같다.

그러나, 애들을 자극하기 위해서는 비교를 하지 않을 수 없을 때가 있다.

저 사람 보아라.

저 사람은 학교 다닐 때 공부도 하지 않고, 착하지 않았기 때문에 저렇게 사는 거야!

너는 저걸 보면 어떻게 열심히 살아야 된다는 것을 알 수 있지,

또는 가끔 저 좋은 차를 타는 사람과 자전거를 타는 사람을 비교하면서 너 앞으로 뭘 탈거야 등 어린아이들을 비교하여 자극주는 경우가 있는데, 공자님께서는 그렇게 해서는 안 된다고 말씀하셨다.

논어 헌문에 보면, 이런 글귀가 있다.

'子貢 方人 子曰賜也 賢乎哉 夫我則不暇' (자공이 방인하더니 자왈사야는 현호재아 부아즉불가로라) (자공이 남들과 비교하자 공자께서 말씀하셨다. 자공아 너는 훌륭한가? 나는 비교할 시간이 없다.)

- 貢(공) gòng ① 바칠 공 ② 공물 공
- 賜(사) cì ① 줄 사 ② 하사할 사
- 栽(재) zāi ① 심을 재
- 暇(가) xiá ① 틈, 겨를 가 ② 한가할 가
- 方人(방인) : 사람을 비교 논평함.

언제나 할아버지의 가슴속에 들어있는 손자 혁아,

할아버지 이야기를 들어보아라.

너희 반에서 공부도 잘하고 모범생인 학생도 있지만, 공부는 그리 잘하지 못하면서 잘난 체하고 남들이 별로 알아주지도 않는데, 자기 혼자 자기 반에서 우월한 아이인 것처럼 행동하는 아이들이 있는지도 모른다.

아마 너희들은 아직 중학생이니 그런 경우가 별로 없으리라 본다. 그러나, 어른이 되면 종종 이런 사람들을 볼 수 있다.

자신의 능력을 키워라

자기의 실력은 냉정하게 따지지 않고서, 남들이 자기를 알아주기를 바라는 사람들이 있다. 이러한 사람들은 외모만 번지르르하지 내면을 들여다보면 텅 비어 있는 경우가 많다. 공자 말씀에 이런 말이 있다.

남이 나를 알아주지 않음을 걱정하지 말고, 자신의 능력이 특출하지 못함을 걱정하여야 한다고 했다.

이런 구절이 논어 헌문에 적혀있다.

'子曰 不患人之不己知 患其不能也' (자왈 불환인지불기지요 환기불능야니라) (공자께서 말씀하셨다. 남들이 자기를 알아주지 않는다고 화내지 말고 내가 능력이 없는 것을 걱정해야 한다.)

- 患(환) huàn ① 근심, 근심할 환 ② 병환 환
- 人(인) rén ① 사람 인 ② 남, 딴사람 인 ③ 인품, 인격 인
- 之(지) zhī ① 갈 지 ② ~의 지 ③ 이 지(대명사)

조화로운 삶을 살아라

마리아야,

사람은 사회적 동물이다.

나 혼자만이 살아갈 수는 없다.

세상만사가 싫으니 혼자서 자연인처럼 살아간다는 것은 의미 없는 삶이라는 것이다.

너와 내가 있고, 옳고 그름이 있는 세상에서 사람들이 조화를 이루면서 살아가는 것이다.

미생묘라는 사람이 공자를 빗대어 얕잡아 이야기하니, 공자께서 혼자만 잘났다고 도도하게 살아가는 그런 고집불통은 사회가 원하는 사람이 아니라고 하였다.

사람은 사회가 요구하는 사람이어야지 자기주장만 강하게 하면서 세상과 타협하지 않는 것은 좋지 않다. 언제나 현실에 충실해야 한다.

논어 헌문편에 보면, 이런 글귀가 적혀있다.

앞뒤를 살피면서 한번 읽어보아라.

'孔子曰 非敢爲也 疾固也' (공자왈 비감위녕야라 질고야니라) (공자께서 말씀하셨다. 감히 세상과 타협하려는 것이 아니라 고집불통을 미워하는 것이다.)

- 非(비) fēi ① 아닐 비 ② 비방할 비
- 敢(감) gǎn ① 감히, 함부로 감 ② 용감할 감
- (녕) nìng ① 아첨할 녕, 영 ② 간사할 녕, 영 ③ 말잘할 녕, 영 ④ 홀릴 녕, 영
- 疾(질) jí ① 질병 질 ② 미워할, 꺼릴 질 ③ 빠를 질
- 固(고) gù ① 단단할 고 ② 진실로 고 ③ 완고할 고 ④ 본디 고

우리 손자, 손녀들아!
모두가 이 글을 한번 자세히 읽어보아라

'或曰以德報怨 何如' (혹왈이덕보원이 하여하니잇고) '子曰 何以報德' (자왈 하이보덕고) (어떤 사람이 말하기를 덕으로써 원한을 갚는 것이 어떠한가 했다. 공자께서 말씀하셨다. 그러면 덕은 무엇으로 갚을 것인가.)

그리스도교의 최고의 말씀은 원수를 사랑하라이다.

남의 원망을 만들지 마라

그러나, 공자님께서는 원수를 어떻게 사랑할 수 있겠느냐 하였다.

현실적으로 원수를 사랑할 수는 없지만 최대의 은혜를 베푼다면 원수를 용서해줄 수는 있다.

세상을 살면서 원수는 아니더라도, 서로 교제하고 싶지 않은 사람들이 많이 있을 수 있다.

이럴 때는 만나지 않으면 된다.

그런데, 정말 서로가 도저히 이해할 수 없는 관계까지 갔다고 하면, 어찌 보면 요즘 말로 앙숙지간이 되는 것이다.

그래서, 교회에서 원수를 사랑하라 하는데

실질적으로 원수를 사랑할 수 없다.

만일 원수를 사랑한다면, 나에게 덕을 베푼 사람에게는 어떻게 보상한단 말이냐고 했다.

공자님께서 덕은 덕으로 갚고 원수는 정직으로 갚으면 된다고 했다.

'以直報怨 以德報德' (이직보원이오 이덕보덕이니라) (정직함으로 원한을 갚고 덕은 덕으로 갚아야 한다.)

- 報(보) bào ① 갚을 보 ② 알릴 보
- 怨(원) yuàn ① 원망할 원 ② 원한 원 ③ 원수 원
- 德(덕) dé ① 덕 덕 ② 어진이 덕 ③ 복, 행복 덕(人德 인덕)

시대에 맞는 사람이 되어라

손자들아,

세상살이는 자기가 하고 싶다고 해서 모두 할 수 있는 것은 아니다.

모든 조건은 갖추었어도 원하는 자리가 생기지 않아서 방황하는 경우가 있다.

공자께서도 원하는 벼슬자리를 얻지 못해서 주유천하를 하셨다고 한다.

벼슬자리를 주면, 곧 나라를 반석 위에 올려놓겠다고 해도, 어느 임금이고 공자를 실제로 채용하지 않았다.

그러나, 이 나라 저 나라 임금님께서 공자의 한마디 충고는 다 들으려 했다.

왜 임금들은 공자처럼 정치의 도사를 채용하지 않았을까?

공자가 이야기하는 정치, 공자의 세계관은 당시 임금들과 생각이 다르며, 통치의 방법이 다르기 때문에, 어찌 보면 왕의 존엄성이 훼손된다고 생각했는지도 모른다.

이처럼 많이 알고 좋은 대학을 나와야만 꼭 채용되는 것이 아니고, 그 시대가 요구하는 사람이 되어야 한다.

논어에 나와 있는 공자님의 푸념을 한번 들

어보자.

'子曰 不怨天 不尤人 下學而上達 知我者 其天乎' (자왈 불원천하며 불우인이오 하학이상달하노니 지아자는 기천호) (공자께서 말씀하셨다. 하늘을 원망하지 말라. 사람을 탓하지 말아라. 나는 사람의 일을 배우고 하늘의 이치를 통달하였으니 하늘은 나를 알아줄 것이다.)

- 怨(원) yuàn ① 원망할 원 ② 원한 원 ③ 원수 원
- 尤(우) yóu ① 더욱, 특히 우 ② 허물 우 ③ 원한, 원망할 우
- 達(달) dá ① 통할 달 ② 이를 달 ③ 출세할 달
- 天(천) tiān ① 하늘 천 ② 자연 천 ③ 임금 천

상대의 입장에서 생각하고 행동해라

한 걸음 한 걸음 앞으로 전진할 줄 아는 손자 조환아,

할아버지 이야기 잘 들어보아라.

언제가 한 번은 이야기를 형들에게 들려준 적이 있는데, 논어 헌문 편에 다시 한번 나왔으니 너에게 다시 들려준다.

사람들은 남의 이야기를 자기의 입장에서 함부로 말하는 경우가 많다.

가끔 문제가 되고 있는 노동자와 사용자(노사관계)에서도 그렇고, 사회 구조에 있어서도 상하라기보다는 단계적 위치에 따라 행정적인 업무를 처리해야 하는데, 이는 자기의 해야 할 책임의 한계일 수도 있다.

그러나, 그 위치에 가서 근무하여 보지도 않고, 무엇이 문제인가 또 어려움이 무엇인가를 알지 못하면서 불평만 하는 경우가 있다.

그 입장이 되어보지 않는 상태에서 그 일에 관해서 왈가왈부하지 말라는 것이다.

언로가 열려있는 것도 중요하지만, 때론 이것이 문제가 될 수도 있다.

더욱이 우리처럼 남북이 대치된 상태에서의 언로는 때론 국가안위에 문제가 될 수도 있기 때문이다.

세상을 살아가면서 불평을 하지 않을 수는 없지만 그 불평이 정말 그 사람, 그 자리에 너가 있었다고 한번 생각하고 더 생각하여 보아라.

'子曰 不在其位 不謀其政' (자왈 불재기위하얀 불모기정이니라) (공자께서 말씀하셨다. 그 입장에 서보지 않았으면 그 일에 관하여 함부로 불평하지 말라.)

- 在(재) zài ① 있을 재 ② 살, 처할 재
- 政(정) zhèng ① 정사 정
- 謀(모) móu ① 꾀할 모 ② 술책 모

우리 손자들아,

우리는 일상생활 중에 무리하고 필요 없는 객기를 부리면서 살면 스스로 화만 입게 된다.

세상은 자기의 처지와 상황에 맞추어서 살아가야지, 허영에 가득 차 있으면 실패와 좌절만 있을 뿐이다. 지금 내가 처해있는 상황이 어떤 상태인가를 잘 파악하여야 한다.

공자께서 하신 말씀 중에 '물이 깊으면 옷을 벗고 강을 건너고, 개울이 얕으면 옷을 걷고 건너야 한다.' 고 했다. 논어 헌문 편에 나와 있는 글이다.

상황에 맞추어 행동해라

'深則厲 淺則揭' (심즉려오 천즉게니라) (물이 깊으면 옷을 벗고, 물이 얕으면 옷을 걷고 건너라.)

이렇듯 현실이 어떻게 나에게 처해있는가를 살펴보아야 한다. 꼭 같은 조건이라 하더라도 경우에 따라서 아주 다르기 때문이다. 젊어서, 어려서 경험이 부족하기 때문에 사리의 판단을 조금 잘못할 수 있다.

하고자 하는 일마다 나름대로의 계획을 세워서 실행해야 하느니라. 언제나 경솔함이 없이 침착하게 대처해야 한다.

- 厲(려) lì ① 갈 려 ② 숫돌 려 ③ 사나울 려 ④ 엄할 려
- 淺(천) qiǎn ① 얕을 천
- 揭(게) jiē ① 높이들 게 ② 걷다 ③ 걸다, 걷을 게, 걸 게

衛靈公第十五

믿음직스러운 손자 승원아,

사회생활을 하다 보면, 서로의 대화 과정도 그렇고 어느 회의에서도 모임에서도 마찬가지다.

오늘의 주제가 무엇인가를 먼저 파악하여야 한다.

질문을 할 때도 주제를 파악하고, 이 주제 내에서 관계되는 문제를 질문하는 것이 좋다.

문제의 핵심을 파악해라

공자의 논어 위령공편에 보면, 위령공이 공자에게 싸우는 법에 대하여 질문하자 공자는 대답하지 않았다.

공자가 원하고 바라는 것은 전쟁이 아니다.

그런데, 전쟁에 관해서 질문을 하니, 공자는 나는 제사 지내는 예의에 대하여는 들은 바 있지만, 전쟁의 법에 대하여는 아는 바 없다 하시고 길을 떠나셨다.

'衛靈公 問陳於孔子 孔子對曰 俎豆之事 則嘗聞之矣 軍旅之事 未之學也 明日遂行' (위령공이 문진어공자한대 공자대왈 조두지사는 즉상문지의어니와 군려지사는 미지학야라하시고 명일에 수행하시다) (위나라 영공이 공자에게 전쟁하는 방법을 물었다. 공자께서 대답하셨다. 제사 모시는 일을 배워서 알지만 전쟁하는 방법을 배우지 않았습니다. 하고는 다음날 길을 떠났다.)

언제나, 어떠한 문제든지 요약해서 핵심을 알아야 한다. 그리고 여기에 의문나는 점은 물어야 한다.

- 衛(위) wèi ① 지킬 위 ② 막을 위
- 靈(령) líng ① 신령 령 ② 영혼 령
- 衛靈公(위령공) : 위나라의 임금
- 陳(진) chén ① 베풀 진 ② 묵을, 오랠 진 ③ 말할, 설명할 진(陳述 진술) ④ 나라 진
- 對(대) dùi ① 대답할 대 ② 대할 대 ③ 짝 대 ④ 대 대(사물의 수)
- 俎(조) zǔ ① 도마 조 ② 적대 조
- 嘗(상) cháng ① 맛볼 상 ② 일찍 상 ③ 시험할 상
- 聞(문) wén ① 들을 문 ② 들릴 문 ③ 알려질 문
- 軍(군) jūn ① 군사, 병사 군 ② 군무, 병무 군
- 旅(려) lǔ ① 나그네 려 ② 여행할 려 ③ 군대 려 ④ 함께 려
- 豆(두) dòu ① 콩, 팥 두 ② 쟁기 두
- 俎豆(조두) : 제사(祭祀) 때 신 앞에 놓는 나무 그릇

대학입시로 고생하는 손자 호중에게,

포항 지진 때문에 수능이 연기되었다고 해서, 할아버지도 걱정했고 또 이것이 너에게 어떤 영향을 미칠까도 생각했다.

그러나, 이것은 하늘이 내려준 일이기 때문에, 누구를 원망하거나 탓할 필요가 없다.

학문의 입문이 대학에 들어가는 것이다.

이제 겨우 학문을 하려 가는 것이지 지금 학문을 하는 것은 아니다.

이제까지의 배운 것을 바탕으로 해서 대학에 들어가면 열심히 갈고 닦아야 한다.

일목요연하게 정리할 줄 알아야 한다

모든 것이 하나의 원리로 통한다는 말이 아니겠느냐.

지금의 원리는 열심히 하는 것이고, 그 열심히 하는 것을 토대로 해서 수능에 임하면 된다. 이제까지의 공부가 노력이라는 관지에 끼워져 있다고 본다.

그러니 좋은 결과가 있으리라 본다.

그러나, 네가 대학에 들어가서 학문을 할 때, 사회인이 되었을 때 일이관지는 의미가 또 다를 수 있다.

이는 네가 세상을 살아보면서 모른 것은 무엇으로 정리해야 하는가를 생각해 보면 알 수 있다.

끼워야 할 것이 없으면 그 사람은 실패한 사람이다.

여기 논어 위령공편의 글귀를 적어두니 앞뒤를 더 자세히 읽어보아라

'曰非也 予 一以貫之' (왈비야라 여는 일이관지니라) (공자께서 말씀하셨다. 아니다. 나는 하나로 관통하였느니라.)

※ 많이 알기만 한다고 다가 아니고 그 전체를 하나로 일목요연하게 정리할 수 있어야 한다는 말씀

- 予(여) yú, yǔ ① 나 여 ② 줄 여
- 以(이) yǐ ① 써 이(~로써, ~를 가지고) ② 부터 이 ③ 까닭 이 ④ 생각할 이
- 貫(관) guàn ① 궐 관 ② 호적 관

귀여운 손녀 마리아야,

할아버지가 논어 이야기에서 위령공편에 있는 한 구절을 적어주마.

한번 읽어보아라.

'恭己正南面而已矣' (공기정남면이이의이니라) (자기의 직무를 바로하고 임금 자리를 지키고 앉을 따름이니라.)

순임금이 정치를 잘했다고 했는데, 그건 공손했고 남면했다고 하는 말이다.

책임자의 자리

아마 마리아는 '할아버지! 그게 무슨 의미인지 모르겠어' 할 거야.

그렇다. 할아버지가 읽어도 빨리 답이 나오지 않는다. 이게 논어 책의 특색이다.

순임금은 임금의 자리에 있을 때 본인이 할 수 있는 일을 백성들이 보고 감동할 만큼 하셨다. 가만히 있고 PR을 하지 않아도 훌륭한 임금이라는 것을 알게 된다.

우리는 세월호 사건으로 얼마나 나라가 시끄러웠느냐.

아마 단군이래 이런 일이 어디 있었는가 싶다. 이때, 임금인 대통령의 위치가 문제 된 거 아니냐.

논어에서 나오는 남면이 임금의 자리를 잘 지키셨다는 말이다.

다시 말해서, 임금은 임금다운 위치를, 신하는 신하다운 위치를, 백성은 백성으로서 해야 할 일을 각자 잘 지켰다는 말이다.

그래서 태평성대를 이루었다고 하는 것이다.

어느 누구든 그 위치에서 그 자리를 책임지고 잘 지킬 수 있어야 한다.

- 恭(공) gōng ① 공손할, 공경할 공 ② 삼갈 공
- 己(기) jǐ ① 몸, 자기 기
- 南(남) nán ① 남녘 남
- 面(면) miàn ① 낯, 얼굴 면 ② 대할 면 ③ 표면 면 ④ 면 면(행정단위)

혁아!

얼마 있지 않으면 또 겨울방학이 돌아온다.

이번 겨울방학은 어떤 계획을 세우고 있는지 궁금하구나.

아직은 네가 중학교 2학년이니, 할아버지가 말하는 이 구절이 생소하고 또 귀에 와 닿지 않을 수도 있다.

그러나, 지금부터라도 이 논어의 구절을 잘 읽어보고, 그 뜻이 무엇인가를 잘 살펴주기 바란다.

논어 위령공편에 보면, 이런 글이 있다.

말과 행동에 진실함이 있어야 한다

'子曰 言忠信 行篤敬 雖蠻貊之邦 行矣 言不忠信 行不篤敬 雖州里 行乎哉' (자왈 언충신하며 행독경이면 수만맥지방이라도 행의어니와 언불충신하며 행불독경이면 수주리나 행호재아) (공자께서 말씀하셨다. 말이 진실하고 행동이 착하면 적의 나라에 가더라도 대접받을 수 있다. 그러나 말이 진실되지 못하고 행동이 착하지 못하면 고향에서도 대접받지 못한다.)

사람은 언제나 무엇 때문에 성공하고 실패하느냐 하는 문제가 명제가 될 수 있다.

말이 진실되어야 한다는 것은 거짓이 없어야 하는 것이고, 행동은 말한 바를 착실하게 이행할 수 있어야만 그 사람이 신뢰를 받는다.

이번 겨울방학은 영. 수. 국도 중요하지만, 너의 시야를 넓히는 책도 몇 권 읽도록 하여라.

학교에서도 집에서도 밖에 나가서도 언제 어디서 누구와 이야기하더라도 진실한 말과 진실한 행동이 꼭 너를 감싸고 있어야 한다.

- 篤(독) dǔ ①독실할 독 ② 병심할 독
- 雖(수) suī ① 비록 수
- 蠻(만) mán ① 오랑캐 만
- 貊(맥) mò ① 오랑캐 맥
- 矣(의) yǐ ① 어조사 의(단정, 한정, 의문, 반어, 감탄 등)
- 州里(주리) : 고향

모든 것을 섭렵한 늦터진 천재 환아,

지금 우리나라는 새로운 정부가 들어서서 적폐 청산에 사력을 다하고 있다.

어쨌든 잘못된 역사, 잘못된 일 등.

국민에게 해로움이 의도적으로 있었다면, 다 정리되어야 하는 것은 마땅하다.

이러한 일들은 누가 보아도 보편타당성이 있어야 하기 때문이다.

요즘은 촛불과 태극기가 링 위에서 난투극을 벌이고 있으니, 앞으로 지켜볼 수밖에 없지 않겠느냐.

자신의 자리가 어디인지 알아야 한다

우리의 역사는 반딧불, 등불, 횃불, 전등불 등 역사의 봉기가 있을 때마다 불이 등장했다.

옛날 논어 위령공편에 한 글귀가 생각난다.

'君子哉 遽伯玉 邦有道則仕 邦無道則可卷而懷之' (군자재라 거백옥이여 방유도즉사하고 방무도즉가권이회지로다) (군자답다 거백옥이여! 나라에 도(道)가 있다면 벼슬에 참여하고, 나라에 도가 없으면 자기 주장을 강하게 하지 않는구나!)

옛날 사람들은 지혜가 있었다.

사회생활을 하면서, 가장 중요한 것 중 하나

가 끼어야 할 때와 끼지 않아야 할 때를 구별할 수 있는 능력이다.

세상에 훌륭한 인재들은 많다.

이 사람들은 국가와 국민을 위하여 그 영특한 두뇌를 활용할 수 있어야 하고 옛날 중국 포숙아의 너그러움과 제나라 환공의 지혜가 나타나야 하는데 그렇지 못하는 것 같다.

우리 환이가 중국어 선생님과 열심히 공부하고 있으니, 관중과 포숙아의 관계에 대하여 이 글을 읽고 제나라 환공, 포숙아, 관중의 삼각관계로 대화 한번 하고 서로 많은 토론을 하길 바란다.

- 哉(재) zāi ① 어조사 재 ② 비롯할 재
- 遽(거) jù ① 급할, 갑자기 거 ② 두려워할 거 ③ 역말 거
- 仕(사) shì ① 벼슬 사 ② 섬길 사
- 卷(권) juǎn ① 책 권 ② 권 권(책을세는 단위) ③ 두루마리 권 ④ 접을 권(juan)
- 懷(회) huái ① 품을, 지닐 회 ② 마음, 정 회 ③ 위로할 회
- 卷而懷之(권이회지) : 자기의 재능을 발휘하지 않고 숨어지냄.
- 遽伯玉(거백옥) : 위(衛)나라 대부
- 邦(방) bāng ① 나라 방 ② 수도 방 ③ 천하 방

할아버지의 자존심.

언제나 듬직하고 함부로 말하지도 않고, 함부로 처신하지도 않는 손녀딸 서은아 읽어 보아라.

서은아! 말을 한다는 것은 대단히 중요하다.

말한다거나 서로 이야기한다는 것 모두 소통하는 것이다.

사람들은 끼리끼리 논다고 한다.

서로가 말을 주고받을 때 아! 그 말이구나 또는 그 말이 맞는구나 하면서 서로 맞장구치며 이해할 수 있어야 한다.

말을 잘할 수 있는 지혜를 갖추어라

내가 하는 말을 상대가 이해하지 못하고 오해한다거나 다른 생각을 한다고 하면 이런 말은 하지 않아야 한다.

상대방과의 대화 내용이 서로가 서로를 신뢰라는 끈으로 묶어 줄 수 있어야 한다.

말을 잘할 수 있는 지혜를 갖는 것도 대단히 중요하다.

논어 위령공편에 보면, 이런 글귀가 보인다.

'子曰 可與言而不與之言 失人 不可與言而與之言 失言 知者 不失人 亦不失言' (자왈 가여언이불여지언이면 실인이요 불가여언이여지언이면 실언이니 지자는 불실인하며 역불실언이니라) (공자께서 말씀하셨다. 말을 해야 하는데 말하지 않으면 사람을 잃고, 말하지 않아야 하는데 말을 하면 말실수가 되니 지혜로운 사람은 사람도 잃지 아니하고 말실수도 하지 아니한다.)

꼭 해야 할 말은 해야 하고 해야 하지 않아야 할 말은 해서는 안 된다.

- 與(여) yǔ, yù ① 줄 여(yu) ② 참여할 여(yu) ③ 참여할 여 ④ 같이하다
- 言(언) yán ① 말씀 언 ② 말할 언
- 而(이) ér ① 말이을 이(그리하여, 그러나, 그런데)
- 失(실) shī ① 잃을, 놓칠 실 ② 잘못할 실
- 知(지) zhī ① 알 지 ② 주관할 지
- 亦(역) yì ① 또, 또한 역

든든 탄탄한 손자 승원아,

네가 대학생이 되었으니 논어에 나오는 이 구절을 잘 읽고 이해하여 보아라.

'子曰 人無遠慮 必有近憂' (자왈 인무원려면 필유근우니라) (공자께서 말씀하셨다. 사람이 원대한 꿈이 없으면 반드시 눈앞의 사소한 근심에서 벗어나지 못한다.) (공자께서 말씀하셨다. 사람은 먼 근심이 없으면 반드시 눈앞에 걱정거리가 있을 수 있다.)

큰 꿈을 만들어라

지금 너에게 필요한 것이 무엇인가, 너의 목표를 달성하기 위해서 무엇을 해야 하는가 보아라

나이가 들어서 또 어른이 되어서 네가 어떻게 살 것인가를 지금 걱정해보면 지금 네가 해야 할 일에 대하여 더 신경을 쓰게 될 것이다.

너의 가까운 걱정거리가 훗날 먼 걱정거리가 되지 않도록 노력하여야 한다.

할아버지도 이 문장에 대하여도 이해하기 어려운 부분이 많다.

유비무환을 의미할 수도 있고, 아니면 사람이란 먼 곳에 걱정이 없다 해도 작은 걱정은 언제나 있는 것이라고 생각할 수도 있다.

사람이 살아가며 걱정 없이 살아갈 수는 없다는 의미도 된다. 네가 공부하여 명쾌하게 설명을 내리도록 하여라.

- 遠(원) yuǎn ① 멀 원 ② 깊을, 심오할 원 ③ 멀리할 원
- 慮(려) lù ① 생각할 려 ② 근심할 려 ③ 걱정하다 ④ 꾀하다
- 必(필) bì ① 반드시 필 ② 꼭 필
- 近(근) jìn ① 가까울 근 ② 요즘 근
- 憂(우) yōu ① 근심, 걱정 우 ② 병, 질병 우 ③ 괴로움, 환난 우 ④ 조심하다

함께하면 할아버지의 엔돌핀!

손자 태헌아,

논어 이야기에서 너에게 알맞은 이야기를 찾으려 해도 이제 초등학생인 내 손자가 어떻게 받아들일까를 늘 걱정하는 할아버지이다 보니, 편지 쓸 때마다 조금은 걱정이 앞선다.

이제 할아버지가 많이 늙어, 우리 아이들이 자라면서 초등학교, 중학교, 고등학교, 대학교, 사회인이 되었을 때, 한 번 더 읽어보면 더 새로운 의미를 찾아내지 않을까 생각한다.

스스로 반성하는 습관을 키워라

학교생활도 그렇고 이런저런 대인관계에서 스스로 나를 되돌아보아야 하는 경우가 많다.

가능하다면, 스스로를 많이 반성하면서 살아야 한다.

사람마다 완벽한 사람은 없다. 생활하면서 반성하고 또 앞으로 나아가는 것이다.

'子曰 躬自厚而薄責於人則遠怨矣' (자왈 궁자후이박책어인즉원원의니라) (공자께서 말씀하셨다. 자신에게 무겁게 질책하고 남에게 가볍게 질책하면 원망이 없을 것이다.)

스스로의 반성은 상대방을 배려해주는 마음이 생기는 것이다. 그러나 남을 원망하거나 꾸짖거나 하면 어찌 보면 그 원망과 화가 나에게 부메랑이 되어 돌아올 때가 있느니라.

나의 착한 태헌이가 더 자라서 논어의 이 구절을 잘 읽어 보아라.

- 躬(궁) gōng ① 몸 궁 ② 자기, 자신 궁 ③ 활 궁 ④ 몸소, 스스로 궁
- 厚(후) hòu ① 두터울 후 ② 진할 후 ③ 짙다
- 薄(박) báo, bó ① 엷을, 얇을 박 ② 야박할 박
- 於(어) wū ① 어조사 어(에, ~에서) ② 탄식할 오
- 自(자) zì ① 스스로, 몸소 자 ② 부터 자
- 責(책) zé ① 꾸짖을 책 ② 책임 책

장손 태헌아,

세상 만물 조화에 대하여 어릴 적에는 관심을 갖는 것이 중요하다.

해가 왜 동쪽에서 뜨지? 물은 왜 위에서 아래로 흐르지?

어떻게 하면 훌륭한 사람이 될 수 있지 등등.

또 학교에서도 의심 나는 점이 있으면, 언제든지 선생님께 물어보는 것이 좋다. 의문을 갖고 달려들면 많은 것을 얻을 수 있다.

질문하는 습관을 가져라

뭐든지 하면 된다는 각오를 가지고 의문난 점을 선생님께 물어보고, 그래도 모르면 너의 핸드폰에 있는 네이버 검색을 하면 대강 답이 나온다.

그러니, 무엇이든 확실히 이해가 되지 않을 때에는 물어보는 습관을 가져야 한다.

'子曰 不曰如之何如之何者 吾未如之何也已矣' (자왈 불왈여지하여지하자는 오말여지하야이의니라) (공자께서 말씀하셨다. 어떻게 할까, 어떻게 할까라고 고민하지 않는 사람에게는 나도 어떻게 해줄 수 없느니라.)

공자님께서도 자기의 제자들 중 물어보지 않은 사람에게까지 일부러 가르쳐 주시지는 않는다고 했다.

여기 논어 위령공편의 글귀를 적어줄 테니 한번 읽고 음미하여 보아라.

어찌 보면 열심히 노력하지 않는 사람을 하늘도 도와주지 않고 노력하는 사람만 하늘이 돕는다고 했는지도 모른다.

- 何(하) hé ① 어찌, 어느 하 ② 누구 하 ③ 얼마 하
- 如(여) rú ① 같을 여 ② 어찌 여 ③ 갈 여 ④ 만일 여 ⑤ 어조사 여
- 也(야) yě ① 어조사 야 ② 또한 야

내일이면 희망이 보인다.

호중아 화이팅 수고해

할아버지가 여기 논어 위령공편에 나와 있는 글귀를 하나 적어 주마.

'子曰 君子 病無能焉 不病人之不己知也'
(자왈 군자는 병무능언이요 불병인지불기지야니라) (공자께서 말씀하셨다. 군자는 자신이 능력 없는 것을 걱정하고 남들이 자기를 알아주지 않는 것을 걱정하지 아니한다.)

스스로 너 자신을 위해 노력해라

이제 네가 대학에 들어가고 조금 있으면 졸업하고 사회인이 된다.

사회인이 된다는 것은, 어찌 보면 엄마 아빠의 품에서 떨어져 나온다는 말일 수도 있다.

이제부터 경우에 따라서는 네가 경제적으로 독립하여야 한다. 더욱이 결혼을 하면, 부양가족이 있기 때문에 생계를 꾸리기 위해서는 돈을 벌어야 한다.

우리들이 그 사람은 능력 있는 사람이야라고 할 때 경제능력이 없는 사람에게는 그런 말을 하지 아니한다.

저 사람 똑똑한 사람이야라고 알아주지 않아도 경제적 능력만 확실하다고 하면 어찌 보면 능력 있는 사람이 될 수 있다.

결혼한 후에 무능력자의 생활이란 정말 비참하기 짝이 없다.

세상을 보는 눈이 시대에 따라서 달라진다. 옛날 사람의 생각과 오늘을 사는 젊은이들의 생각이 아주 다를 수 있다.

이것은 너가 너무 잘 알 것이다.

너를 위하여 노력하지 않으면 안 된다.

작은 걱정이 앞으로 큰 걱정이 되지 않게 하기 위해서는 노력이 필요하다.

- 病(병) bìng ① 병들 병 ② 결점 병 ③ 근심하다 ④ 걱정하다
- 焉(언) yān ① 어찌 언 ② 어조사 언
- 之(지) zhī ① 갈 지 ② ~의 지 ③ 이 지
- 己(기) jǐ ① 몸, 자기 기 ② 여섯째천간 지

미래의 희망 마리아야,

또 할아버지가 공자왈 하면 짜증내지 않겠지?

공자님은 너무 남들이 자기를 알아주지 않는 것에 대하여 걱정할 필요는 없다고 하면서도 이렇게 말씀하셨다.

학문을 하는 사람이 늙어 죽을 때까지 세상에 자기 이름 석 자를 남기지 않았다고 하면, 그것도 문제라고 했다.

한번 생각해 보아라.

내 이름 석자

조선시대만 해도 많은 임금과 삼정승과 육조판서가 수백 명에 이르렀건만, 후세에 이름 석 자를 남긴 사람들은 그래도 자기의 기록을 남긴 사람들이다.

왔다 갔다는 흔적이 남는 것은 글 아니냐.

말로 전할 수는 없다. 물론 구전으로 그 사람 좋은 사람이야 하지만 한계가 있다.

학문을 했으면, 책 몇 권은 세상에 남겨놓고 가야 하는 것 아니냐. 그래서 할아버지는 꾸준히 글을 쓰고, 책으로 남기려고 노력하는 것이란다.

논어 위령공편에 있는 이 글을 읽어 보아라.

'子曰 君子 疾沒世而名不稱焉' (자왈 군자는 질몰세이명불칭언이니라) (공자께서 말씀하셨다. 군자는 죽을 때 이름이 알려지지 않는 것을 싫어한다.)

- 疾(질) jí ① 병, 질병 질 ② 미워할 질 ③ 빠를 질(疾走 질주)
- 沒(몰) mò ① 빠질, 잠길 몰 ② 다할 몰 ③ 죽을 몰 ④ 없을 몰
- 世(세) shì ① 대, 세대 대 ② 세상 세 ③ 때, 시대 세
- 名(명) míng ① 이름 명 ② 이름날 명 ③ 명 명
- 稱(칭) chēng ① 일컬을 칭 ② 저울질할 칭 ③ 맞을 칭

심성이 태평양보다 넓은 손녀 마리아야,

엄마랑 성당에 가면 우린 남의 탓 하지 않고 모든 게 내 탓이요 내 탓이요 하면서 기도한다.

옛날 훌륭한 사람들은 일이 생기면 이것은 저의 잘못입니다, 제가 잘못하여 이렇게 되었습니다라고 했다.

박근혜 대통령 사건이나 적폐 청산 사건에서 보면, 누가 정직하고 착한 사람이고 누가 소인인 줄을 금방 알겠더라.

박 대통령 밑에서 벼슬을 했던 사람들의 이야기를 들어보면, 군자와 소인의 차이가 금방 나타나더라.

내 탓이요, 내 탓이다

이처럼 어떤 일이 잘못되면 내 잘못이라고 생각해야 한다.

옛날 선비들과 오늘날 선비들이 대조되는 부분이다.

여기 논어 위령공편에 있는 글귀를 적어주니, 한번 읽어보고 2017년 경에 일어났던 재판 과정에서 피고인들의 진술하는 모습을 한번 더듬어 보아라.

'子曰 君子 求諸己 小人 求諸人' (자왈 군자는 구제기오 소인은 구제인이니라) (공자께서 말씀하셨다. 군자는 자기 탓을 하고 소인은 남의 탓을 한다.)

- 求(구) qiú ① 구할 구 ② 청할 구 ③ 바랄 구 ④ 나무라다 ⑤ 책망하다
- 諸(제) zhū ① 모든, 여러 제 ② 어조사 제
- 小(소) xiǎo ① 작을 소 ② 낮출 소
- 人(인) rén ① 사람 인 ② 인격 인 ③ 백성 인

마리아야, 공부는 천천히 그리고 꾸준히 하는 거야.

네가 알고 있는 사람 중에서, 가끔 남들이 칭찬하는 사람도 있고 불평하는 사람도 있을 것이다.

칭찬하는 사람은 어떤 점을 칭찬하고, 불평하는 사람은 어떤 점을 불평하는지, 자세히 한번 관찰해보고, 이 두 사람의 생각과 네가 보는 관점과 잘 비교하여서 판단하여라.

제대로 비교할 수 있는 힘을 키워라

네가 보는 눈은 다른 두 사람과 어떻게 다른가도 비교해 보거라. 남이 좋다고 하니 좋고, 남이 싫다고 하니 싫으면 안 된다. 세상을 살아가면서 상대방을 올바르게 판단할 수 있다는 것은 대단한 현명함이다. 네가 선택해야 할 사람은 네가 잘 판단했느냐, 그렇지 못했느냐에 따라서 인생이 좌우되는 경우가 많다.

여기 논어 위령공에 나오는 글귀 하나 적어 주마.

잘 음미하면서 읽어 보아라.

'子曰 衆惡之 必察焉 衆好之 必察焉' (자왈 중오지라도 필찰언하며 중호지라도 필찰언이니라) (공자께서 말씀하셨다. 모든 사람이 미워하더라도 반드시 내가 잘 살펴보고, 모든 사람이 좋아하더라도 반드시 내가 살펴보아야 한다.)

- 衆(중) zhòng ① 무리 중 ② 많을 중
- 察(찰) chá ① 살필 찰 ② 관찰할 찰
- 必(필) bì ① 반드시 필 ② 꼭 필

우리 승원이는 정치에 조금 관심이 있더라.

요즘 우리나라 정당의 이름들을 기억하느냐?

우리나라 정당사에서 당의 이름이 자주 바뀌고, 또 국회의원들도 국민의 뜻이라고 하면서 이리 갔다 저리 갔다 하더라.

그런 사람들을 우리 손으로 뽑은 사람들이라서 뭐라고 할 말은 없지만, 그래도 뽑아준 국민은 안중에도 없더라.

국민을 생각하는 정치인

배신했던 사람이 배신당하는 수모도 당하고, 그래도 또 좋다고 악수하고, 그런 추태를 보면서 우리는 할 말이 없다. 그러면서 하는 말, 이것이 바로 정치입니다 그렇게 말하더라.

사실 진짜 정치는 그렇게 하는 것이 아닌데, 뽑는 사람도 뽑히는 사람도 다 문제가 있다.

논어 위령공편에 보면, 이런 글귀가 있다.

한번 읽어보아라.

'子曰 君子 矜而不爭 群而不黨' (자왈 군자는 긍이불쟁하며 군이불당이니라) (공자께서 말씀하셨다. 군자는 장중하되 다투지 않고 당파를 이루지 않는다.)

잘난 국회의원은 바른 말하고 자기 위치를 나타내고 있지만, 그렇지 못한 사람들은 자기의 위치가 어디인지도 모르고 우왕좌왕 당파 싸움하며 따라다니기만 한다.

그래도 많은 혜택이 그들에게 돌아가고 급료도 잘 나오고 있으니 그렇지 못한 사람만 서럽다.

- 矜(긍) jīn ① 자랑할 긍 ② 가엾게여길 긍 ③ 몸가짐이나 언행을 조심하다 ④ 엄숙하다
- 争(쟁) zhēng ① 다툴 쟁 ② 간할 쟁
- 群(군) qún ① 무리 군
- 黨(당) dǎng ① 무리, 동아리 당 ② 마을 당 ③ 일가친척 당

늘 재치와 유머와 위트가 가득한 손자 환에게,

지금 할아버지가 하는 말이 너에게 비슷한 이야기를 한번 한 적이 있는 것 같은데, 기억이 확실하지 않는구나.

이전에 이야기하였다고 하더라도 이 말을 나는 환이에게 꼭 해주고 싶다.

논어에 나오는 공자님 말씀인데, 내가 하기 싫은 것을 남에게 하게 하지 말라는 것이다.

내가 싫으면 남도 싫고 내가 좋으면 남도 좋다는 말이다.

내가 싫으면 남도 싫다

환이야! 그러니 형과 이야기할 때도 잘 생각하여라. 형에게 네가 성질나게 한다고 하는 말을 형이 그대로 너에게 하면 너도 기분 나쁘지 않더냐.

그러니 남들이 듣기 싫은 말은 가능하면 하지 않는 것이 좋다.

우리 환이는 영리하기 때문에 충분히 이해하리라 본다. 할아버지의 말을 명심하거라.

논어 위령공편에 나와 있는 글귀 하나를 여기에 적어 준다.

'子貢 問曰有一言而可以終身行之者乎 子曰 其恕乎 己所不欲 勿施於人' (자공이 문왈

유일언이가이종신행지자호잇가 자왈 기서호인저 기소불욕을 물시어 인이니라) (자공이 물었다. 죽을 때까지 지켜야 할 말이 있습니까? 공자께서 말씀하셨다. 이것은 서(恕)이다. 자기가 하고 싶지 않은 것을 남에게 시키지 말아야 한다.)

- 終(종) zhōng ① 마칠 종 ② 마침내 종
- 恕(서) shù ① 용서할 서
- 勿(물) wù ① 말 물(금지의 뜻) ② 없을, 아닐 물
- 施(시) shī ① 베풀 시 ② 행할 시
- 於(어) wū ① 어조사 어 ② 탄식할 오

7명의 손자, 손녀들 함께 들어라.

할아버지가 세상을 살아오면서 때론 잘하기도 하지만, 때론 잘못할 때도 있더라.

살다 보면, 이런 일 저런 일 별거 아닌 일 같지만, 그 일을 잘못 처리하면 큰 재앙으로 이어지는 경우가 있다.

또, 남의 말이 매끄럽고 번지르르하면, 언제나 그 뒤에 숨어있는 것이 무엇인가도 생각해 보아야 한다.

남이 나에게 아무 조건 없이 좋은 것을 주는

세상에 공짜는 없다

경우는 없기 때문이다.

모두가 다 자기 것은 아까운 것인데, 그것을 거저 준다고 하면 한번은 무엇 때문인가 생각하여 보아라.

그리고, 젊어서는 객기와 용기를 조심하여야 한다. 요즈음 말로 낄 때 끼고 빠질 때는 빠져야 한다. 이것이 사람의 지혜다.

요즘처럼 세상에 도가 정립되지 않을 때는 말도 행동도 조심하여야 한다.

논어 위령공편에 나와 있는 글귀 하나를 적어 주마. 잘 음미하고 읽어들 보아라.

'子曰 巧言 亂德 小不忍則亂大謀' (자왈 교

언은 난덕이오 소불인즉란대모니라) (공자께서 말씀하셨다. 번지르르한 말은 덕을 어지럽힌다. 사소한 것을 참지 못하면 큰일을 그르칠 수 있다.)

- 巧(교) qiǎo ① 공교로울 교 ② 예쁠 교 ③ 재주, 꾀 교
- 言(언) yán ① 말씀 언 ② 말 언
- 小(소) xiǎo ① 작을, 적을 소 ② 낮출 소 ③ 첩 소
- 忍(인) rěn ① 참을 인
- 謀(모) móu ① 꾀할 모 ② 꾀, 술책 모

혁아! 논어 책을 읽다 보면, 도(道)라는 말이 자주 나오는데 너희들이 이해하기에 도대체 무엇을 말할까? 할 것이다.

가끔 누가 도통했다고 하거나 어느 스님이 도통했다 할 때의 도인가? 도의 뜻을 알지 못해서 글 자체가 어려울 때가 있다.

넓은 의미의 도라는 것은 우리 생활 그 자체가 도이다. 우리가 태어나서 먹고 자고 행하고 말하고 등등 이 모든 것들이 모두 도이다.

모든 언행을 바르게 하도록 노력해라

평범하면서도 비범하고, 비범하면서도 평범한 것이 도(道)이지만 너무 어렵게 생각하지 말아라.

너의 하나하나 학생으로서의 생활이 모범이 되어 있으면 도가 확립된 것이고, 그렇지 못하면 도가 제대로 서지 않는 것이다. 언제나, 너의 언행이 너의 모든 것을 좌우하는 것이니 그를 바르게 하면 된다.

논어 위령공에 나와 있는 글귀 하나를 소개하마.

'子曰 人能弘道 非道弘人' (자왈 인능홍도요 비도홍인이니라) (공자께서 말씀하셨다. 사람이 도(道)를 넓히는 것이지 도가 사람을 크게 하는 것이 아니다.)

- 弘(홍) hóng ① 넓을 홍 ② 클 홍
- 非(비) fēi ① 아닐 비 ② 어긋날 비 ③ 꾸짖을 비 ④ 비방할 비
- 人(인) rén ① 사람 인 ② 남, 딴사람 인 ③ 인품, 인격 인

서은아,

사람은 누구나 허물이 있다.

허물이 없이 살아가기는 매우 힘들다.

그렇기 때문에 허물없이 살기 위해서 성당에도 가고, 절이나 교회도 간다.

이렇게 누구나가 가지고 있는 허물을 어떻게 하면 덜 갖게 할 것인가이다.

잘못을 고칠 줄 알아야 한다

사실 대부분 본인 스스로 이것이 나의 허물이고 나의 잘못된 버릇이구나 알고 있지만, 막상 고치려고 하면 쉽게 고쳐지지 않는다.

이렇게 누구나 가지고 있는 허물을 가지지 않으려고 노력해야 하고, 허물이 있는 줄 알면서 고치지 않는다면 정말로 큰 허물이다.

스스로가 잘못을 알고 있다면, 그때그때 고치려고 노력해서 고쳐야만 참된 사람이 될 수 있다.

'子曰 過而不改是謂過矣' (자왈 과이불개시위과의니라) (공자께서 말씀하셨다. 잘못을 알면서도 그 잘못을 고치지 않는 것이 잘못이다.)

- 過(과) guò, guō ① 지날, 지나칠 과 ② 건널, 지낼 과
- 改(개) gǎi ① 고칠 개 ② 바꿀 개
- 謂(위) wè ① 이를, 고할, 일컬을 위
- 而(이) ér ① 말이을 이(그리하여, 그러나, 그런데)

입시에 열중하는 호중아,

실사구시(**實事求是**)에 대하여 생각해 보아라.

어찌 보면, 공자의 학문은 실사구시 학문인지도 모른다.

여기 그 대표적인 문장 하나를 줄 터이니 네가 읽어 보고 참고하도록 하여라.

'子曰 吾嘗終日不食 終夜不寢 以思 無益不如學也' (자왈 오상종일불식하며 종야불침하야 이사호니 무익이라 불여학야로다)

오늘에 충실해라

(공자께서 말씀하셨다. 내가 언젠가 종일토록 먹지 아니하고 날 새도록 잠들지 못하면서 생각을 해 보았는데 쓸모가 없더라. 배우는 것만 못하였다.)

생각은 현실적이어야 하고, 그 생각의 열매가 맺어야 한다.

지금 내가 처해 있는 상황에서 거리가 먼 생각은 생활에 도움이 되지 않는다.

그래서, 공자님 생각에 불교적인 생각은 별로 바람직하지 않다고 하신 것이다.

오늘도 잘 모르는데 내일을 말하고, 현재를 잘 알지 못하면서 미래를 알려고 하지 말라는 것이다.

오늘의 현실을 직시하고, 지나간 과거를 반성하며, 미래를 계획하여야 한다.

오늘을 잘 정리한 후 내일을 걱정하라는 말씀이다.

- 終(종) zhōng ① 끝날 종 ② 죽을 종 ③ 마지막 종 ④ 마침내 종
- 夜(야) yè ① 밤 야
- 寢(침) qǐn ① 잠잘 침 ② 방 침
- 思(사) sī ① 생각할 사 ② 그리워질 사 ③ 근심할 사 ④ 생각 사
- 益(익) yì ① 더할 익 ② 이익 익

혁아,

할아버지가 하고 있는 논어의 말이 적합한가 보아라.

공자님께서 이렇게 말씀하셨다.

사람에게 있어서 인(仁)보다 더 중요한 게 없다.

사람에게 물, 불이 중요하지만, 인은 이보다 더 중요하시다고 했다.

큰 틀에서 보면 물과 불이 없으면 사람은 죽는다.

사람이 죽는데 이것보다 더 중요한 게 인이라고 한다면, 삶과 죽음이 중요하지 않다는 말인가?

인을 중요 덕목으로 삼아라

공자가 하시는 말씀은 인을 강조하기 위해서인 것 같다.

인(仁)하지 않은 사람이 세상을 살아가는 것은 가치 없는 삶이라는 의미일 수도 있다.

사람의 삶에서 정신적인 삶에는 인(仁)이 꼭 필요하고, 육체적인 삶에는 물과 불이 더 필요하다.

그 큰 성인이 이걸 몰라 인을 물, 불보다 중요하다 했겠느냐?

내 손자 혁이도 인(仁)을 중요한 덕목으로 삼고 생활하거라.

여기 논어 위령공편에 나와 있는 글귀를 적어 본다.

'子曰 民之於仁也 甚於水火 水火 吾見蹈而死者矣 未見蹈仁而死者也' (자왈 민지어인야에 심어수화하니 수화는 오견도이사자의어니와 미견도인이사자야케라) (공자께서 말씀하셨다. 백성들에게 인(仁)은 물과 불보다 필요하다. 물과 불 때문에 죽을 수는 있지만, 인을 하면서 죽는 것을 보지 못하였다.)

- 甚(심) shèn ① 심할 심 ② 더욱 심 ③ 매우 심
- 水(수) shuǐ ① 물 수 ② 평평할 수 ③ 수소 수
- 火(화) huǒ ① 불 화 ② 탈, 태울 화 ③ 급할 화
- 吾(오) wú ① 나 오 ② 자신 오
- 蹈(도) dǎo ① 밟을 도 ② 뛸, 춤출 도 ③ 행할 도

신의(信義)로 살아가는 손자 혁아,

참 이해하기 힘든 말이지만, 그래도 읽고 너 나름대로 생각하여 보아라.

생각하는 바가 같지 않으면, 서로 일을 성사시키려 하지 말라고 했다.

간단한 예를 하나 들어보자.

어떤 사람들이 박근혜 대통령에 대해 서로 의기투합해 탄핵에 찬성해서 가결되었다.

그런데, 얼마 후에 이 두 사람은 서로 다른 당으로 갈라섰다.

생각이 다른 사람과는 같이 행동하지 마라

이런 경우, 서로 갖고 있는 도(道)가 같지 않았는데도, 우선은 힘을 합해서 일을 행하고 난 다음에 갈라선 것이다.

이전에도 이야기했지만, 서로가 서로의 내(內)와 외(外)를 잘 이해하고 파악하고 있어야만 모든 일이 순조로워진다는 것이다.

더욱이 정치에서는 이러한 경우가 허다하다.

그러나, 방울소리만 듣고 따라다니는 사람은 많지만 이 사람들에게 어느 때인가 방울소리가 더 나지 않으면 길을 잃는 봉사가 되고 만다.

'子曰 道不同 不相爲謀' (자왈 도불동이면

불상위모니라) (공자께서 말씀하셨다. 도(道)가 같지 아니하면 서로 어떤 일을 도모해서는 안 된다.)

- 相(상) xiāng, xiàng ① 서로 상 ② 볼, 점칠 상
- 爲(위) wéi, wèi ① 할, 될 위 ② 위할, 하게할 위
- 道(도) dào ① 길 도 ② 도리 도 ③ 방법 도 ④ 말할 도
- 謀(모) móu ① 꾀할 모 ② 술책 모

사랑하는 일곱 명의 손자들아,

공자 사상 중에서 교육에 대한 주장이다.

지금부터 약 2,500여 년 전인데도, 공자님은 배우러 오는 학생들에게는 어떠한 차별도 두지 않고 다 가르치셨다고 했다.

그러나, 요즈음 배움을 누리는 부류는 상류층만이 특혜를 받게 되었으니, 그래도 공자님 살아계실 때가 교육의 평등이 있던 때였을 것이다.

평범 속에 비범이 있다

이처럼 선각자들의 생각이란 다르다.

너희들은 배우는 것 이외의 여러 가지 면에서 우월을 나타내서는 안 되고, 평범 중에 비범이 나타나야 하는 것이다.

공자의 교육사상은 몇 자 안 되는 글자지만 지금부터 수천 년 전 그러한 마음가짐을 가졌다고 하니 대단한 위인이 아닌가.

'子曰 有教 無類' (자왈 유교면 무류니라)

(공자께서 말씀하셨다. 가르침에 있어서는 어느 누구도 차별을 두시지 아니했다.)

- 教(교) jiào ① 가르칠, 깨우칠 교 ② 종교 교
- 類(류) lèi ① 무리, 종류 류 ② 닮을, 비슷할 류

季氏第十六

사랑하는 손자 호중아,

고생했다. 수능시험이 어려웠다고 하니, 할아버지도 걱정이고, 시험 끝난 후 전화가 오지 아니하니 더더욱 걱정이 되는구나.

인생이 시험 한 번으로 끝나는 것은 아니다.

살아가는 과정에 많은 시험들이 있다.

최선을 다하고 그 결과에 승복하면서 또 앞으로 나가면 된다.

문제는 포기하지 않고 먼 학업의 길을 꾸준히 열심히 공부해 나가면, 그 자체가 보람인 것이다.

최선을 다하고 결과에 승복해라

네가 대학을 나오고 군에 다녀오면 세상은 많이 달라져 있으리라 본다.

너무 미래에 대하여 걱정하지 말아라.

누구나 사회생활을 하면서 자기 맡은 바 임무에 충실하면 되는 것이다. 알면 아는 만큼, 모르면 모르는 대로, 있으면 있는 대로, 없으면 없는 대로 살면 되고, 상사라 하더라도 부당한 것은 부당하다고 말할 수 있어야 한다. 그것이 정직이고 그것이 올바른 사회생활이다.

논어 계씨편에 있는, 염유와 자로가 공자에게 하는 말을 여러 각도에서 생각해 보아라.

'孔子曰 求 周任 有言曰陳力就列 不能者止

危而不持 顚而不扶 則將焉用彼相矣' (공자왈 구아 주임이 유언왈진력취열하야 불능자지라하니 위이불지하며 전이불부면 즉장언용피상의리오) (공자께서 말씀하셨다. 염구야 주임이 이런 말을 하더라. 최선을 다하여 본분을 다하되 능력이 되지 않으면 멈춰야 한다. 위태로운데 붙잡아주지 않고 넘어지는데 부축해주지 않는다면 그런 사람을 장차 어디에 쓰겠느냐.)

잘못된 것을 스스로 인정하지 아니하고 남의 핑계를 대면 안 된다.
언제나 여유있는 너의 신념에 찬사를 보낸다.
늘 촌음을 아끼며, 너의 미래에 약이 되게 하여라.
그래도 수능시험 보느라 고생했다.
주말에는 할아버지랑 맛있는 것 먹자!

- 求(구) qíu ① 구할 구 ② 청할 구 ③ 바랄 구
- 周(주) zhōu ① 두루 주 ② 둘레 주 ③ 주나라 주
- 任(임) rèn ① 맡길 임 ② 맡는일 임
- 就(취) jiù ① 나아갈 취 ② 이를 취
- 列(렬) liè ① 벌일 렬 ② 줄 렬 ③ 차례, 등급 렬
- 止(지) zhǐ ① 그칠, 멈출 지 ② 말을금할 지 ③ 머무를 지 ④ 거동 지
- 持(지) chí ① 가질, 지닐 지 ② 버틸, 견딜 지
- 扶(부) fú ① 도울 부 ② 부축할 부
- 彼(피) bǐ ① 저, 저이, 저편 피 ② 그, 그이 피
- 相(상) xiāng ① 서로 상 ② 점칠 상 ③ 도울 상 ④ 모양 상 ⑤ 재상 상
- 주임(周任) : 고대의 사관(史官)
- 陳力就列(진력취열) : 자기의 능력을 다하여 근무함.
- 不能者止(불능자지) : 자기의 능력이 미치지 못하면 사직함.

승원아!

바람이 차구나. 이제 얼마 있지 않으면 겨울 방학이 되는구나.

할아버지 할머니는 이제 나이가 드니 겨울이 싫더라.

그래도 어쩌겠니? 겨울이 오고 봄이 오는 것도 다 하늘이 하는 일이다.

어찌 보면, 이게 늘 논어에서 말하는 도(道)인지 모른다.

봄이 가면 여름이 오고, 여름이 가면 가을이 오고, 가을이 가면 겨울이 온다.

순리의 법칙을 배워라

누가 좋다고 해서 오고 누가 싫다고 해서 가는 것이 아니다.

이렇게 순리대로 오고 가는 것이 도(道)가 있는 것이 아니겠느냐.

사람 사는 것도 마찬가지다. 나라에 도가 있으면 백성이 편안하고 불안하지 않다.

백성을 불안하게 하는 정치는 잘하는 정치가 아니다.

백성이 배부르고 여유 있고, 배우고 열심히 일하면서 살아가게 하는 것이 위정자 아니 leader의 책임이다.

2017년 11월인데 지금도 안정된 정국이 아니니, 언제쯤 백성들이 안심하고 생활하게 될까?

김정은의 핵 걱정 안 하고, 사드 걱정, FTA재협상 문제, 위안부재협상, 트럼프 걱정에서 벗어나는 형국이 빨리 와야 한다.

논어 계씨편에 보면, 이런 글이 있다.

'天下有道則庶人 不議' (천하유도즉서인이 불의하나니) (천하에 도가 있으면 일반 백성이 정치를 함부로 불평 불만하지 않는다.)

- 庶(서) shù ① 여러, 무리 서 ② 거의 서 ③ 가까울 서 ④ 첩아들 서
- 議(의) yì ① 의논할 의 ② 따질 의 ③ 의견 의

마리아야!

할아버지가 오늘 화순 집에 있는데 첫눈이 오더라.

이제 얼마 있지 않으면 겨울방학이 되고, 또 조금 지나면 새 학기가 되면 말 그대로 고3이 되는구나.

지금까지도 열심히 했지만, 고3 때는 더 열심히 해야 한다.

할아버지가 이런 말 하지 않아도 우리 마리아는 너무 잘하기 때문에 걱정은 없다.

유익한 친구, 손해되는 친구

할아버지가 늘 인생살이에서 만남만큼 중요한 것이 없다고 했는데, 친구를 만나는 것이 너의 인생에 커다란 이익이 될 수도 있고 때론 손해를 가져올 수도 있음을 알아야 한다.

공자님께서 친구를 사귀어 유익한 것이 세 종류 있고, 손해되는 벗이 세 부류가 있다고 하였다.

논어 계씨편에 나오는 구절을 적어 줄 터이니, 한번 읽어보고 참고하기 바란다.

'孔子曰 益者三友 損者三友 友直 友諒 友多聞 益矣 友便辟 友善柔 友便佞 損矣' (공자 왈 익자삼우요 손자삼우니 우직하며 우량하며 우다문이면 익의오 우편벽하며 우선유하

며 우편녕이면 손의니라) (공자께서 말씀하셨다. 유익한 친구가 3가지 있고, 손해를 끼치는 친구가 3가지 있다. 정직하고 믿을 수 있고, 아는 것이 많으면 유익하고, 정직한 척하고, 진실한 척하고, 아는척 하면 좋지 않은 친구이다.)

- 益(익) yì ① 더할,보탤 익 ② 이익 익
- 損(손) sǔn ① 덜 손 ② 상할 손
- 諒(량) liàng ① 살필, 헤아릴 량 ② 믿을 량 ③ 참, 진실 량
- 多(다) duō ① 많을 다
- 便(편, 변) biàn, pián ① 편할 편 ② 오줌, 똥 변
- 辟(벽, 피) bì,pì ① 물리칠 벽 ②피할 피
- 柔(유) róu ① 부드러울 유 ② 순할 유 ③ 약할 유
- 佞(녕) nìng ① 아첨할 녕 ② 영리할 녕
- 便辟(편벽)
- 善柔(선유)
- 便佞(편녕)

혁아!

바람 끝이 몹시 차가워져 이제 서서히 겨울이 오는 것 같다.

어제 저녁 학원 끝나고 네 집에 데려다 주고 할아버지 집에 오니 새벽 한 시더라.

중학생이면서 누가 하라고 하지 않아도 그렇게 스스로 열심히 하니 할아버지는 더할 나위 없이 기쁘기는 하지만, 그래도 언제나 건강은 챙겨야 한다.

혁아!

대화의 원칙

착하고 겸손하고 어디 나무랄 데 없는 아직 먼 훗날의 이야기이지만 너에게 사회생활의 한 면을 말해 줄까 한다.

사회생활을 하게 되면 선배가 있고, 선생님이 계시고, 윗사람이 있다.

어떻게 하면 윗사람과의 대화를 하는데, 그 윗 사람의 마음을 사로잡을까 하는 것이다.

네가 어떤 회사나 직장에 취직시험을 보러 갔다고 하자. 이때 너의 태도가 어떠해야 되겠느냐?

물론 요사이는 면접 보는 시험 태도가 조금은 다르다고 하지만, 그래도 대화의 근본은 흐트러져서는 안 된다.

논어 계씨편에 나오는 구절을 한번 잘 음미

하면서 읽어보아라.

'孔子曰 侍於君子 有三愆 言未及之而言 謂之躁 言及之而不言 謂之隱 未見顔色而言 謂之瞽' (공자왈 시어군자에 유삼건하니 언미급지이언을 위지조오 언급지이불언을 위지은이오 미견안색이언을 위지고니라) (공자께서 말씀하셨다. 군자와 함께할 때 범하기 쉬운 3가지 실수가 있다. 군자가 언급하지 아니하였는데 내가 먼저 말하면 조급하다 하고, 말하였는데도 대답이 없으면 속을 숨긴다 하고, 상대방의 얼굴빛을 살피지 아니하고 자기말만 하는 것은 소경이라 한다.)

- 侍(시) shì ① 모실 시 ② 받들 시
- 戀(연) liàn ① 퍼질 연 ② 넓힐 연 ③ 남을 연
- 未(미) wèi ① 아닐 미(아직~하지 아니함) ② 양 미
- 躁(조) zào ① 조급할, 성급할 조
- 及(급) jí ① 미칠, 이를 급 ② 및, 와 급
- 隱(은) yǐn ① 숨을 은 ② 불쌍히 여길 은
- 瞽(고) qǔ ① 소경 고 ② 어리석을 고
- 愆(건)(연) 허물 건

요즘 우리 환이의 중국어 실력이 할아버지를 능가하니 너무 기분이 좋다.

아마 초등학생 중에서 우리 환이 정도의 중국어를 말할 수 있는 사람이 있을까 생각하니, 할아버지는 기분이 너무 좋다.

우리 환이가 지금은 초등학생이니 이것저것 많은 것을 보고 듣고 말해보는 것도 좋다.

초등학교와 중학교 때는 많은 책을 읽고, 고등학교에 가면 대학을 가는 데 초점을 맞추고, 대학에 들어가면 학문을 해서 취직하는 데 큰 힘을 써야 한다.

군자는 누구나 될 수있다

물론 학문의 목표가 취직은 아니라고 하지만, 요즘은 그렇게 말할 수도 있다.

경우는 조금 다르긴 하지만, 논어 계씨편에 보면, 이런 이야기가 적혀 있다.

여기서 군자라는 말은 꼭 누구를 지칭하는 것은 아니다.

환이 네가 군자일 수도 있다.

논어 계씨편에 나와있는 글귀를 적어 놓으니 읽어 보아라.

'孔子曰 君子有三戒 少之時 血氣未定 戒之在色 及其壯也 血氣方剛 戒之在鬪 及其老也 血氣旣衰 戒之在得' (공자왈 군자유삼계하니

소지시에 혈기미정이라 계지재색이오 급기장야하야 혈기방강이라 계지재투오 급기노야하야 혈기기쇠라 계지재득이니라) (공자께서 말씀하셨다. 군자에게는 3가지 경계할 것이 있다. 젊어서는 혈기가 왕성하니 감정에 휘말릴 것을 경계해야 하고, 장년이 되어서는 혈기가 강하니 싸우는 것을 경계해야 하고, 늙어서는 혈기가 쇠약하니 탐욕을 경계해야 한다.)

- 戒(계) jiè ① 경계할 계 ② 재계할 계 ③ 계율 계
- 少(소) shào, shǎo ① 젊을 소 ② 적을 소
- 血(혈) xiě, xuè ① 피 혈
- 氣(기) qì ① 기운 기 ② 공기 기 ③ 숨 기 ④ 기상 기 ⑤ 마음 기 ⑥ 성질 기
- 鬪(투) dòu ① 싸울 투 ② 싸움 투
- 及(급) jí ① 미칠 급 ② 및,와 급
- 老(로) lǎo ① 늙을 로 ② 익숙할 로(老鍊 노련)

서은아!

새집으로 이사해서 학교 다니기가 불편하지 않느냐?

적응은 잘 되느냐?

이제 겨울이다. 감기 들지 않도록 조심하여야 한다.

공부도 중요하지만 언제나 건강도 중요하다.

학교 갔다 오면 손발 잘 씻도록 하여라.

열심히 배우려 노력해라

우리 서은이는 공부도 열심히 하지만, 어찌 보면 태어날 때부터 몸에 공부하는 것이 체질화 되어 있는 사람처럼 보이는데, 아마 할아버지를 닮아서 그런 거겠지라고 기분 좋게 생각한다.

아무리 공부체질로 태어났다고 하더라도, 열심히 배우려고 하지 않으면 훌륭한 사람이 되지 못한다.

그런데도 우리 서은이는 꾸준하게 열심히 노력하니 너무 할아버지 기분 좋다.

서은아 할아버지가 논어 계씨편에 있는 글귀 중 하나 적어 주마.

읽어 보아라.

'孔子曰 生而知之者 上也 學而知之者 次也 困而學之 又其次也 困而不學 民斯爲下矣' (공

자왈 생이지지자는 상야오 학이지지자는 차야오 곤이학지 우기차야니 곤이불학이면 민사위하의니라 (공자께서 말씀하셨다. 배우지 않아도 아는 사람은 아주 특출한 사람이고, 배워서 아는 사람은 그 다음이고, 고생하면서 배우는 사람은 또 그 다음이고, 고생하면서도 잘 이해하지 못하는 사람은 어리석은 사람이다.)

- 次(차) cì ① 다음, 버금 차 ② 차례 차 ③ 번 차
- 困(곤) kùn ① 곤할, 지칠 곤 ② 어려울 곤
- 斯(사) sī ① 이, 이것 사
- 又(우) yòu ① 또, 거듭 우

내 사랑하는 맏손자 태헌아!

이제 얼마 있지 않으면 겨울방학이다. 그리고 새로 이사한 집은 너의 마음에 드느냐? 엄마 아빠가 우리 태헌이 공부하기 편하도록 이사한 모양이다.

옛날에 중국에 맹자라는 성인이 있었는데, 그 성인의 어머니도 자식을 공부시키기 위해서 교육하기 좋은 곳으로 세 번이나 이사했다고 하더라.

너의 엄마 아빠도 너희들을 위해서 이사까지 하면서 공부시키려고 하니, 할아버지가 더욱 감사하고 기분이 좋다.

지금 현재가 중요하다

태헌아 아직 어린 너에게 또 논어 이야기를 해도 될는지 모르지만, 더 커가면서 한 번씩 읽으면 많은 도움이 되리라고 본다.

언제나 현실이 중요하다.

너에게는 오늘이 제일 중요하다. 죽어서 백이숙제란 말을 들을 거냐 살아서 강태공이 될 거냐이다.

현실은 무엇이 중요하겠느냐?

꼭 같은 조건에 백이숙제는 수양산에서 고사리 캐먹다 죽고, 강태공은 제나라를 하사 받아 한 나라의 시조왕이 된다. 후세 사람들의 평은 다르지만, 본인의 일은 본인의 일이다.

여기 논어 계씨편에 한 글귀를 적어 주마.

읽어보고 음미하여라.

'齊景公 有馬千駟 死之日 民無德而稱焉 伯夷叔齊 餓于首陽之下 民到于今稱之' (제경공이 유마천사호대 사지일에 민무덕이칭언이요 백이숙제는 아우수양지하호대 민도우금칭지하나니라) (제나라 경공이 말이 4,000마리가 있지만 죽을 때는 백성들이 칭찬하는 사람이 한 사람도 없었고, 백이 숙제는 수양산에서 굶어 죽었지만 백성들이 오늘날까지 칭찬하느니라.)

할아버지는 손자에게 백이숙제처럼 살아라 할 것인가, 아니면 강태공처럼 살아라 할 것인가 고민이다.

어찌보면 죽은 다음 남들로부터 칭송도 중요하다. 그건 후대 사람들이 말하는 좋은 표본의 이야기다.

그 본인의 삶은 어렵고 힘들고 고독할 수 있다.

가장 중요한 건 현실이고 지금 현재다.

- 駟(사) sì ① 사마 사 ※駟馬(사마) :수레 한 채를 끄는 네 필의 말
- 齊景公(제경공) : 제나라 임금
- 民(민) mín ① 백성 민
- 夷(이) yí ① 오랑캐 이 ② 상할 이 ③ 평평할 이
- 叔(숙) shū ① 아재비 숙
- 餓(아) è ① 주릴 아 ② 굶길 아
- 于(우) yú ① 어조사 우 ※~까지 ~에 ~에서의 뜻
- 首(수) shǒu ① 머리 수 ② 우두머리 수 ③ 첫째 수
- 到(도) dào ① 이를 도 ② 주밀할 도

陽貨第十七

우리 태헌이가 태어난 것이 할아버지의 보람 중에 가장 큰 보람이라고 생각한다.

지금 사람들은 아들, 딸 가리지 않고 낳기도 하고, 애를 낳지 않기도 하고, 또 결혼을 하지 않기도 한다.

그런데 나는 손자 5명, 손녀 2명이니 이 이상의 바램이 더 있겠느냐.

나를 위해서도, 사회를 위해서도, 국가를 위해서도 충분히 이바지했다고 생각한다.

태헌아!

좋은 환경, 좋은 습관

우리 집안은 너의 고조할머니께서 많은 덕을 쌓으셔서 네 아버지까지 평화롭게 아들딸 잘 낳고 잘 살고 있다.

우리는 우리의 좋은 핏줄을 잘 관리했다고 본다.

아무리 좋은 성품을 타고났어도 잘 교육되지 않으면 나쁜 길로 갈 수도 있다. 그래서, 습관이 중요하다고 하는지 모르겠다.

할아버지가 너희들을 위하여 논어정해 책을 편집한 것도 그 의미는 여기에 있다.

논어 양화편에 나와 있는 구절을 적어 놓을 테니 읽어 보아라.

'子曰 性相近也 習相遠也' (자왈 성상근야

나 습상원야니라) (공자께서 말씀하셨다. 태어날 때는 성품이 서로 비슷하나 살아가면서 습관에 따라 차이가 크게 벌어진다.)

즉 타고난 것도 중요하지만 교육과 주변환경이 더욱 중요하다는 말씀이다.

사람은 어떤 환경에서 자라느냐, 주변의 환경은 어떠하냐,

그 집안의 배경, 이러한 것들이 너의 좋은 습관 아니면 나쁜 습관을 택할 수도 있게 된다.

- 性(성) xìng ① 성품 성 ② 천성 성 ③ 바탕 성 ④ 성 성
- 習(습) xí ① 익힐 습 ② 습관, 습성 습

세상을 멀리 보며 내일을 설계할 줄 아는 손자 호중에게,

논어 양화편의 한 구절을 적어 줄 터이니 호중이 네가 관심있게 앞뒤를 잘 이해하면서 읽어 보아라.

열심히 노력해라

'子曰 唯上知與下愚 不移' (자왈 유상지여하우는 불이니라) (공자께서 말씀하셨다. 지혜로운 사람과 우둔한 사람은 절대 변하지 않는다.) (※그러나 깊은 뜻은 아무리 우수한 머리를 가지고 태어나도 노력하지 않으면 발전할 수 없고 우둔한 사람도 노력하면 발전할 수 있다.)

공자께서 말씀하시기를, 지극히 지혜로운 사람은 즉 본성이 착한 사람이어서 하는 일마다 남에게 해로움을 주지 아니하며, 어리석은 사람도 열심히 선한 행동을 하면서 좋은 일을 해야겠다고 노력하면 할 수 있는데, 나는 할 수 없어하고 하지 않는 사람 즉 자포자기하는 사람이 가장 어리석은 사람이라고 했다.

살다 보면, 잘하는 일도 있고, 못하는 일도 있고, 좋은 일, 나쁜 일도 있을 수 있다.

그러나, 이 잘못된 과정들을 고치려고 꾸준

히 노력하면 되는 것인데, 그렇지 못한 사람은 어찌 보면 쓸모없는 사람이 아니겠느냐.

선과 악도 지식과 무식도 꾸준히 갈고 닦아야 한다.

이제 얼마있지 않으면 대학생활이 온다.

이제까지의 네가 가지고 있던 생활방식 중 잘못된 것이 있다고 하면 차근차근 바르게 참고하여라.

- 唯(유) wéi ① 오직 유 ② 대답할 유
- 愚(우) yú ① 하우시 우
- 移(이) yí ① 옮길 이

마리아야!

요즘 어떻게 지내는지 궁금하구나.

오빠 두 사람이 이제 대학에 들어가고 다음은 네가 대학에 들어갈 차례인데, 할아버지는 별로 걱정하지 않는다.

언제나 주어진 조건에 최선을 다하는 우리 마리아이니까.

명제가 주어지면 거기에 매진하는 것이다.

너가 가야 할 길은 우선 네가 가고 싶어하는 대학에 입학하는 것이다. 이것이 너의 명제다. 남들이 뭐라고 하든 너가 할 수 있는 최선을 다 해야 한다.

주어진 조건에 최선을 더하라

논어 양화편의 이런 글귀를 다시 한번 음미하여 보아라.

'夫子莞爾而笑曰 割鷄 焉用牛刀' (부자완이 이소왈 할계에 언용우도리오) (공자께서 빙그레 웃으면서 말씀하셨다. 닭을 잡는 데 어찌 소 잡는 칼을 쓰느냐?)

사자가 토끼 사냥을 하더라도 가볍게 하는 것이 아니라 큰 짐승을 잡을 때와 똑같이 노력해서 잡는다는 뜻이다.

옛날 공자 제자가 무성현 읍장이 되었는데, 공자가 가서 보니 너무 잘하고 있기에, 아니 자네는 닭 잡는 데 왜 소 잡는 칼을 쓰는가라고 했다.

공자는 제자가 맡은 바 정책수행을 너무 잘하니 작은 것을 가르쳤어도 큰 것까지 더 발전시켰다는 즐거운 마음에서 하신 말씀인데, 이 말은 여러 가지 해석을 낳을 수 있다.

자기에게 맡겨진 직책은 자기의 능력껏 최선을 다하는 것이다.

중국에서 가장 큰 자금성도 벽돌 한 장부터 쌓기 시작하였고, 벽돌 하나 잘못 빠지면 무너질 수 있듯이, 자기의 직책도 어느 하나 소홀히 하면 흔들릴 수 있는 것이다.

학생이 할 수 있는 제일의 목표는 열심히 공부하는 것이다.

남들보다 한 시간 더!

- 莞(완) gūan, guǎn, wǎn ① 왕골 완 ② 빙그레웃을 완
- 爾(이) ěr ① 너 이 ② 그 이 ③ 어조사 이
- 笑(소) xiào ① 웃을 소 ② 웃음 소
- 割(할) gē ① 나눌 할 ② 가를, 벨 할
- 鷄(계) jī ① 닭 계

할아버지의 확고한 신념의 손녀딸 서은에게,

우리 서은이는 정말 하나하나 행동이 어른스럽다.

어려도 말과 행동이 일치가 되고, 더 어린 동생들을 대할 때도 너무 인자하게 대하여 주니 감사하기 이를 데 없다.

어린 나이이지만 뭔가 확고한 신념에 가득 차 있는 것 같다.

확고한 신념과 하고자 하는 의지가 필요하다

누가 뭐라고 하든 네가 품고 있는 이상을 변하지 말아라. 그러면 장대한 끝이 보일 것이다.

논어 양화편에 보면, 이런 말이 있다. 한번 읽어보고 여러 가지로 생각하여 보아라.

'子曰 然 有是言也 不曰堅乎 磨而不磷 不曰白乎 涅而不緇' (자왈 연하다 유시언야니라 불왈견호아 마이불린이니라 불왈백호아 날이불치니라) (공자께서 말씀하셨다. 그렇지만 이런 말도 있다. 견고하지 아니한가! 갈아도 닳아지지 아니하니, 희지 아니한가! 염색해도 염색되지 아니하니.)

옛말에 정말로 흰 것은 아무리 검은 물을 들여도 검어지지 않는다고 했다.

어린 나이지만 네가 마음속에 갖고 있는 하고자 하는 의지만 있으면 뭐든지 할 수 있다고 본다.

굳은 신념, 하면 된다는 의지, 이것이 우리의 혈통이다.

- 磷(린) lín ① 물흐르는모양 린 ② 험한모양 린 ③ 엷은돌 린 ④ 험할 린 ⑤ 검은 물 들이다
- 涅(날) niè ① 개흙, 진흙 녈 ② 물들일 날
- 緇(치) zī ① 검다 ② 검게 물들이다

할아버지는 너를 신뢰한다. 승원아!

너는 친구들과 대화할 때 대화가 통하는 경우가 있고, 대화가 통하지 않는 사람이 있을 것이다.

다시 말해서, 소통이 되지 않는다는 것이다.

책을 많이 읽는 사람과 책을 읽지 않는 사람은 서로가 너무 차이가 난다.

논어 양화편에도 이런 말이 약간 언급되어 있다 한번 읽어 보아라.

소통할 수 있는 사람이 되라

'子謂伯魚曰 女爲周南召南矣乎 人而不爲周南召南 其猶正牆面而立也與' (자위백어왈 여위주남소남의호아 인이불위주남소남이면 기유정장면이립야여인저) (공자께서 아들 백어에게 말씀하셨다. 너는 시경을 배웠느냐. 사람이 시경을 배우지 않는 것은 담장 앞에 얼굴을 마주하고 서있는 것처럼 답답한 일이다.)

한 사람은 전등불을 가지고 길을 가는 사람이고, 한 사람은 아무 불도 없이 깜깜하게 가는데 그 길에 무엇이 있는지 어떻게 알겠느냐.

그래서 옛날 사람들도 서로 level이 맞아야 이야기가 통하지 않았겠느냐.

높은 자리에 지식이 높은 사람과 대화하기 위해서는 많은 공부가 필요하다.

살다 보면, 이렇게 많은 학식이 필요할 때도 있다. 젊은 나이에 많은 책을 읽고 능력을 높이도록 하여라.

지금처럼 좋은 세상에 게으르고 놀기 좋아하고 그런 사람은 후일 본인이 많은 후회를 하게 되는데, 그때는 이미 늦다.

지나간 시간은 다시 찾을 수 없다.

- 魚(어) yú ① 물고기 어
- 伯魚(백어) : 공자의 아들
- 周南(주남)과 召南(소남) : 시경의 첫머리에 나오는 두 편. 수신제가와 군신지도를 나타냄
- 正牆面而立(정장면이립) : 꽉 막혀있는 표현
- 召(소) zhào ① 부를 소 ② 초대할 소
- 牆(장) qiáng ① 담장 장 ② 경계 장 ③ 칸막이 장(墻=牆)
- 面(면) miàn ① 낯, 얼굴 면 ② 대할 면 ③ 표면 면 ④ 방향 면 ⑤ 면 면

잘난 척 아는 척 마라

호중아!

이제 시험이 끝나면 광주에 내려와서 조금 놀다 가거라. 마음도 몸도 몹시 지쳐 있으리라 본다.

인생이란 이렇게 힘든 과정을 거쳐가면서 성숙해져 가는 것이다.

그래서 지혜로운 사람이 되고 덕을 갖춘 사람이 된다.

살다 보면, 세상 물정을 모르고 날뛰는 사람들의 무리들 중에서 정말 사회의 정의에 별로 도움이 되지 않는 사람들과 이런 사람들의 어긋난 지지를 받으면서 마치 세상을 자기가 우지좌지하는 것처럼 생각하는 못난 사람들이 많이 있다.

정치판에서도 가끔 그런 사람들이 보인다.

이게 다 바보들의 행진이다.

벌거벗은 임금님이고, 가짜가 진짜 흉내를 내는 파렴치다.

그래도 본인들은 그들 자신이 잘났다고 하면서 국민이 원하고 바라는 것이라는 말로 헛소리를 지껄인다.

오죽하면 공자님께서도 이렇게 한 말씀하셨다.

논어 양화편에 보면, 이런 글귀가 있다 한번 읽어 보아라.

'子曰 鄕原 德之賊也' (자왈 향원은 덕지적야니라) (공자께서 말씀하셨다. 깨끗한 척하는 사람은 덕을 해치는 사람이다. 이런 사람을 가장 경계해야 한다.)

- 鄕(향) xiāng ① 시골 향 ② 고향 향 ③ 고장 향
- 原(원) yuán ① 근본 원 ② 벌판 원 ③ 용서할 원
- 德(덕) dé ① 덕 덕 ② 어진이 덕 ③ 복, 행복 덕
- 賊(적) zéi ① 도둑 적 ② 해칠 적 ③ 역적 적

눈치 빠르고 적응력이 강한 사랑하는 조환에게,

환이는 영리한 사람이어서 남이 한 말을 금방 외우고 또 그 말을 잘 써먹더라.

그런데, 좋은 말은 듣고 잘 음미해서 써먹는 것은 좋지만, 그렇게 농담처럼 흘러 다니는 말은 때론 유언비어도 많이 있다.

지금이야 어린 나이이니 아무렇게나 해도 이해해줄 수 있지만, 어른이 되어서는 말의 전달이란 신중해야 된다.

한번 뱉은 말은 주워 담을 수 없다

그 말이 정확한 말인가 진실인가도 확인하지 않고 뜬구름 잡듯이 그냥 흥미 있다고 말하다 보면, 재미로 던진 돌에 맞은 개구리는 죽는다라는 속담처럼, 잘못하면 큰 손해를 입게 할 수 있다. 말을 귀로 듣고 입으로 전달하는 것은 함부로 하면 안 된다. 논어 양화편에 보면, 이런 글귀가 있다 한번 읽어보아라.

'子曰 道聽而塗說 德之棄也' (자왈 도청이도설이면 덕지기야니라) (공자께서 말씀하셨다. 길에서 들은 말을 아무 생각없이 길에서 떠들고 다니는 것은 덕을 포기한 것이다.)

- 聽(청) tīng ① 들을 청 ② 받아들일 청 ③ 판결할 청
- 塗(도) tú ① 길 도(途=塗=同) ② 바를, 칠할 도 ③ 진흙 도
- 棄(기) qì ① 버릴 기 ② 그만둘 기

할아버지에게 기쁨 주는 손자, 손녀가 7명이나 되는데, 그중 어느 한 사람도 자기의 할 일을 열심히 하지 않으려는 손자, 손녀가 없다.

누구에게나 24시간 하루가 주어지는데, 그 황금 같은 시간을 쓸모없이 아무것도 하지 않고 빈둥빈둥 놀고먹는 사람들도 있더라. 정말 게으른 사람처럼 세상에 쓸모없는 것은 없다.

논어 양화편에 보면, 이런 글귀가 있다.

시간관리를 잘 해라

'子曰 飽食終日 無所用心 難矣哉 不有博奕者乎 爲之猶賢乎已' (자왈 포식종일하야 무소용심이면 난의재라 불유박혁자호아 위지유현호이니라) (공자께서 말씀하셨다. 종일토록 놀고 먹으면서 마음둘 곳이 없는 사람은 어리석은 사람이다. 이런 사람은 장기나 바둑을 두는 것이, 아무것도 하지 않는 것보다 낫다.)

오죽했으면 공자님께서 정 할 일이 없으면 장기나 바둑이라도 두라고 하였겠는가.

시간의 소중함을 아는 사람은 성공하고 시간의 값을 모르는 사람은 늙은 후에 후회하게 된다.

- 飽(포) bǎo ① 배부를 포 ② 물릴 포 ③ 가득할 포
- 所(소) suǒ ① 바, 것 소 ② 곳, 처소 소
- 用(용) yòng ① 쓸, 쓰일 용 ② 써 용
- 難(난) nán, nàn ① 어려울 난 ② 난리 난
- 博(박) bó ① 넓을 박 ② 노름 박
- 奕(혁) yì ① 바둑 혁 ② 노름 혁 ③ 클 혁
- 猶(유) yóu ① 오히려 유 ② 머뭇거릴 유

사랑하는 손자, 손녀들아,

너희들이 무럭무럭 자라니 할아버지 할머니의 마음이 오죽이나 기쁘겠느냐.

이렇게 기쁘면서도 때론 작은 걱정, 큰 걱정을 쓸데없이 하는 경우가 생기더라.

지금 너희들이 자라고 있는 세상은 할머니 할아버지가 살았던 세상과 다르니 뭐라 말할 수 없겠으나, 많이 알고 높은 자리에 있다고 해서 사회생활을 다 잘하는 것은 아니다.

모든 일이 당연히 그렇게 된 것이 아니라 생각하지 말고 언제나 감사의 마음을 말로 표현하여라.

표현에 인색하지 마라

표현에 인색하지 말라.

감사합니다. 덕분입니다. 그동안 안녕하십니까 등 언제나 당연한 말이지만, 그래도 꼭 표현해야 한다.

결혼하면 부부간에도 당신 수고했어. 고생했어. 당신 덕분이다 등등 언제나 말에 인색하지 않도록 해라.

말없이 보여주는 것은 하늘과 자연뿐이다.

사람은 자기 마음을 표현해야 한다.

논어 양화편에 보면 이런 글귀가 있다.

'子曰 天何言哉 四時行焉 百物 生焉 天何言

哉' (자왈 천하언재시리오 사시행언하며 백물이 생언하나니 천하언재시리오) (하늘이 언제 말하는 거 보았느냐. 사계절이 바뀌고 만물이 소생하니 하늘이 언제 무슨 말 하더냐.)

- 何(하) hé ① 어찌 하 ② 누구 하 ③ 얼마 하
- 哉(재) zāi ① 어조사 재 ② 비롯할 재
- 百(백) bǎi ① 일백 백 ② 모두, 여러 백(白 : bai)
- 物(물) wù ① 만물, 물건 물 ② 사물 물 ③ 볼 물

사랑하는 일곱 손자, 손녀들에게,

내 손자들에게 이 문장을 써야 하느냐 쓰지 않아야 하느냐 고민하다 한 줄 넣기로 하였다.

요즘 제사 문제를 논한다고 하면, 참 우스운 사람이라고 말할 수 있기 때문이다.

그러나, 내가 어릴 적만 하더라도 할아버지 제삿날이어야 떡도 얻어 먹고 다른 고기 음식도 맛있게 먹는 날이니 기다려지기도 했다.

곶감 한 개를 얻어먹으려고 잠이와도 저녁 내내 기다렸던 기억이 생생하다.

효도와 예를 갖춰라

조선시대에도 예송논쟁을 하다 해가 저문 적이 있고, 이 때문에 목숨을 잃은 사람들도 많았단다.

공자님 시대에도 부모님 상을 3년으로 하느냐 일 년으로 하느냐 하는 문제는 있었나 보다.

논어 양화편에 나오는 한 구절인데 **'宰我出 子曰予之不仁也 子生三年然後 免於父母之懷 夫三年之喪 天下之通喪也 予也有三年之愛於其父母乎' (재아출커늘 자왈여지불인야여 자생삼년연후에 면어부모지회하나니 부삼년지상은 천하지통상야니 여야유삼년지애어기부모호아)** (재아가 밖으로 나가자 공자께서 말씀하셨다. 인정머리가 없구나 재아여! 부모가 자식을 낳은 지 3년이 지나야 부모의 품에서 벗어나는 것이니 3년 상은 천하의 누구라도 지키는 것이다. 재아는 부모에게 적어도 3년의 사랑이 없는 것인가.)

제사는 일 년에 한 번씩, 3년이면 3번 모시는데 부모님은 자식을 낳아서 3년 동안 날마다 근심과 걱정 속에서 길렀는데 3년에 3번도 힘들다고 하는데 1,000일을 하루같이 보살핀 부모의 자식사랑은 어떻게 보상될 것이냐.

요즘은 한문으로 효도(孝道)는 자(子)가 거꾸로 놓여있다더라.

이렇게 말이다. (효도 耂道)

- 宰(재) zǎi ① 재상 재 ② 주장할 재 ③ 도살할 재
- 宰我(재아) : 공자의 제자, 성은 재(宰) 이름은 여(予) 字는 자아(子我)
- 出(출) chū ① 날,낳을 출(出産:출산) ② 나갈 출 ③ 보낼 출 ④ 뛰어날 출
- 予(여) yú, yǔ ① 나 여(余와 같음) ② 줄 여(與와 같음)
- 懷(회) huái ① 품을 회 ② 품 회 ③ 달랠 회
- 喪(상) sāng, sàng ① 죽을 상 ② 복입을, 초상 상 ③ 잃을, 망할 상(喪失)
- 通(통) tōng ① 통할 통 ② 왕래할 통 ③ 전할, 간음할 통 ④ 모두 통
- 愛(애) ài ① 사랑 애 ② 즐길 애

남의 험담을 하지 마라

믿음성의 대명사 순진한 혁아,

아직 너는 중학생이기 때문에 사회 이야기하면 너에게 와닿는 것이 적을 것이다.

어떤 조직이건 불평불만에 쌓여 있는 사람들이 있다.

어찌 보면 성격일 수도 있고, 자라온 환경일 수도 있다.

그러나 본인이 그 자리에 가보지 않는 한 불평을 하면 안 된다고 하지 않았던가.

세상을 살아가는 데는 잘잘못이 모두 자기에게 있다고 생각하지 않고, 남의 탓으로 돌리는 사람들이 많이 있다.

어떤 사람들은 확실히 알지도 못하면서 흥미 삼아 남의 험담을 늘어놓는 사람들도 있다.

공자는 논어에서 나도 미워하는 사람이 있다고 했다. 공자는 이러한 사람을 미워한다고 했으니 성인께서 미워한 사람은 도대체 어떤 사람이었을까?

논어 양화편에 한 구절이다.

잘 읽어 보아라.

'子貢 曰 君子亦有惡乎 子曰 有惡 惡稱人之惡者 惡居下流而訕上者 惡勇而無禮者 惡果敢而窒者' (자공이 왈 군자역유오호잇가 자왈

유오하니 오칭인지악자하며 오거하류이산상자하며 오용이무례자하며 오과감이질자니라) (자공이 여쭈었다. 군자도 미워하는 사람이 있습니까? 공자께서 대답하셨다. 미워하는 사람이 있으니 남의 잘못을 떠들고 다니는 사람을 미워하며, 아랫사람으로서 윗사람을 비방하는 사람을 미워하며, 용감하나 예의가 없는 사람을 미워하며, 과감하나 꽉 막힌 사람을 미워하느니라.)

- 貢(공) gòng ① 바칠 공 ② 공물 공
- 惡(악,오) è, wù ① 악할, 나쁠 악 ② 더러울 악 ③ 미워할 오
- 居(거) jù ① 살 거 ② 있을 거 ③ 어조사 거
- 訕(산) shàn ① 헐뜯을 산 ② 비방할 산
- 果(과) gǔo ① 과실 과 ② 결과 과 ③ 결단할 과 ④ 과연 과
- 敢(감) gǎn ① 함부로 감 ② 용감할 감
- 窒(질) zhì ① 막을, 막힐 질 ② 질소 질

손자, 손녀들 읽어보아라. 공자께서 하신 말씀이다.

'子曰 唯女子與小人 爲難養也 近之則不孫 遠之則怨' (자왈 유여자여소인이 위난양야니 근지즉불손하고 원지즉원이니라) (공자께서 말씀하셨다. 오직 여자와 소인을 대할 때는 말과 행동을 신중히 해야 하니 너무 격이없이 하면 잘못하면 오해 사기가 쉽고 눈에 띄게 멀리하면 원망받기가 쉽다.)

사람을 볼 줄 아는 안목을 키워라

여자와 소인은 거느리기가 매우 어려우니 가까이하면 불손하고 멀리하면 원망을 산다고 했다. 여기에서 여자란 어떤 사람을 이야기하는가 한번 생각하여야 한다.

공자님의 이 말씀을 잘못 읽으면 오해할 수 있으나, 그 의미는 심심장장(深深長長)하니 그냥 받아들여라. 공자님께서 구체적 언급이 없었기에 누가 확실한 토를 달지 못했으니, 살아가면서 경험해 보아라.

할아버지도 나름대로 생각은 있지만, 앞으로 너희들이 살아가면서 각자 알아서 터득하고 깊이 생각하도록 하여라.

할아버지 집안은 너희 고조할머니가 덕(德)을 쌓아서 삼대(三代)를 평온하게 생활하고 있다.

- 養(양) yǎng ① 기를, 칠 양 ② 다스릴 양 ③ 받들 양
- 近(근) jìn ① 가까울 근 ② 요즘 근
- 孫(손) sūn ① 손자 손 ② 후손 손
- 遠(원) yuǎn ① 멀, 심오할 원 ② 멀리할 원
- 女(녀) nǚ ① 계집 여 ② 딸 녀

微子第十八

효녀 심청 마리아,

너가 이 말을 이해할는지 모르겠다.

살아가면서 명분을 어디에 두느냐에 따라서 삶이 달라질 수 있다. 그러나 확실한 명분을 만들기란 쉽지 않다.

논어 미자편에 보면 기자와 미자 비간 모두가 충신인데 명분이 다 다르다. 이런 글이 있으니 음미하여라.

충신은 똑같은데, 망해가는 나라와 흥해가는 나라의 충신은 결과도 다를 수 있다.

명분 있는 삶을 살아라

'微子 去之 箕子 爲之奴 比干 諫而死' (미자는 거지하고 기자는 위지노하고 비간은 간이사하니라) (미자는 떠나가고 기자는 종이 되고 비간은 왕의 잘못을 지적하다가 죽었는데 공자는 이 세 사람을 모두 어진 사람이라고 했다.)

옛날 중국의 주나라를 건국할 때, 무왕 주위에 훌륭한 인재들이 많이 있었다.

그런데, 그중 한 사람인 강태공은 주나라 무왕을 도와 제나라를 봉읍으로 받아 제나라의 시조왕이 되었다.

고죽국의 왕자 백이와 숙제는 주나라 무왕에게 신하의 나라가 황제의 나라를 치면 안 된다 하며 말리다 듣지 않자 수양산에 들어가 고사리만 먹고 살다 죽었다.

이를 후세 사람들은 말하기 좋게 백이와 숙제는 충신이라고 하는데 이는 남들이 하는 말이고, 고사리만 먹고 헐벗고 생활했던 그들 본인은 무슨 의미가 있겠는가.

가끔 할아버지는 너희들에게 강태공처럼 살라고 할까 백이숙제처럼 살라 할까 고민이다.

- 微(미) wēi ① 작을 미 ② 정묘할 미 ③ 몰래 미 ④ 천할 미
- 箕(기) jī ① 키 기(※곡식을 까부르는 기구) ② 쓰레받기 기
- 奴(노) nú ①종 노 ② 노예 노
- 比(비) bǐ ① 견줄 비 ② 나란히 비
- 干(간) gān ① 방패 간 ② 범할 간 ③ 구할 간 ④ 마를 간 ⑤ 간여할, 천간 가
- 諫(간) jiàn ① 간할 간 ② 충고할 간
- 微子(미자) : 은나라 마지막 황제 주(紂)의 庶兄(서형)
- 箕子(기자) : 주(紂) 왕의 백부로 이름은 서여이다.
- 比干(비간) : 은나라 주왕(紂王)의 숙부

혁아,

어제도 할아버지가 자정에 학원에 가서 너를 데려왔는데, 여행에서 돌아와 피곤했지만 그래도 할아버지는 너 열심히 공부하는 것을 보니 힘이 난다.

사람은 누구에게나 과거, 현재, 미래가 있다. 과거의 일이란 거울만 되는 것이다.

좋으면 좋은 거울, 나쁘면 나쁜 대로 거울이 된다.

현재의 오늘의 거울은 너가 마음먹기에 달려 있기에 어떤 목표를 가지고 열심히 하느냐가 문제다.

거울은 변하지 않는다
변하는 것은 사람이다

또 앞으로 다가올 너의 미래, 즉 고등학교, 대학에 대한 설계가 지금부터 서 있어야 할 것 같다. 네가 보고 있는 거울은 똑같다. 변하는 것은 너다.

언제나 거울은 그대로라는 것을 명심하여라. 지나간 일을 걱정하고 후회하면서 괴로워하는 것은 바보다.

과거는 과거다. 오늘이 중요하고 내일이 중요하다. 지금처럼 열심히 살면 성공한 삶이 되는 것이다.

언제 어디서나 표정이 밝아야 한다.

나는 너를 믿는다. 어린 시절 너의 특징은 밝

은 표정이었는데, 요즘 사춘기여서 그런지 표정이 밝지 않더라.

논어 미자편에 보면 이런 글이 있다.

한번 읽어보아라.

'楚狂接輿歌而過 孔子曰 鳳兮鳳兮 何德之衰 往者 不可諫 來者 猶可追 已而已而 今之從政者殆而' (초광접여가이과 공자왈 봉혜봉혜여 하덕지쇠오 왕자는 불가간이어니와 래자는 유가추니 이이이이어다 금지종정자태이니라) (초나라 미치광이 접여가 다음과 같은 노래를 부르면서 공자 앞을 지나갔다. 봉황새야 봉황새야 어찌하여 판단이 흐려졌느냐. 가버린 일은 따질 수 없으나 미래의 일은 지금이라도 바로 잡을 수 있으니 그만 둘 것이어다. 그만 둘 것이어다. 지금 정치를 하는 것은 위태로울 뿐이다.)

- 楚(초) chǔ ① 초나라 초 ② 고울 초 ③ 아플 초 ④ 회초리 초
- 狂(광) kuáng ① 미칠 광 ② 사나울 광
- 接(접) jiē ① 이을 접 ② 대접할 접 ③ 사귈 접
- 輿(여) yǔ ① 수레 여 ② 많을 여 ③ 땅 여
- 歌(가) gē ① 노래, 노래할 가
- 鳳(봉) fèng ① 봉새 봉 ② 수봉황새 봉
- 兮(혜) xī ① 어조사 혜 ② 감탄사
- 衰(쇠) shuāi, cui ① 쇠잔할 쇠 ② 상복 쇠
- 諫(간) jiàn ① 간할, 충고할 간
- 追(추) zhuī ① 따를 추
- 殆(태) dài ① 위태로울 태 ② 거인 태

할아버지의 보배 서은아,

할아버지가 '사람은 사회적 동물이다' 이렇게 이야기하면 무슨 뜻인가 알 수 있겠느냐?

아직은 초등학생인 너는 무슨 말인지 이해하기 힘들 것이다.

로빈슨 크루소를 읽으면, 거기에 '사람은 사회적 동물이다' 라고 쓰여 있다.

사람은 무리를 지어 살고, 서로 소통하며 살아야 한다. 내가 있고 상대가 있고 높은 사람이 있고 낮은 사람이 있다.

사람은 사회적 동물이다

서로의 위치가 다르면서 공존하는 것이 인간세상이다. 가까이는 부모형제가 있고 친구가 있고 이웃이 있다.

할아버지의 생각에는 혼자 고상하게 세상을 등지고 백이숙제처럼 산속에 들어가 일생을 마치는 것은 바람직하지 않다고 생각한다.

언제나 누구보다도 명랑하게 모범적인 학교생활을 하니, 할아버지 마음 너무 든든하다.

사랑해 서은아, 화이팅!

너만 보면 할아버지는 마음이 너무 든든해.

논어 자로 편에 보면, 이런 글귀가 있다. 두고 두고 학년이 올라가면서도 읽어 보아라.

'子曰 夫子憮然曰 鳥獸 不可與同群 吾非斯

人之徒 與而誰與' (자왈 부자무연왈 조수는 불가여동군이니 오비사인지도를 여이수여리오) (공자께서 말씀하셨다. 사람은 동물과 함께 살 수 없으니 사람들과 함께 살지 아니하고 무엇과 함께 살 수 있다는 말인가!)

언제나 이야기지만 논어는 그 한 토막만 읽으면 깊은 의미가 와서 잘 닿지 않는 경우가 많다.

아직 초등학생인 손녀 서은에게 이런 글을 쓰는 것은 앞으로 더 공부하면서 이 글의 앞과 뒤를 잘 살펴보라는 의미다.

- 告(고) gào, gù ① 고할, 알릴 고 ② 고소할 고 ③ 뵙고 청할 곡
- 憮(무) wǔ ① 어루만질 무 ② 멍할 무
- 鳥(조) niǎo ① 새 조
- 獸(수) shòu ① 짐승 수

7명의 손자, 손녀들아,

할아버지가 논어나 또는 다른 좋은 책들을 읽어보면서 가끔 고민할 때가 있다.

나의 사랑하는 손자들에게 어떻게 살아가라고 하는 것이 참 좋은 삶인가 하는 것이다.

사실 할아버지도 이에 대한 정답을 얻기 힘들더라.

그러나, 모든 문제에 적극적인 삶을 살아야 한다는 것이 할아버지의 생각이다. 언제나 할아버지는 하면 된다는 각오로 세상을 살았다.

적극적인 삶을 살아라

논어 미자편에 보면, 백이와 숙제, 우중과 이일 그리고 주장, 유하혜와 소련을 이야기하지만, 만일 나의 손자 중 한 명이 이 중 한 명처럼 살겠다고 하면 할아버지는 반대다.

그런데 공자님께서는 이분들이 훌륭하다고 했다. 다 깊은 의미가 있다.

사람은 부모로부터 독립하는 20대와 30대, 40대, 50~60대, 70대와 노년의 삶이 각기 달라야 한다.

타이밍을 잡지 못하고 잊혀진 사람은 그대로 잊혀져 간다. 살아보면 자기에게 오는 기회는 언제나 있다.

게을리하는 사람에게는 미래가 없다.

공자님께서도 **'逸民 伯夷 叔齊 虞仲 夷逸 朱張 柳下惠 少連' (일민은 백이와 숙제와 우중과 이일과 주장과 유하혜와 소련이니라)** (세상을 떠나 잊혀진 사람들은 백이, 숙제, 우중, 이일, 주장, 류하혜와 소련이다. 이들은 각자 본인의 상황에 따라 세상을 등진 사람들이다.) (※그러나 사회적 관점에서 보면 도태되고 부적응한 사람일 수도 있다. 기왕이면 적극적인 삶이 요즘 세상에 어울리지 않겠는가) 라며 게으르고 낮잠이나 자는 놈에게는 공부시키지 말라고 했다.

내 손자들도 열심히 살아가도록 노력해야 할 것이다.

- 逸(일) yì ① 달아날 일 ② 잃을 일 ③ 숨을 일 ④ 뛰어날 일
- 夷(이) yí ① 오랑캐 이 ② 동쪽오랑캐 이 ③ 상할 이 ④ 평평할 이
- 叔(숙) shū ① 아재비 숙
- 虞(우) yú ① 염려할 우 ② 순임금 우
- 張(장) zhāng ① 베풀 장 ② 뽐낼 장
- 惠(혜) huì ① 은혜 혜
- 連(련) lián ① 연할, 잇달 련 ② 이을, 맺을 련

옆에만 있어도 든든한 손자 태헌에게,

할아버지는 장손 태헌이가 자라는 모습을 옆에서 보면 언제나 흐뭇하다.

요즘 사람들은 부모, 형제, 친척 간의 관계가 크게 유연하지 못하다.

각자 자기 나름대로 그들만의 생활을 즐기려 하고 있다.

그러나, 우리 서로가 잘해주고 잘 지내야 할 사이가 부모와 형제지간이다.

이보다 더 가까운 사이가 있겠는가.

조화로운 삶이란

그러나, 요즘은 그렇지 않은 경우가 허다하니 무엇 때문일까 하고 한 번은 곰곰이 생각해 보아야 한다.

장손인 태헌이는 누나가 두 명, 형이 네 명이나 되니, 행복하고, 또 누나와 형들과 함께 친하게 잘 지내고 서로 간의 유대관계에 중심 역할을 해야 할 맏손자 태현이가 대단히 마음의 여유가 있는 것 같아 할아버지는 마음이 든든하다.

논어 미자편에 보면 이런 글귀가 있다.

읽어 보아라.

'周公　謂魯公曰　君子不施其親　不使大臣怨乎不以　故舊無大故則不棄也　無求備於一

人' (주공이 위노공왈 군자불이기친하며 불사대신으로 원호불이하며 고구무대고즉불기야하며 무구비어일인이니라) (주공이 맏아들인 노공에게 말씀하셨다. 군자는 친척을 버리지 아니하며 대신을 버려서 원망하게 하지 아니하며 친구가 중대한 잘못이 아니면 버리지 아니하며 한 사람에게 완벽한 것을 요구하지 않는다.)

- 周(주) zhōu ① 두루미칠 주 ② 주나라 주
- 謂(위) wèi ① 이를, 고할 위
- 施(시) shī ① 베풀 시 ② 행할 시 ③ 버릴 이
- 使(사) shǐ ① 하여금 사 ② 시킬, 부릴 사 ③ 가령 사
- 怨(원) yuàn ① 원망할 원 ② 원한 원
- 故(고) gù ① 까닭 고 ② 오래될 고 ③ 일, 사고 고
- 舊(구) jiù ① 옛 구 ② 오랠 구
- 棄(기) qì ① 버릴 기 ② 그만둘 기
- 備(비) bèi ① 갖출 비 ② 마련할 비

환이야, 너는 할아버지의 이야기를 잘 재해석하여 들어주는 손자이니 한번 들어 보아라.
어떻게 보면 이해하기 힘들 수도 있지만, 우리 환이는 어리지만 이해하리라고 본다.

틀린 것은 틀리다고 하고, 맞은 것은 맞다고 해야 하는 것이 정의로운 삶이다.

그러나 공자께서는 논어 미자 편에 보면, 가(可)한 것도 없고 불가(不可)한 것도 없다고 하였다.

그러니 이 말씀은 옳다 그르다 이전에 자신의 뚜렷한 가치관이 서야 한다는 것이다.

정의로운 삶을 살어라

자기의 뚜렷한 주관이 없이 한 방향으로 남들을 따라간다면 잘못된 것이다. 주관을 가지고 적극적으로 살아야 한다는 것이다.

그래도 잘 생각해 보아라. 논어 미자편에 보면, 이런 글귀가 있으니 읽어 보아라. 지금은 네가 쉽게 이해할 수 없을 수도 있으니 중요한 말씀이다.

'子曰 我則異於是 無可無不可' (자왈 아즉이어시하야 무가무불가호라) (공자께서 말씀하시기를 나는 이들과 다르다. 어느 쪽이 옳은 것도 아니고 어느 쪽이 틀린 것도 아니라고 하셨다.)

- 異(이) yì ① 다를, 달리할 이
- 是(시) shì ① 이, 옳을 시
- 可(가) kě ① 옳을 가(不可 분가) ② 허락할 가

子張第十九

늠름한 대학생 손자 승원아,

이제 대학 1학년 생활이 끝나는구나.

처음 할아버지는 승원이가 어느 대학이든지 들어가 다니기만 하면 좋겠다고 생각했다.

가능하다면 서울에 있는 4년제 대학에 다녔으면 좋겠다고 희망했는데, 이 할아버지의 소원을 100% 충족시켜 주었으니 이제 더 이상 바람이 있겠느냐.

그러나, 사람의 욕심이란 끝이 없는가 보구나.

욕심은 한계가 없다

누구나가 원하는 S.Y.K대학 중 하나인데도 이제 좋은 학과를 택했으면 하는 생각이 들 때도 있으니, 참 할아버지의 욕심이 끝이 없구나.

이제 너희들이 세상에 나와 직장생활을 할 때는 지금과는 다른 세상이 온다고 생각한다.

그리고, 너희들이 바라는 세상은 할아버지가 바라는 세상이 아닐 수가 있을 것이다.

할아버지는 논어 자장 편에 나오는 그런 삶을 원하지만, 그렇게 살려고 하면 어쩌면 지금 세상에서는 협조와 융화가 잘 안될지도 모르겠구나.

논어 자장편에 이런 글귀가 있더라. 깊이 생각하면서 읽어 보아라.

늘 하는 이야기지만, 논어의 글귀는 변죽만 울려주고 읽는 사람이 자기의 생각과 위치를 생각하면서 해석하면 된다.

'子張 曰士見危致命 見得思義 祭思敬 喪思哀 其可已矣' (자장이 왈사견위치명하며 견득사의하며 제사경하며 상사애면 기가이의니라) (자장이 말하기를 선비는 위태로움을 보고 목숨을 바치며, 이득을 보았을 때 옳은가 생각하며, 제사는 공경하게 지내며, 초상을 당해서는 슬퍼해야 한다고 했다.)

- 子張(자장) : 공자의 제자
- 張(장) zhāng ① 베풀, 벌일 장 ② 당길 장 ③ 자랑할 장
- 士(사) shì ① 선비, 사내 사(勇士 용사) ② 벼슬아치 사 ③ 군사 사
- 致(치) zhì ① 이를 치 ② 부를 치 ③ 보낼, 전할 치 ④ 운치, 풍치 치
- 得(득) dé ① 얻을 득 ② 깨달을 득 ③ 만족할 득
- 祭(제) jì ① 제사 제 ② 행사 제
- 敬(경) jìng ① 공경할 경 ② 삼갈 경
- 哀(애) āi ① 슬플 애 ② 불쌍히여길 애
- 致命(치명) : 생명을 바치다
- 其可已矣(기가이의) : 그것으로 족하다.

희망돌이 손자 호중아,

이제 시험이 끝났으니 시원하겠구나.

네가 최선을 다했으면 어떤 결과가 나오든 그 결과를 인정해라.

어찌 보면 합격하면 축하할 일이, 또 합격하지 못해도 다음의 길이 있으니 낙담할 필요는 없다.

너의 인생은 너의 것이지 엄마 아빠의 것이 아니다.

좋은 친구를 만나라

이제 사회인이 되면, 중요한 게 친구를 사귀는 일인데, 어떤 친구가 좋은 친구인가는 네가 잘 판단하여야 한다.

좋은 친구를 선택하면 앞이 밝을 수 있고 그렇지 못하면 잘못된 길로 들어설 수도 있다.

여기 논어 자장편에 나오는 친구 사귀는 법에 대하여 자하와 자장이 친구는 이런 사람을 선택해야 하느니라 했는데, 사실 요즘 같으면 두 사람 다 경우에 따라서 옳다.

'子夏之門人 問交於子張 子張 曰 子夏云何 對曰子夏曰可者 與之 其不可者 拒之' (자하지문인이 문교어자장한대 자장이 왈자하운하오 대왈자하왈가자를 여지하고 기불가자를 거지라하더이다) (자하의 문인이 자장에게 사람 사귐에 대하여 질문했다. 자장이 말하기를 자하는 뭐라고 하더냐라고 하였다. 대답하기를 자하는 이렇게 말하였다. 좋은 사람과 어울리고 옳지 않은 사람과는 사귀지 말라 하였다.)

- 云(운) yún ① 이를, 말할 운
- 對(대) duì ① 대답할 대 ② 대할 대 ③ 상대 대
- 可(가) kě ① 가할, 옳을 가 ② 허락할 가
- 與(여) yǔ, yù ① 줄 여 ② 참여할 여
- 拒(거) jù ① 막을 거 ② 물리칠 거
- 門(문) mén ① 문 문 ② 집안 문 ③ 배움터 문 ④ 구별, 분야 문

호중아!

할아버지가 논어책에 있는 이야기 들려줄게.

자장과 자하는 두 사람 모두 공자의 제자이다. 그런데, 두 사람이 서로 친구 사귀는 법에 대하여 다르게 생각하고 있다.

좋은 친구 사귀는 법

'子張 曰 異乎吾所聞 君子 尊賢而容衆 嘉善而矜不能 我之大賢與 於人 何所不容 我之不賢與 人將拒我 如之何其拒人也' (자장이 왈 이호오소문이로다 군자는 존현이용중하며 가선이긍불능이니 아지대현여댄 어인에 하소불용이며 아지불현여인댄 인장거아니 여지하기거인야리오) (자장이 말하기를 내가 들은 것과 다르다. 군자는 어진 사람은 존중하되 여러 사람을 포용할 줄 알아야 되며, 잘한 사람을 칭찬하되 능력이 부족한 사람도 다독일 줄 알아야 된다. 내가 훌륭한 사람이라면 누구인들 포용하지 못할 것이며, 내가 훌륭한 사람이 아니라면 다른 사람들이 장차 나를 상대하지 않을 것이다. 어떻게 사람을 거절하라고 가르칠 것인가.)

물론 성인 책 속에서 어떤 것이 옳으냐 하는 것은 답이 나와 있다.

그러나, 요즘처럼 사람의 도리가 어디에 기준이 있는지 애매모호한 상태에서는 자장의 말도 의미는 있지만, 그러나 자하가 하는 말이 더 깊이와 의미가 있게 들릴는지 모르겠다.

여하튼, 친구는 네가 사귀는 것이니, 논어에서도 보면 2500년 전의 사람들도 친구 사귀는 법이 무척 힘들고 어려웠다고 생각한다.

- 尊(존) zūn ① 높을 존 ② 받들 존 ③ 술통 준
- 衆(중) zhòng ① 무리 중 ② 많을 중
- 嘉(가) jiā ① 아름다울 가 ② 즐길 가
- 善(선) shàn ① 착할 선 ② 훌륭할 선 ③ 친할 선 ④ 잘할 선
- 矜(긍) jīn ① 자랑할 중 ② 가엽게여길 중
- 容(용) róng ① 얼굴, 모양 용 ② 넣을, 담을 용 ③ 받아들일 용
- 所(소) suǒ ① 바, 것 소 ② 곳, 처소 소
- 拒(거) jù ① 막을 거 ② 물리칠 거
- 聞(문) wén ① 들을 문 ② 들릴 문(所聞 소문) ③ 알려질 문

증조할머니의 화투놀이 파트너 마리아에게,

대학을 나와서 사회생활을 하면 대개 자기가 원하는 직장을 가기도 하지만 그렇지 못한 경우가 흔하다.

어떻든 월급을 받거나 아니면 어떤 업종에 종사하더라도 생활의 근원이 되는 업(業)이 있어야 한다.

그 업이 자기가 하고 싶은 일이면 더욱 좋지만, 그렇지 못하는 경우도 있다.

요샛말로 부업이라고나 할까.

생업에 충실해라

사람마다 다 그런 것은 아니겠지만, 생업과 부업은 다른 경우이다.

만일 할아버지를 생각하면 의료업은 생업이고 책을 써서 들어오는 수입은 부업에 해당할 것이다.

생업과 부업은 가끔은 서로 도움이 되는 경우도 있지만, 어떤 경우는 부업에 너무 치중하여 생업을 게을리해서 생활이 어려운 경우도 있다.

논어 자장편에 보면, 비슷한 이야기가 쓰여 있더라 한번 읽어 보도록 하여라.

'子夏曰 日知其所亡 月無忘其所能 可謂好

學也已矣' (자하왈 일지기소무하며 월무망기소능이면 가위호학야이의니라) (자하가 말하였다. 날마다 자기의 부족함을 알고, 달마다 자기의 무능함을 잊지 않는다면 배우기를 좋아하는 사람이라고 말할 수 있다.)

마리아야,

너의 증조할머니는 언제나 우리 마리아만 찾는다. 언제 오느냐고~

이번 대학 들어가고 나면 올 거라고 늘 말씀드린다.

90이 훨씬 넘은 증조할머니의 가장 신뢰받는 손녀딸이니 그것도 지나서 보면 큰 추억이 되느니라.

아까 증조할머니 모시고 너처럼 재미있게 놀아드리는 요즘 아이들은 드물 것이다.

- 無(무) mó, wú ① 없을 무 ② 아닐 무
- 忘(망) wàng ① 잊을 망
- 能(능) néng ① 능할, 능력 능
- 也(야) yě ① 어조사 야
- 亡(망, 무) wáng, wú ① 망할 망 ② 없을 무

혁아!

어젯밤에 네가 할아버지에게 시험을 보지 않고 문제지를 풀면 틀린 것 없이 거의 맞는데, 시험을 보면 꼭 한두 개씩 틀린다니 어디에 문제가 있는 것이냐? 라는 물음에 나도 혼자서 무엇이 답인가, 왜 그런가, 곰곰이 생각해 보았다.

할아버지 생각에는 너의 마음에 문제가 있다고 본다.

자신감 있게 행동하라

시험이 아닐 때는 차분한 기분이지만, 막상 시험이라고 하면 알았던 문제도 망설이게 되는 것이 아닌가 한다.

그래서, 평소 공부할 때 책을 많이 읽는 것도 중요하지만, 그 뜻을 확실하게 파악하는 것도 중요하다.

모든 게 너 자신에게 있는 자신감이다.

100%의 자신감을 갖고 시험에 임해 보아라. 그러면, 거기에서 100점 만점이 나오는 것이다.

여기 논어 자하편에도 이런 말이 있다.

한번 읽어 보아라.

할아버지는 여기에 인(仁)을 우리 혁이에게

는 만점을 의미하는 것이 아닐까 생각한다.

'子夏曰 博學而篤志 切問而近思 仁在其中矣' (자하왈 박학이독지하며 절문이근사하면 인재기중의니라) (자하가 말하였다. 널리 배우고 뜻을 돈독히 하고 간절하게 묻고 현실에 맞게 생각하면 이것이 바로 인(仁)이다.)

- 博(박) bó ① 넓을 박 ② 노름 박
- 篤(독) dǔ ① 도타울, 독식할 독
- 志(지) zhì ① 뜻, 뜻할 지 ② 적을, 기록 지
- 切(절) qiē ① 끊을 절 ② 갈, 문지를 절(切齒腐心 절치부심) ③ 정성스러운 절 ④ 모두 체(一切 일체)
- 仁(인) rén ① 어질 인 ② 씨눈 인 ※杏仁(행인) :살구씨
- 篤志(독지) : 올바르고 착함
- 切問(절문) : 간절히 물음

내 손자 환아,

할아버지는 너의 중국어 선생님의 교육방법에 대하여 다시 한번 놀랐다.

옛날 사람들이 한문을 가르칠 때, 그 글자의 뜻을 알지도 못하면서 처음부터 끝까지 외우라고 했다.

처음에는 이상한 공부방법이라고 생각했다.

그런데, 이번 중국교포인 너의 선생님께서 그런 식으로 너를 가르치는데 처음에는 반신반의하였다.

자기에게 주어진 임무에 충실하라

요즘 네가 너무 열심히 하는 것을 보면서 이것도 좋은 교육방법이구나 생각했다.

환이야,

학생은 공부에 최선을 다하고, 농부는 농사짓는 데 최선을 다하고, 공무원은 자기 직무에 최선을 다하고, 모두 맡은 바 자기의 임무에 최선을 다하면 좋은 세상 좋은 삶이 된다.

논어 자장편에 보면, 비슷한 이야기가 있다. 한번 읽어 보아라.

'子夏曰 百工 居肆 以成其事 君子學 以致其道' (자하왈 백공이 거사하야 이성기사하고 군자학하야 이치기도니라) (자하가 말하였다.

모든 기술자가 작업장에 머물면서 그 일을 완성하듯이, 군자는 배움을 통해서 그 지식을 완성하여야 한다.)

모두가 자기의 주어진 임무에 충실해야 된다고 생각한다.

- 工(공) gōng ① 장인 공 ② 일 공 ③ 공교할 공
- 居(거) jū ① 살 거 ② 어조사 거 ③ 있을 거
- 肆(사) sì ① 방자할 사 ② 벌여놓을 사
- 致(치) zhì ① 이를 치 ② 부를 치 ③ 보낼 치 ④ 운치 치
- 成(성) chéng ① 이룰 성

할아버지의 희망 태헌아,

남자는 leader가 되면 어떻게 행동해야 되는 거냐?

또 leader가 되기 위해서 갖추어야 할 조건들이 어느 것이 있는 줄 아느냐?

leader란 남에게 어떻게 보여야 하는가도 생각해야 한다.

그 첫 번째가 남이 보았을 때 카리스마가 있어야 한다.

둘째는 따뜻함이 풍겨야 한다.

리더의 조건

셋째 과단성이 보여야 하느니라.

이 세 가지를 갖추면 그래도 칭찬받는 leader가 될 것이다.

지금 네가 너의 반의 반장을 하고 있다. 너의 반 급우들에게 네가 어떻게 보이는지 한번 생각해 보아라.

논어 자장편에 보면, 비슷한 이야기가 있다. 한번 읽어 보아라.

'子夏曰 君子有三變 望之儼然 卽之也溫 聽其言也厲' (자하왈 군자유삼변하니 망지엄연하고 즉지야온하고 청기언야려니라) (자하가 말하였다. 군자는 세 번 변한다. 멀리서 바라보았을때 위엄이 있고, 가까이 사귀어보면 따뜻하고, 그 말을 들으면 신뢰성이 간다.)

- 變(변) biàn ① 변할 변 ② 고칠 변 ③ 재앙 변
- 望(망) wàng ① 바랄 망 ② 나무랄 망 ③ 명성 망
- 儼(엄) yǎn ① 의젓할 엄
- 卽(즉) jí ① 곧 즉 ② 바로 즉 ③ 나아갈 즉
- 溫(온) wēn ① 따뜻할 온 ② 부드러울 온
- 聽(청) tīng ① 들을 청 ② 판결할 청
- 厲(려) lì ① 힘쓸 려 ② 권면할 려 ③ 높을 려(높다)

매일을 정직한 마음으로 살아라

내 사랑하는 손자 승원아,

이 장을 읽어 보고 옛날 사람들과 지금 사람들의 차이를 한번 생각해 보아라.

자장편에 보면,

'子夏曰 君子信而後 勞其民 未信則以爲厲己也 信而後 諫 未信則以爲謗己也' (자하왈 군자신이후에 로기민이니 미신즉이위려기야니라 신이후에 간이니 미신즉이위방기야니라) (자하가 말하였다. 군자는 믿음을 주고난 후 그 백성을 일시킨다. 믿음이 없으면 백성은 자기를 학대한다고 생각한다. 믿음을 주고난 후 충고한다. 믿음을 주지 아니하면 자기를 비방한다고 생각한다.) 라는 글귀가 있다.

큰 덕을 베풀면 작은 잘못도 그 덕에 풀어 녹아들 수 있다고 했다.

요즘은 아무리 큰 덕이라 하더라도 조그마한 잘못이 고무풍선이 되어 그 큰 덕을 다 망쳐버리는 경우가 요즘 세상이다.

수백억을 남모르게 수십 년 봉사한 사람이 신호등 한번 잘못 지켜 크게 망신을 사고, 그 큰 덕이 다 없어져 버리는 세상이니 큰 덕이건 작은 덕이건 조심하면서 얼음 위를 걸어가듯 살아야 한다.

여기서 군자란 대통령일 수도 있고, 회장일 수도 있고, 조직의 leader 일 수도 있다.

어찌 보면 남보다 우뚝 서서 신뢰받기 위해서는 어떤 조건을 갖추어야 하는 것인가를 생각하여 보아라.

살다 보면 남에게 모든 면에서 신망을 얻어낸다는 것이 하루 이틀에 이루어지는 것이 아니다.

매일매일 한순간 한순간 정직한 마음으로 생활해야 하니 말이다.

- 勞(로) láo ① 수고할, 힘들일 로 ② 지칠 로 ③ 위로할 로
- 民(민) mín ① 백성 민
- 厲(려) lì ① 갈 려 ② 숫돌 려 ③ 엄할, 사나울 려 ④ 학대하다
- 謗(방) bàng ① 헐뜯을, 욕할 방 ② 비방하다

호중아,

할아버지는 호중이가 외국물품의 회사 이름이나 그 품질에 대하여 너무 많은 것을 알고 있기에 깜짝깜짝 놀랄 때가 있다.

어떻게 저렇게 많은 외제 물품에 대하여 박학할 수 있을까?

그래도 다행인 것은 외적인 그런 모양도 있지만, 내적으로도 너무 성숙되어 있기에 할아버지는 마음이 놓인다.

사람은 외관보다는 내적인 충실도가 앞서야 하느니라.

내적인 충실을 기해라

가끔은 네가 생활하는 너의 생활 습관을 한껏 관찰하여 보아라.

사실 할아버지는 너만큼 클 때 외국산 물품이 어떤것인지 잘 알지도 못했다. 너가 그렇게 외국산 명품을 잘 알지만 필요없는 소비를 하지 않아서 참 다행이라고 생각한다.

논어 자장편에도 그런 말이 있다. 한번 읽어 보아라.

'曾子曰 堂堂乎 張也 難與竝爲仁矣' (증자왈 당당호라 장야여 난여병위인의로다) (증자가 말하였다. 당당하다 자장이여! 함께 인(仁)을 하기 어렵다.) (※ 이 말은 자장이 외적으로

드러나는 것에만 힘을 써서 스스로 고상한 척하기에 친구인 증자가 그런 사람을 도와서 인(仁)을 하기가 어렵다고 하신 말씀이다.)

할아버지의 생각은 사람은 외관보다는 내적인 충실도가 앞서야 한다고 본다.

호중이 너도 생각해 보아라.

- 堂(당) táng ① 집 당 ② 정당할 당 ③ 근친 당
- 乎(호) hū ① 온, 어조사 호
- 難(난) nán, nàn ① 어려울 난 ② 난리 난
- 竝(병) bìng ① 아우를 병 ② 나란할 병

늘 공부하느라 고생하는 마리아,

우리 마리아는 언제나 당당해서 할아버지는 좋아해.

역사책에 보면, 나라가 망하고 난 후에는 마지막 왕의 잘못은 사람이라면 할 수 없는 것 같은 것까지 모두 적혀 있다. 세상은 지면 다 둘러쓴다.

세상은 승자의 세상이다.

승자의 정의는 패자의 잘못으로 정당화 시키는 것이 역사의 교훈이다.

패자는 할 말이 없다

중국의 걸황제, 주황제, 백제의 의자왕 등등 결투에서 지고 자리를 빼앗기면 다 둘러쓰는 것이다.

그것이 사실인 양 말이다.

그래야 이긴 자의 정당성이 확립된다.

망하거나 패하면 모든 것을 둘러쓰는 것이 역사의 기록이다.

우리들도 성공하지 못하면 저 사람은 게을러서 그래 이런저런 잘못들이 다 나열되지만, 훌륭한 사람이 되면 그 사람은 부지런하고 노력파야 하면서 좋은 점만 이야기한다. 그러니 어떻게 네가 대학 생활을 해야 할 것인가는 한 번 더 생각해 보아라.

논어 자장편에 비슷한 글귀가 있다.

읽어 보아라.

'子貢 曰 紂之不善 不如是之甚也 是以 君子惡居下流 天下之惡 皆歸焉' (자공이 왈 주지불선이 불여시지심야니 시이로 군자오거하류하나니 천하지악이 개귀언이니라) (자공이 말하였다. 폭군 주왕이 나쁜 것이 기록만큼 심하지는 않았을 것이다. 그러므로 군자는 사소한 잘못으로라도 낙인이 찍히면 모든 잘못을 내가 둘러쓰기 때문이다.)

그러니 높은 자리에 있을수록 말과 행동을 조심해야 하느니라. 한 가지 잘못으로 만 가지를 둘러 쓸 수 있다.

- 紂(주) zhòu ① 주임금 주(은나라의 마지막 임금)
- 甚(심) shèm ① 심할, 더욱, 매우 심
- 居(거) jū ① 살 거 ② 있을 거 ③ 어조사 거
- 流(류) liú ① 흐를 류 ② 떠돌아다닐 류 ③ 귀양보낼 류 ④ 퍼질 류
- 皆(개) jiē ① 다 개 ② 모두 개 ③ 함께 개
- 歸(귀) guī ① 돌아올 귀 ② 따를 귀 ③ 시집갈 귀

사랑하고 신뢰하는 혁아!

사람은 잘못을 하고 살 수도 있다. 실수하면 이것을 가지고 반전의 기회로 삼아라.

더욱이 잘못을 저지르고 그것을 깨닫는 사람은 훌륭한 사람이다.

자기의 잘못을 뉘우칠 수 있는 사람도 훌륭하지만, 자기의 잘못된 버릇을 고치는 것은 더욱 훌륭한 일이다.

완벽한 사람은 없는 것이다.

잘못을 알면 그것은 고치려고 노력해야 하느니라.

완벽해지기 위해선 노력뿐이다

아직 어리니 그렇지만 가벼운 건강 챙기기는 꼭 네가 알아서 해야 한다.

할아버지가 혁이에게 부탁이 있는데, 건강을 위해서 꼭 하루 세 끼를 챙겨 먹어라.

하루에 먼 산 보기 3번(3분), 깊은 숨쉬기 3번, 허리 굽혔다 펴기 3번을 날마다 해주어라.

이제까지 건강에 신경을 쓰지 않은 것을 알았으면, 할아버지가 하라는 대로 하는 것도 군자의 덕이니라

'子貢 曰 君子之過也 如日月之食焉 過也 人皆見之 更也 人皆仰之' (자공이 왈 군자지과야는 여일월지식언이라 과야에 인개견지하고

경야에 인개앙지니라) (자공이 말하였다. 군자의 허물은 일식 · 월식과 같아 잘못이 있으면 사람들이 모두 볼 수가 있고, 허물을 고쳤을 때에는 사람들이 우러러 본다.)

- 過(과) guò, guō ① 지날 과 ② 건널 과
- 食(식) shí, sì ① 밥 식 ② 먹일 사
- 皆(개) jiē ① 다, 모두, 함께 개
- 更(갱, 경) gēng, gèng ① 다시 갱 ② 고칠 경
- 仰(앙) yǎng ① 우러를, 우러러볼 앙

내 귀여운 손녀 서은아,

건강하냐? 너무 공부에만 열중하다 보면 건강에 신경을 못쓰는 경우가 있다.

언제나 아침 점심 저녁식사는 꼭 챙겨 먹어야 한다.

할아버지가 정직한 서은이에게 해주고 싶은 말이 있다.

옛날 속담에 거짓말을 참말처럼 한다고 했다. 사람이 살다 보면, 잘못된 일을 할 수도 있고, 때론 본의 아니게 잘못을 저지른 경우도 있다.

거짓말을 하지 마라

그러면, 그 잘못은 잘못으로 인정하고 앞으로 그렇지 않기 위해서 노력하면 된다. 그러나, 때론 거짓말도 도움이 되는 거짓말이 있을 수도 있다.

이런 경우는 네가 커가면서 차츰 알게 될 것이다.

여기 자장 편에 나와있는 문구를 한번 읽어 보아라.

'子夏曰 小人之過也 必文' (자하왈 소인지과야는 필문이니라) (자하는 이렇게 말했다. 변명만 하는 사람은 틀림없는 소인이다.)

이런 구절들은 네가 커가면서 여러 번 읽어보면 의미를 더 알게 될 것이다.

- 文(문) wén ① 글월 문 ② 문서 문 ③ 채색 문(꾸미다)
- 必(필) bì ① 반드시, 꼭 필
- 夏(하) xià ① 여름 하 ② 하나라 하
- 過(과) guò, guō ① 지날 과(過去) ② 건널 과(經過) ③ 다름없다

堯曰第二十

서은아!

할아버지가 논어 책을 읽는데, 공자의 말씀으로 시작해서 요(堯) 임금의 말씀으로 끝나더라.

첫 시작은 공부이고 끝은 어느 편도 들지 말거라.

여러 가지 의미가 있겠지만, 이편도 저편도 들지 않으면 크게 출세할 수는 없을지언정 큰 화는 면할 수 있다는 것이다.

어느 편에도 서지 마라

언제나 역사는 이편과 저편이 있다.

그래서 평범하게 사는 것도 삶의 한 방법일 수 있다. 진보일 필요도 보수일 필요도 없다.

언제나 정의란 승자의 입에서 나오는 말이다. 진정한 의미의 정의는 없다.

열심히 공부하여 네가 하고픈 연구를 하면서 재미있게 살았으면 하는 게 할아버지의 소원이다.

논어 요왈 편의 첫 페이지를 보면 이렇게 쓰여 있더라.

'堯曰 咨爾舜 天之曆數在爾躬 允執其中 四海困窮 天祿 永終' (요왈 자이순아 천지력수재이궁하니 윤집기중하라 사해곤궁하면 천록이 영종하리라) (요임금이 순임금에게 황제의 자리를 넘겨주면서 말씀하시기를 하늘의 뜻이 너에게로 향하고 있으니 그 중심을 잡아라. 온 백성이 살기가 힘들면 하늘의 뜻이 영원히 너에게서 멀어지리라 했다.)

● 堯(요) yáo ① 요임금 요 ② 높을 요
● 咨(자) zī ① 물을 자 ② 상의할 자 ③ 감탄사 자
● 舜(순) shùn ① 순임금 순 ② 무궁화 순(蕣:舜=同)
● 曆(력) lì ① 책력 력 ② 운수 력
● 躬(궁) gōng ① 몸 궁(躬行:궁행) ② 몸소 궁
● 允(윤) yǔn ① 진실로 윤 ② 허락할 윤 ③ 마땅할 윤
● 執(집) zhí ① 잡을 집 ② 맡아볼 집 ③ 고집할 집
● 困(곤) kùn ① 곤할 곤 ② 어려울 곤
● 窮(궁) qióng ① 궁할, 다할 궁 ② 궁리할 궁
● 祿(록) lù ① 녹봉 록 ② 복 록
● 永(영) yǒng ① 길 영 ② 오랠 영
● 終(종) zhòng ① 마칠, 끝날 종 ② 죽을 종 ③ 마지막 종 ④ 마침내 종

사랑하는 내 손자와 손녀들아,

가능하면 정치 옆에 가려고 하지 말아라.

더욱이 요즘처럼 정치가 시끄러우니 무엇이 무엇인지 잘 모르겠다.

촛불과 태극기는 극한 대립되어 있고, 전국은 적폐 청산의 회오리바람 소리가 무섭다.

옛날 요임금 순임금이나 중국의 정치를 잘 했던 군주들은 국민이 배부르고 공포에 떨지 않고 두려움이 없는 정치가 최고의 정치라고 했다.

국민을 두려워해라

촛불도 국민이고 태극기도 국민이다. 이들 어느 누구도 국민은 소중한 것이다.

반딧불도 밝고, 등불도 밝고, 촛불도 밝고, 전등불도 밝다. 어둠을 밝게 하는 것은 불의 특성이다.

반딧불에 공부하여 과거에 급제한 사람도 있고, 전등불에 공부하여 고시에 떨어진 사람도 있다. 그 불을 어떻게 잘 사용하여 최선을 다 했느냐다.

옛날의 황제나 제후들이 갖추어야 할 덕목이 논어 요왈 편에 나와있다.

'子張 問於孔子曰 何如 斯可以從政矣 子曰 尊五美 屛四惡 斯可以從政矣' (자장이 문어공

자왈 하여라아 사가이종정의니잇고 자왈 존오미하며 병사악이면 사가 이종정의리라) (자장이 공자에게 묻기를 어떻게 하면 정치를 잘할 수 있습니까 하였다. 공자께서 말씀하시기를 다섯 가지 아름다움을 존중하고 네 가지 나쁜 점을 물리치면 가히 정사에 종사할 수 있다 했다.)

- 斯(사) sī ① 이, 이것 사
- 從(종) cóng ① 쫓을 종 ② 시중들 종
- 屏(병) píng, bǐng, bīng ① 병풍 병 ② 숨죽일 병 ③ 물리칠 병 ④ 물러날 병(bing)
- 泰(태) tài ① 클 태 ② 편안할 태
- 驕(교) jiāo ① 교만할 교 ② 잘난체할 교
- 猛(맹) měng ① 사나울 맹 ② 날랠 맹 ③ 용감할 맹
- 擇(택) zé ① 가릴, 고를, 뽑을 택
- 慢(만) màn ① 거만할 만 ② 업신여길 만 ③ 게으를 만
- 冠(관) guān ① 갓 관
- 瞻(첨) zhān ① 볼 첨 ② 쳐다볼 첨

일곱 명 손자, 손녀들 읽어보아라.

공자께서 위정자나 대통령, 왕이 갖추어야 할 덕목 5가지를 5미(五美)라 했으며, 절대 해서는 안 되는 4가지를 4악(四惡)이라 했다. 너희들도 앞으로 리더가 될 것이니 여기에 적은 들을 참고하기 바란다.

5미와 4악을 잘 이행할 각오가 되어 있지 않으면 국민을 위해서 위정자로 나아가서는 안 된다.

정치와 역사는 되풀이 된다

너희들이 이 글을 다 이해하지 못하겠지만, 할아버지가 세상을 살아오면서 정치의 옆에도 가 보았는데, 구경은 하여도 본인이 직접 하는 것은 반대한다는 의미에서 써 놓은 글이니, 한 번씩 읽어보아라.

우리나라 역사에 정치를 하여 존경받는 인물은 한 사람도 없다. 알고 지내는 것은 무방하다. 너무 가까이는 하지 말아라. 요즘의 정치는 미가 있는지 악을 아는지 잘 모를 정도다.

'子張 曰 何謂四惡 子曰 不敎而殺 謂之虐 不戒視成 謂之暴 慢令致期 謂之賊 猶之與人也 出納之吝 謂之有司' (자장이 왈 하위사악이니 잇고 자왈 불교이살을 위지학이오 불계시성을 위지포오 만령치기를 위지적이요 유지여

인야로대 출납지린을 위지유사니라) (자장이 '무엇을 사악(四惡)이라 합니까? 하니 공자께서 말씀하셨다.' 가르치지 않고 죽이는 것을 학이라 하고, 미리 경계하지 않고 성공을 책하는 것을 포라 하고, 명령을 태만히 하고 期日을 각박하게 하는 것을 賊(적)이라 하고 똑같이 남에게 주면서도 출납할 때에 인색하게 하는 것을 유사라고 한다.)

- 謂(위) wèi ① 이를, 고할 위 ② 일컬을 위
- 何(하)(hé) ① 어찌, 어느(의문이나 반문의 뜻) 하 ② 누구 하 ③ 얼마 하
- 殺(살) shā, shài ① 죽일 살 ② 없앨 살 ③ 감할 쇄 ④ 심할 쇄
- 虐(학) nüè ① 사나울 학 ② 포악할 학
- 戒(계) jiè ① 경계할 계 ② 재계할 계 ③ 계율 계
- 暴(포, 폭) bào ① 사나울(포, 폭) ② 심할 폭 ③ 갑자기 폭 ④ 드러낼 폭
- 慢(만) màn ① 부질없을, 멋대로 만 ② 질펀할 만 ③ 어지러울 만
- 令(령) lìng ① 명령할 령 ② 법률, 규칙 령 ③ 우두머리 령 ④ 높일 령 ⑤ 하여금 령
- 期(기) qī, jī ① 기약할 기 ② 바랄 기 ③ 기간 기 ④ 백살 기 ⑤ 일년 기
- 賊(적) zéi ① 도둑, 훔칠 적 ② 해칠 적 ③ 역적 적
- 猶(유) yóu ① 오히려 유 ② 같을, 비슷할 유 ③ 망설일 유 ④ 猶之(유지) : 똑같이
- 納(납) nà ① 받아들일 납 ② 바칠 납
- 吝(린) lìn ① 인색할 린 ② 아낄 린

사랑하고 믿음직스러운 나의 손자, 손녀들아,

논어 말씀을 손자, 손녀들에게 들려주면서, 할아버지는 우리 손자, 손녀들이 확실히 이해하지도 못할 것이라는 것을 알지만, 그래도 편지의 형식으로 적어 놓을 수밖에 없었던 것이 할아버지의 심정이다.

사람은 모두가 각각의 성품과 의의 등을 갖고 살아간다.

공자는 지명(知命), 지예(知禮), 지언(知言)을 갖추어야 한다고 했다.

목표를 위해 최선을 다해라

어찌 보면, 하고 싶어도 안 되는 경우가 있고, 크게 바라지 않았어도 잘 되는 경우가 있다.

이러한 경우도 언제나 자기가 목표했던 일에 대하여 최선을 다하고 결과가 나오면, 그것이 운명이구나 천명이구나 하고 받아들이고, 또 그 상태에서 발전하는 것이다. 처음부터 운명이구나 숙명이구나 하는 것은 잘못이다.

얼마 전 어떤 이름 있는 사람이 검찰에 3번 불려가 구속되지 않고 나왔는데 4번째 가면서 그렇게 말한 것을 보았다.

이것이 운명이고 숙명이라면 받아들일 수

밖에 없지 않느냐고.

'孔子曰 不知命 無以爲君子也 不知禮 無以立也 不知言 無以知人也' (공자왈 불지명이면 무이위군자야오 불지례이면 무이립야오 불지언이면 무이지인야오) (공자께서 말씀하시기를 천명을 알지 못하면 군자가 될 수 없고, 예를 알지 못하면 사회생활이 어렵고, 상대방의 의도를 알지 못하면 상대를 알 수 없다고 했다.)

이렇게 천명(天命)을 알면 그 사람은 지식이 있는 사람 옛날 말로 군자라 할 수 있다.

- 命(명) mìng ① 목숨 명 ② 운명, 운수 명 ③ 명령할 명 ④ 이름 명
- 爲(위) wéi, wèi ① 할 위 ② 위할 위